作者简介

马振清 北京师范大学马克思主义学院教授，博士生导师，法学博士，政治学博士后。主要从事政治学基本理论，思想政治教育理论与实践、当代政治社会化基本理论的研究工作。主持和参与国家、省部级课题多项，出版学术专著5部，主编教材4部，发表学术论文50余篇。

北京师范大学“中国化马克思主义理论研究与教育宣传协同创新中心”的阶段性成果

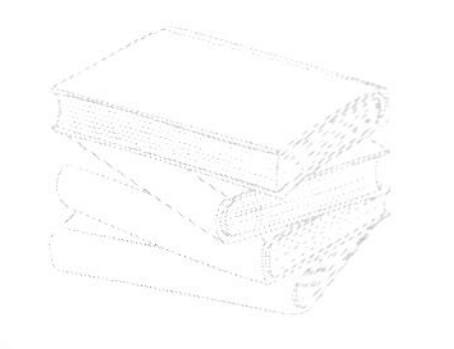

中国书籍·学术之星文库

国家治理现代化中的
道德治理与法律治理

马振清◎著

图书在版编目（CIP）数据

国家治理现代化中的道德治理与法律治理/马振清著．
—北京：中国书籍出版社，2016．4
ISBN 978-7-5068-5530-3

Ⅰ．①国… Ⅱ．①马… Ⅲ．①道德建设—研究—中国
②社会主义法制—建设—研究—中国 Ⅳ．①D648
②D920．0

中国版本图书馆 CIP 数据核字（2016）第 083995 号

国家治理现代化中的道德治理与法律治理

马振清　著

责任编辑	毕　磊
责任印制	孙马飞　马　芝
封面设计	中联华文
出版发行	中国书籍出版社
地　　址	北京市丰台区三路居路 97 号（邮编：100073）
电　　话	（010）52257143（总编室）　（010）52257153（发行部）
电子邮箱	chinabp@ vip. sina. com
经　　销	全国新华书店
印　　刷	北京彩虹伟业印刷有限公司
开　　本	710 毫米×1000 毫米　1/16
字　　数	236 千字
印　　张	14．5
版　　次	2017 年 1 月第 1 版　2017 年 1 月第 1 次印刷
书　　号	ISBN 978-7-5068-5530-3
定　　价	68．00 元

前　言

国家的治理是一个多方面的综合性的复杂活动，仅靠某种单一的手段是难以完全实现的。在人类社会的不同历史阶段都会有不同的治理方式，这与当时社会生产力的发展水平紧密相关，也与人们对社会的管理方式、生存需求和活动范围的要求有相应的联系。

综观古今中外，有许多国家治理理论和国家治理思想，主要有法律治理和道德治理两种。国家是统治阶级维护社会秩序的工具，以实现社会职能作为基础来实现阶级统治的职能。道德治理是国家政权对社会治理活动的重要手段之一，在中西方国家治理的历史活动中都曾发挥过重要作用。在阶级社会中，道德治理使反映统治阶级利益和意志的道德意识占据了社会的主导地位，为国家职能的实现提供了来自社会意识深层的动力。从历史发展的角度来看，道德治理活动的思想论述和政治实践历久不息。直到今天，我们重新审视这些思想家们提出的道德治理思想，对我们清晰地认识道德治理仍然具有重要的借鉴作用。

法律治理与道德治理是实现国家治理的两个最基本的治国方略，它们共同作用于国家的治理，但各有其优点和局限性。因此，建设社会主义法治国家，在强调法律治理的同时，还必须加强道德治理。两者之间的关系是一个历史与现实中永恒的话题，既有联系又有区别，有时是相辅相成、相互促进的；有时又是相互对立、相互矛盾的。其中，道德治理是基础，法律治理是根本。

历史的经验告诉我们，国家治理的好坏，不仅仅需要作为国家权威性和强制性手段的法律治理来实现统治阶级的意志，规范社会成员的思想和行为，而且需要作为国家管理所必需的感化力和引导力的道德治理来约束社会成员的思想和行为。道德治理是公共权力从特定价值观念出发对社会制度的伦理价值、对社会成员道德意识加以主动影响的治理活动。事实上，法律治理和道德治理都是国家意识形态的重要范畴和治理国家的两种主要手段，在调整社会关系、维护社会秩序和凝聚人心等方面具有同样重要的作用。在社会主义社会，实现人的全面而自由的发展是最终目的的价值观念，民主政治是社会主义政治的表现形态。社会主义社会的道德治理，在一定意义上，就是在民主法制的政治保障之下，促进人的全面发展目标逐步实现的活动。

在传统社会向现代社会的转变过程中，国家的治理取向以法律治理为主流。然而，法律本身如同人类不满足于现状而不断追求完美文明一样存在着一定的缺陷，法律制定的迟滞性不能完全适应社会发展的快速节奏，再完美的法律也不可能涵盖社会每个领域的各个方面发生的问题，法律治理的局限性在某种程度上仍然需要以道德规范的约束力作为辅助手段，以关照法律治理无法涉猎的领域。

本书通过对中国古代道德治理思想的考察和对西方国家道德治理思想的系统梳理，以及对两者之间关系的比较分析，清晰地展现了道德治理产生的理论基础。从国家治理方式的渊源和实质分析入手，阐述了国家治理的两种基本方式，即法律治理和道德治理。按照马克思主义关于国家的学说，科学地解读了法律治理和道德治理的意蕴与内涵。从历史考量与现实选择的视角阐明了道德治理与法律治理作为国家治理方式的必然，分析了作为国家治理方略的法律治理与道德治理之间的相互区别和内在联系，提出了建设社会主义法治国家是法律治理与道德治理的共同目标。

道德治理作为一种治国方略，在国家治理现代化中怎样体现它的价值功能是命题的关键，因此，本书通过对国家治理现代化中道德治理的政治价值、文化功能和社会效用等方面的阐述，说明了国家治理现代化中道德治理在建设社会主义法治国家过程中的价值功能。在国家治理现代化进程中，法律治理因为它所具有的合理性而成为主要的国家治理方式，但是完全依靠法律来治理国家仍然有一定的限度。本书对法律自身的局限性进行了重点分析，通过对道德治理的前提与法治、民主政治的分析，提出了在社会主义民主政治条件下道德治理的现实选择与体系建构模式和道德治理的实施策略与制度保障；通过对法律治理的分析，提出了坚持依法治国、推进国家治理现代化建设进程的构想。

目 录
CONTENTS

引　言

党的十八届三中全会在划定全面深化改革总目标时首次提出“推进国家治理体系和治理能力现代化”。治理一词出现在党的执政话语体系当中,标志着党领导人民管理国家的制度体系建设进入了新的阶段。国家治理体系包括多种方式,依法治理,加强法制保障,运用法治思维和法治方式化解社会矛盾,综合治理,强化道德约束,规范社会行为,调节利益关系,协调社会关系,解决社会问题等都是其中重要的内容。国家治理方式有全面的系统治理,也有道德治理和法律治理,二者都与作为上层建筑的国家治理体系的经济基础相适应。从控制到管理的转变,体现了国家与社会合作管理国家的新思路。从治理手段看,既有法律手段也有道德手段;从治理方式看,既有法治方式也有道德方式。

人类社会发展的历史表明,道德治理与法律治理都是影响国家统治秩序和人们生活的重要方式,历来受到统治阶级的重视。道德治理是公共权力自觉地发挥道德的导向作用和规范作用来调节社会群体冲突,维护社会秩序和实现公共权力根本利益的政治活动。道德自觉与法律约束相互联系,在治理国家的过程中是不可或缺的。道德作为人们共同的行为准则和规范,是构成社会文明的重要因素和维系和谐人际关系以及良好社会秩序的基本条件。

按照历史唯物主义的观点,道德和法律都是社会上层建筑的重要组成部分,都是调整一定社会关系的行为规范,体现着在经济领域中占统治地位的阶级意志,反映着一定的社会经济关系。道德规范与法律规范有所不同,法律具有强制性,强调用法律制度来治理国家,由国家权力机关制定并运用强制性手段来规范和约束人们的行为,这对维护社会秩序、保持社会稳定是极为重要的。道德则是通过人们的理想信念、社会舆论、传统习俗以及教育等力量来维持的。一个国家和社会不能没有法律和法律治理，也不能没有道德和道德治理。我们强调道德治理的作用，并不是要削弱或否定法律治理的重要性。任何时代要推进社会的文明与进步都需要相应的行为规范作为社会关系的调整手段，道德和法制都是一种社会规范，都是人们必须遵守的行为准则，都具有普遍的约束力。道德治理与法律治理是相互补充的，道德治理可以成为法律治理的辅助手段，起到法律治理无法实现的作用。

从道德和法律的产生及发展，我们可以看出道德和法律都是调整人们之间相互关系的社会规范，都是人们必须遵守的行为准则，当然，也都是统治阶级维护社会稳定的一种手段。但是道德与法律有着本质的区别，因而它们所体现的阶级意志和利益、产生的历史条件和途径也有一定的区别。

道德治理既然以独特的方式规范着人类的社会秩序，又为人类提供精神理想和情感关切的信念力量，因而，从作为公共权力的国家政权的立场来看，只有在其治理社会活动当中恰当地发挥道德治理的作用，才能够完成公共权力自身所担负的维护社会秩序，推动人类发展的历史使命。尽管在不同的历史阶段，不同的政治形态和不同的传统背景下，道德治理在公共权力的社会治理中的地位和发挥的作用有所不同，但是，道德对于社会治理的作用却是一直存在着的，公共权力实施道德治理在任何社会都是必要的。

在社会主义民主政治条件下，道德治理更是公共权力体现其本质、实现其职能、促进人的全面发展的必要选择。在社会主义社会里，法律秩序的确立为道德的普及提供了坚实的基础，法治建设中蕴涵了道德治理的生长点。任何一种法律体系的建立都离不开一定的道德基础，因为法律一旦与道德相脱离或违背，就不能正确地体现统治阶级的意志，就势必同社会现实发生矛盾。没有道德支撑的法律就会失去其合理性和正义性，没有道德的社会环境，法律的有效性仅靠暴力来实现，无法起到调整社会关系的作用。因此，从马克思主义政治学的角度深入研究国家政权的道德治理活动，探究在社会主义民主政治条件下道德治理的内在规定和实施策略，不仅具有理论意义，而且对于推进中国特色社会主义建设，把我国建设成富强、民主、文明的社会主义现代化国家也有着重要的现实价值。

本书结合中国的历史和现实，探讨了道德治理与法律治理对社会政治、经济和文化生活的影响及相互作用，这是建设社会主义法治国家的客观要求。基于我国具体国情，在追溯道德治理的产生渊源及其重要价值功能和在考察我国古代国家治理理论的基础上，借鉴西方国家治理理论先进的经验，深刻揭示了道德治理与法律治理的辩证关系，阐述了道德治理与法律治理在建设中国特色社会主义事业中的重要意义和战略地位。

第一章

道德治理的历史渊源

道德治理是国家政权对社会的治理活动，国家是统治阶级维护社会秩序的工具，国家以实现社会职能为基础实现其阶级统治的职能，即实现统治阶级的根本利益。在阶级社会中，道德治理使反映统治阶级利益和意志的道德意识占据了社会的主导道德观念，为国家职能的实现提供了来自社会意识深层的动力。这一思想在东西方思想家的著作当中早已出现，中国先秦思想家们提出了道德治理的思想，古希腊思想家们曾经提及道德治理在国家治理中的作用问题。以道德治理国家的思想在人类历史上走过了漫长而曲折的道路，从历史发展来看，道德治理活动的思想论述和政治实践源远流长，对道德治理思想的产生、形成和发展的历史进行考察是我们研究道德治理问题的出发点。

一、中国古代道德治理思想的历史考察

在中国古代，所谓“道德治理”，主要是指依靠统治者自身道德修养的影响力、优良的社会风气和惠民的安分守己来进行政治统治。他们靠自己对于社会之道的领悟，靠对大众的教育熏陶，来赢得民心，以确立自己的政治地位和权威，维护社会秩序。中国是世界文明古国，从夏朝建立国家开始，一直都在寻找合乎统治阶级意志的国家治理方式，并逐渐形成了以儒家为主的以道德治理国家的思想和以法家为主的以法律治理国家的思想。

（一）中国古代道德治理思想的形成及其主要观点

追溯中国古代历史可以发现，尽管道德治理思想早已有之，但在不同的时代却有着不同的内涵和外延。道德治理是中国古代的政治传统，其历史相当悠久，至少可以追溯到殷周时期，这说明在中国政治文明早期，道德治理就已经受到高

度的重视。儒家学说的创始人孔子所强调的"述而不作,信而好古",就继承了这种道德治理的传统,提出了以道德为治理主要手段、以政刑为辅助手段的国家治理思想,这种德主刑辅的治国理念,一直是中国古代的政治统治思想。

1. 道德治理思想渊源于尧、舜、禹时代

从社会形态来看,这一时期是原始社会末期,道德治理思想的萌芽着重体现在尧、舜、禹时代"禅让制"的实行。"禅让制"是部落联盟推选领袖的制度。尧、舜、禹之所以能当上部落联盟的领袖,除了他们天分聪明之外,更重要的是依靠他们个人良好的品德修养树立起来的威信,取得了各部落首领的认同。正如恩格斯所说:"酋长在氏族内部的权力,是父亲般的、纯粹道义性质的。"①

2. 道德治理思想发展于奴隶制社会时期

这一时期著名的代表人物是西周初年的周公姬旦,他提出了"以德配天"的政治伦理观。西周统治者灭商以后,继承了商代的神权思想,宣称他们是受天命取代商王朝来实行统治的。但西周统治者总结商代灭亡的教训,对商代天命说作了一定的修补,强调用"德"作为"天威"的补充,"以德配天"的伦理观为西周统治者取代商王提供了舆论上的支持。

周公等人认为:"惟命不于常"②,"天命靡常"③,"天不可信,我道惟宁王德延"④,"皇天无亲,惟德是辅"⑤。这就是说,"天命"并不是固定不变的,只有"德"者才可承受"天命"。在他看来,夏商之所以灭亡,是因为他们不知道"敬德保民"。根据这一点,他认为天命不可恃,惟有敬德才能保民,才能保天下。周公姬旦的思想实际上已经包含了道德治理理论的几个重要问题,即对君主的要求,对道德规范"礼"的重视,对民本意识的强调等等。当然,西周统治者提出的"以德配天"和"敬天保民"的主张,仍然是以"君权神授"说为思想基础的,神权思想仍然是他们统治人民的重要精神武器。他们提倡的"明德慎罚"的主张,也并不是要削弱刑罚,而是要使刑罚变得更加有效以维护其统治地位服务。

---

① 《马克思恩格斯选集》第4卷,人民出版社1995年版,第84页。

② 《尚书·康诰》。

③ 《诗经·大雅·文王》。

④ 《尚书·奭君》。

⑤ 《左传·僖公五年》引《周书》。

3. 道德治理思想成熟于春秋战国时期

春秋战国时期,也就是从奴隶制的衰亡到封建制社会的兴起这段时间。这一时期杰出的政治家子产,在统治老百姓的方法上,最早提出了“宽”“猛”两手的问题。“宽”即强调取善于民,怀柔养民;“猛”即强调使用暴力手段镇压。子产在执政期间,特别强调“宽”,认为“为政必以德”。孔子曾多次称赞子产能“惠人”,认为子产“其养民也惠,其使民也义”①。但是子产晚年的思想有所变化,他临死时对其继任者子太叔曰:“唯有德者能以宽服民,其次莫如猛。夫不烈,民望而畏之,故鲜死焉;水懦弱,民狎而玩之,则多死焉,故宽难”②。在这里,子产虽说“以宽服民”是“有德者”的统治方法,但实际上强调的不是“宽”,而是“猛”。子产提出的“以宽服民”和“以猛服民”思想对后世的影响较大,著名的思想家和教育家孔子,不同于轻视道德的老聃,而是从“礼”与“仁”相结合的思想出发,极力提倡“德治”,认为统治者如果能“为政以德”,实行“德治”,能够让老百姓发自内心地接受统治者的统治才是最理想的治理活动。

子产的“以宽服民”思想对儒家思想的形成有着重要的影响,并将“德主刑辅”进一步继承和发展。法家主要继承和发展了子产的“以猛服民”的思想,并进一步发展成为一套轻罪重刑和“以刑去刑”的理论。这一时期,儒、墨、道、法等诸子伦理思想的争鸣,当以孔子为代表的儒家是瞻。孔子继承周公的思想并加以发展,成为儒家道德治理思想的创始人。孔子强调统治者应以德服人,“为政以德”是孔子学说中非常有价值的思想。他指出:“为政以德,譬如北辰,居其所而众星拱之。”③意思是说,统治者如果能把德作为治国的基本理论和原则,那么,国家的秩序就会像天上的星体那样有序而和谐。《大学》是儒家的一部重要著作,它提出的“修身、齐家、治国、平天下”的理论,实际上也是儒家德治思想的主要内容和出发点。

孔子的德治就是主张统治者应该靠“德行教化”的作用来实行统治,其内容主要包括两个方面:一是对劳动人民施加小恩小惠进行怀柔;二是用统治阶级的道德进行教化,使劳动人民就范。当统治者的“以德服人”不能奏效时,孔子又极力主张“以力服人”。他说:“政宽则民慢,慢则纠之以猛。猛则民残,残则施之以宽。

---

① 《论语·公冶长》。

② 《左传·昭公二十年》。

③ 《十三经注疏·论语》。

宽以济猛,猛以济宽,政是以和。"①可见,孔子提倡"德治",并不是不要刽子手的职能,而是主张"宽猛相济","德"与"刑"交替使用。不过,孔子特别强调的是"德"而不是"刑",主张"德主刑辅"和"以德去刑",很显然,这些都不是为劳动人民着想的。

孔子倡导"仁",并从恭、宽、信、敏、惠、智、勇、忠、恕、孝、悌等各方面对"仁"作了阐释,将"己所不欲,勿施于人"②和"己欲立而立人,己欲达而达人"③作为实践"仁"的方法。孟子继承孔子的思想提出了"仁政"学说。孟子认为,在政治生活中,老百姓是最重要的因素。他说:"民为贵,社稷次之,君为轻。"④荀子则看到了人民的力量,提出"君者,舟也;庶人者,水也。水则载舟,水则覆舟"⑤。至此,儒家道德治理思想基本上趋于成熟。到了汉代,由于汉武帝采纳了董仲舒"罢黜百家,独尊儒术"的主张,使儒家学说成为当时唯一占主导地位的思想。自此以后,儒家的德治思想一直被历代王朝奉为经典,直到封建王朝的结束。

孔子在提倡"礼治"与"德治"的同时,还提出了"举贤才"的主张,认为只有"贤者"当政,才是治理国家的最好选择,即所谓的"贤人政治"或"人治"。尽管孔子的"人治"思想具有英雄创造历史的唯心史观和贬低法律作用的消极一面,但也有积极的一面。一是"人治"在一定程度上突破了礼的"亲亲"原则,即在政治上"任人唯亲",贵族们凭借血缘关系世袭高位而成为各级统治者。二是"人治"特别强调当权者应该以身作则。他说:"政者,正也。子帅以正,孰敢不正。"⑥"不能正其身,如正人何?"⑦"政"字的本意就是要求人们的行为端正。他认为,让有德之人当政,政治就会清正廉明。可见,"礼治""德治"和"人治"是儒家治国之道三个不可分割的组成部分,对后世产生了深远的影响。

宋明时期的程朱理学给儒家伦理思想以理学的思辨形态,把正统的儒家伦理思想发展到了最高阶段,并提出了一系列的伦理纲常,但他们的基本理念都来自孔孟。

---

① 《左传·昭公二十年》。
② 司马迁:《史记》,中华书局1982年版。
③ 《明太祖实录》,南京图书馆传抄本,1939年。
④ 《孟子·尽心下》。
⑤ 《荀子·王制》。
⑥ 《论语·颜渊》。
⑦ 《论语·子路》。

（二）儒家道德治理思想的政治哲学观点及其分析

中国古代传统的道德治理思想不仅在理论上不断演进，而且在实践中也得到了广泛的推行，并作为一种统治者约束社会成员的思想与行为的手段。自汉代以来，基本上都尊崇儒家的治国方略。宋代至清代，儒学始终居于主导意识形态地位。“几千年来，对中华民族意识形态影响最大的书是儒家的书。”①儒家治国思想“是以哲学思想、伦理思想和政治思想所构成的三位一体的有机整体，形成了既有哲学理论基础又有伦理准则的独具特色的中国传统伦理政治观”②。道德治理在儒家治国思想的整体之中，居于核心地位。因此，我们需要从儒家治国学说的整体来把握儒家道德治理思想。

1. 儒家哲学思考的主题是天地人三者之间的关系

《易经·系辞传》中提出：“易之为书，广大悉备，有天道焉，有地道焉，有人道焉。”三者之间，以人为重心，所谓“人者，天地之心也”；③以天地为根本，所谓“圣人作则，必以天地为本”。④ 这说明儒家不是孤立地就哲学而论哲学，而是把上天、社会和人结合起来理解哲学问题的。钱穆先生在《论语新解》中认为：“孔子十五而志于学，即志于道。求道而有得，斯为德。仁者心德之大全，盖惟志道笃，故能德成于心。惟据德熟，始能仁显于性。故志道、据德、依仁三者，有先后无轻重。而三者之于游艺，则有轻重无先后，斯为大人之学。”⑤由此可以看出，“道”在《论语》当中具有天道的含义，是孔子主张“仁”的基础，“仁”是人对道的深层认识。儒家通过其哲学观为道德观奠定了坚实的基础，这在后来研究儒家学说的学者当中有一定的影响。

这样的哲学观铸就了儒家政治哲学观念的特点。一是强调人的主体地位，所谓以人为本；二是主张协调差异和冲突，讲究以和为贵。儒家典籍体现以人为本思想的论述较多，这种以人为本的思想在政治哲学上就转换为民本思想。孔子

① 王文锦：《礼记译解》，中华书局 2001 年版，第 4 页。
② 曹德本：《儒家治国方略》，吉林大学出版社 1994 年版，第 1 页。
③ 《礼记·礼运》。
④ 《礼记·礼运》。
⑤ 钱穆：《论语新解》，台北东大出版社 1988 年版，第 233 页。

说:“修己以安百姓,尧、舜其犹病诸。”①他把自己的政治理想定位于百姓生活的安定。其后,孟子、荀子对民本思想也有所发展,经历代儒家大师的继承,民本思想逐渐成为中国传统政治哲学的重要特征。儒家以和为贵的哲学精神,一方面承认差异,另一方面又促成协调,以“允执其中”“发而皆中节”来规范矛盾对立面之间的互动关系,有助于解决人与社会、人与自然、道德与生命三种关系,这也是我们认识儒家道德治理思想的重要前提。

2. 儒家施行的仁政涵盖了仁治、德治、礼治三个方面

从孔子开始,儒家就注意礼制在实现其政治理想中的作用,要求严格依照礼制规范言行,这种寓礼仪规范于制度的礼制是儒家道德治理思想的一个基本方面。孔子说:“非礼勿视,非礼勿听,非礼勿言,非礼勿动。”②孔子的论述清楚地表明了通过制度实现其政治理想的道德治理方针。荀子则更加重视通过制度化手段对社会加以道德治理的问题。他把仁义与礼结合起来,以仁义为礼制的精神,以礼制为仁义得以实现的规矩。荀子说:“将原先王,本仁义,礼正其经纬、蹊径也。”③“礼者,政之挽也。”④认为仁政需要以礼制为制度依托,礼制是道德的载体和实施道德治国的有效工具。诚如有的学者所指出的那样:“礼为为政的基础,原是儒家一贯的主张,礼与治国的关系几乎是不可分离的。”“国之治乱,全系于礼之兴废。”⑤

儒家所倡导的仁政主要以民生作为基点,以利民为内涵,对民众生计给予高度重视,认为这是治理国家的基本方面。孔子讲“富之”“足食”⑥,“因民之所利而利之”,“择可劳而劳之”⑦,“节用而爱人,使民以时”⑧。孟子要求统治者保障民众基本生活条件,使民众“养生丧死无憾”,只有在民众生计得到基本保障的前提下,实施道德教化,才能够确保统治者的地位,实现统治的目的。

孟子为仁政的落实提出了具体措施,把解决民众土地问题作为实现仁政的制

---

① 《论语·宪问》。
② 《论语·颜渊》。
③ 《荀子·劝学》。
④ 《荀子·大略》。
⑤ 瞿同祖:《中国法律与中国社会》,中华书局 1981 年版,第 303 页。
⑥ 《论语·颜渊》。
⑦ 《论语·尧曰》。
⑧ 《论语·述而》。

度化的基点。“夫仁政,必自经界始,经界不正,井地不钧,谷禄不平,是故暴君污吏,必慢其经界。经界既正,分田制禄,可坐而定也。”①在解决了土地问题的前提下,孟子又提出“庠序之教,申之以孝悌之义”②,即举办专门的学校对民众进行道德教化,规范社会风俗。

儒家把仁政作为整个道德治理思想的一个组成部分,主张在全部政治活动中都要贯彻道德治理,推己及人,爱利民生。“仁政是指儒家将仁德推行于国家政事,实行以仁德治国的政治思想主张。在儒家治国思想中,仁政、德治、礼治都属于仁政观的范畴体系。”③这种广义的仁政位于儒家全部政治理想的最高地位,把道德始终贯穿于整个政治制度的社会治理活动之中。

3. 统治者的率先道德修养和民众的道德教化

在道德和国家强制力之间,在道德治理的过程中,孔子特别强调统治者道德修养的作用,把天下太平归结于最高统治者完善的道德修养。他的这一理念贯穿于儒家思想整个的历史脉络。孔子赞美舜说:“无为而治者其舜也与?夫何为哉?恭己正南面而已矣。”④孟子说:“君仁莫不仁,君义莫不义,君正莫不正。一正君而国定矣。”所以要“格君心之非”⑤。先秦儒家正是在以平治天下为根本出路的意义上来看待统治者的道德修养问题的。

儒家还强调读书人的道德修养,这在儒家思想当中居于重要地位。“君子之仕也,行其义也。”⑥自孔子创立儒家学说之始,读书人就被儒家赋予了推行仁道于天下的重任。德国学者马克斯·韦伯认为,中国的统治阶层“现在和过去,整整两千年以来,始终是士”⑦。儒家对这个群体道德修养的要求成为其德治理论的中心内容。所谓“人能弘道,非道弘人”⑧。孔子所讲的道,就是“安百姓”的利民之道。由此出发,读书人就需要高度重视道德修养,“士不可以不弘毅,任重而道

---

① 《孟子·滕文公上》。

② 《孟子·梁惠王上》。

③ 曹德本:《儒家治国方略》,吉林大学出版社 1994 年版,第 114 页。

④ 《论语·卫灵公篇》。

⑤ 《孟子·离娄下》。

⑥ 《论语·微子》。

⑦ [德]马克斯·韦伯:《儒教和道教》,商务印书馆 1995 年版,第 160 页。

⑧ 《论语·卫灵公》。

远。仁以为己任,不亦重乎？死而后已,不亦远乎？”①读书人要做官,修己是根本,在提高自身修养的基础上,妥善处理与君主和民众的关系。

除了对统治者率先作用有一定的要求外,孔子也十分重视对民众进行道德教化来巩固统治阶级地位的作用。他主张对民众要“道之以德”②,认为道德教化比政刑措施优越,它能够实现社会秩序,所谓“小人学道则易使也”,③它还能够唤醒民众的廉耻心。在孔子看来,道德教化促使民众从内心里归服政权,这就是德治的最高境界。孟子特别强调“得民心”对于治国安邦的重要性,得民心者得天下,而得民心就要凭借道德教化来达到这一目的。他说:“善政,不如善教之得民也。善政民畏之,善教民爱之。善政得民财,善教得民心。”④荀子从人性恶出发,认为道德教化就要使人们闻道,从而化其恶性。他说:“注错习俗,所以化性也;并一而不贰,所以成积也。”⑤所有儒学思想家不论其对于人性判断如何,都一贯主张人性存在着修养和教化的可能性,从而把道德置于社会生活秩序的中心地位。

二、西方国家有关道德治理思想的脉络

从国家的产生和发展来看,无论是中国还是西方国家,都有一个从道德治理到法律治理治国方略的演变过程。比较而言,中西方道德治理思想各具特色,如果对西方政治思想加以梳理,我们同样可以得到有关道德治理的理论资源。本节拟从古希腊、近现代西方政治思想的发展阶段出发,对西方国家的道德治理思想加以概括和归纳。

(一)古希腊的道德治理思想

古希腊是西方文明的发源地,也是西方政治思想的发源地。城邦是古希腊最早的国家形式,形成于公元前8～公元前6世纪。“城邦”是一种特殊的国家形式,它以一个城市为中心,辐射周边农村,构成独立的“城市国家”。“从外部特征来

① 《论语·泰伯》。
② 《论语·为政》。
③ 《论语·阳货》。
④ 《孟子·尽心上》。
⑤ 《荀子·儒效》。

看，城邦的显著特征是小国寡民。"[①]这种特有的政治现象，成为古希腊政治哲学的社会背景。在这种社会背景下，不论是雅典的民主政体，还是斯巴达的军事专制政体，都具有一种道德共同体的特征。城邦的公民都把城邦当做实现他们共同幸福的唯一途径。雅典民主政治领袖伯里克利的一段话阐述了希腊公民与城邦之间密不可分的关系，他说："在我们这里，每一个人所关心的，不仅是他自己的事务，而且也关心国家的事务：就是那些最忙于他们自己事务的人，对于一般政治也是很熟悉的——这是我们的特点：一个不关心政治的人，而说他根本没有事务。"[②]希腊人一致认为，只有优良的城邦生活，才是每个公民达到完美道德境界的理想途径。

在希腊城邦制度和雅典民主制度的历史演进中，诞生了苏格拉底、柏拉图和亚里士多德三位思想大师，他们对道德治理问题都极为关注，并进行了较为深入的探究。

1. 苏格拉底强调道德是城邦政治的基础

治理城邦的关键是改善公民的灵魂。苏格拉底认为伯里克利等雅典政治家恰恰背离了这个城邦治理的要务，他们忽略道德这个政治的根本，通过发放津贴等手段规范雅典公民，刺激他们追求欲望满足的生活，从而把他们培养成了懒惰、粗野、骄纵的人。面对城邦衰落的趋势，苏格拉底认为是由道德沦丧导致的。

在苏格拉底看来，政治家的这种治理活动培养了人的兽性，而不是善。人的灵魂和行为的善都表现为和谐有序，这需要通过教育和训练才能达到。要使人避免作恶，追求德性，就必须使他们有一定的知识，因而他提出了"美德即知识"的著名论断，并将这个判断应用到政治分析当中，提出政治家本人应当具备正义、自制等美德。苏格拉底主张，由人民选出少数贤人根据法律进行统治，这些人应当具备专门的治国知识，以德教人，实施道德治理。即实行德智兼备的执政的君主制与贵族制。

2. 柏拉图主张只有采用道德治理的城邦才是理想的国家

柏拉图是西方思想史的巨人，其博大精深的思想体系对后世产生了深远的影响。卡尔·波普尔高度评价柏拉图的地位：西方的思想，或者是柏拉图的，或者是

---

① 徐大同：《西方政治思想史》，天津教育出版社 2005 年版，第 23 页。

② 周辅成：《西方伦理学名著选辑》（上），商务印书馆 1964 年版，第 41 页。

反柏拉图的，在任何时候都不是非柏拉图的。① 使哲学家获得政权，成为政治家，或者政治家奇迹般地成为哲学家，②这就是柏拉图的最高政治理想，即哲学家王。在《理想国》一书中，柏拉图系统论述了其道德治理学说，经过缜密的分析推导，他得出的结论为实现了“善”理念的城邦是人类的理想国，因为这样的理想国能够实现正义，而善的理念只有哲学家王才能够发现，所以，理想国只能是在一个或几个哲学家王的道德治理之下才能实现。

在古希腊思想家柏拉图看来，人的品性是政治的基础，人的品性的堕落导致现实城邦的衰落，因而，他对现实的希腊城邦是持否定态度的，政治的出路在于构成城邦的三个等级（即生产者、军人和哲学家王）都具备相应的美德。在理想国当中，掌握最高统治权力的哲学家王具有智慧的美德，以武器保护城邦的军人具有勇敢的美德，以供应者和纳税者的农民、牧人、工匠和商人具有勤奋劳作的美德。柏拉图继承了他的老师苏格拉底“美德即知识”的论断，认为善的理念是最大的知识问题，在可知世界中最后看见的，而且要花很大的努力才能最后看见的东西乃是善的理念。在柏拉图看来，哲学家是那些眼睛盯着真理的人。他将人类政治生活的希望寄托于哲学家王掌握权柄，或者掌握权柄的人成为政治家。哲学家王对城邦的治理是道德治理，其目的是把公民塑造成具有相应美德的城邦成员。为此，柏拉图尤其强调教育在治理活动当中的核心地位。他把教育称为城邦“唯一重大的问题”。教育之中从幼年开始的教育活动，开掘公民的天赋，使各个等级的成员分别具有上述智慧、勇敢和节制的美德。

在《理想国》当中，柏拉图之所以致力于推崇教育的治国作用的研究，是因为柏拉图发现，“将权力与智慧结合在一起的情况是罕见的，而人性又是自私的”③。只凭借人类的发展的自然状况是不可能产生哲学家王的，仅仅依靠教育进行统治的国家在现实当中是无法实现的。

3. 亚里士多德对人和城邦本质和目的的理解都充满了伦理政治的色彩

亚里士多德是政治学的奠基人，其思想对西方思想史产生了深远的影响。德国18世纪末的浪漫主义运动先驱莱格尔说：“一个人，天生不是一个柏拉图主义

---

① 范明生：《柏拉图哲学评述》，上海人民出版社1984年版，第479页。

② ［古希腊］柏拉图：《理想国》，郭斌和等译，商务印书馆1986年版，译者前言。

③ 徐大同：《西方法律思想史》，天津教育出版社2005年版，第47页。

者，就是一个亚里士多德主义者。"①"而亚里士多德的政治思想是以道德治理为主线的。"②亚里士多德道德治理思想建立在他对人性的认识的基础之上。首先，人具有善和正义的观念。人类所不同于其他动物的特性就在于他对善恶和是否合乎正义以及其他类似观念的辨认。③ 这实质上是说人具有认识真善美的理性认知能力。其次，人必须过群体生活，要在一个社会团体当中实现其善的追求。"人在本性上是社会性的"，④也正是一个政治的动物，"人类虽在生活中用不着互相依赖的时候，也有乐于社会共同生活的自然性情，为了共同利益，当然能够合群"⑤。亚里士多德对人和城邦本质和目的的理解都充满了伦理政治的色彩，其道德治理精神在城邦政治当中集中表现为以下三个方面：

第一，法律是城邦实现优良生活，促使公民达至幸福不可或缺的条件。城邦治理之所以离不开法律，是因为人性的特点。他说多数人只愿意凭感情去生活，而不是按照理性的指引，他们觉得节制的生活是不快乐的。多数人不做坏事不是因为羞耻，而是因为害怕遭到惩罚，并不是因为其理性的力量和对德性的向往。所以，说服教育并不能使所有的人亲近德性。因而，他断言："如果一个人不是在健全的法律下成长的，就很难使他接受正确的德性。"⑥因为法律是具有强制力的，法律要求人们趋向德性不会遭到人们的反感，在法律的强制之下，人们才能逐渐习惯于合乎德性的生活。所以，是法律而不是教育，才是城邦实现正义的主要致力手段。

亚里士多德明确要求法律具有正义的伦理内涵，使法律成为实现道德治理的基本手段。他认为大家所服从的法律应该本身是制定的良好的法律。从这个意义上，亚里士多德指出："法律的实际意义却应该是促成全城邦人民都进行于正义和善德的永久制度。"⑦正是因为亚里士多德将正义作为法治的内在精神，才使其

---

① ［古希腊］亚里士多德：《尼各马可伦理学·序》，廖申白译，商务印书馆 2003 年版，第 218 页。

② 龚群：《以德治国论》，辽宁人民出版社 2002 年版，第 97 页。

③ ［古希腊］亚里士多德：《政治学》，吴寿彭等译，商务印书馆 1965 年版，第 8 页。

④ ［古希腊］亚里士多德：《尼各马可伦理学·序》，廖申白译，商务印书馆 2003 年版，第 18～19 页。

⑤ ［古希腊］亚里士多德：《政治学》，吴寿彭等译，商务印书馆 1965 年版，第 130 页。

⑥ ［古希腊］亚里士多德：《尼各马可伦理学·序》，廖申白译，商务印书馆 2003 年版，第 313 页。

⑦ ［古希腊］亚里士多德：《政治学》，吴寿彭等译，商务印书馆 1965 年版，第 138 页。

道德治理思想不流于形式,而具有了最大的可行性。

第二,在充分肯定全体公民享有参政权利的同时,亚里士多德主张由贤良直接掌握国家政权。贤良执政的原因在于存在着德性的差异,尽管每个公民都是自由的,但是并不是所有公民都具有至善的德性,每个公民都有义务成为一个好公民,但不是都需要成为至善的人。既然所有好公民总是不可能而且也无须全部具备善人的品德,那么,最好的办法就是让具有善人德性的人执掌政权。贤良之士执掌政权的价值在于弥补法律的缺陷,即法律不可能对城邦生活事无巨细地作出规约,在它所未曾涉及的地方难免无能为力,在这种情况下,只有贤良之士才可以实现城邦的优良生活。

第三,天赋、习惯和理性是培养人们德性的根基。德性分为两种,理智德性和道德德性。"理智德性主要通过教导而发生和发展","道德德性则通过习惯养成"。城邦的统治者首先应当通过教育活动,唤起人们的理性,使人们自觉告别享乐的生活,奔向充满德性的城邦生活。既然城邦的理想目标是至善,那么立法家就应该以这些善德灌输于公民的思想中。① 亚里士多德认为,幸福的城邦一定是道德上最为优良的城邦。因而只有由具备基本德性的人组成的城邦,才是幸福的城邦。同时,亚里士多德把每个人都看作是政治的一份子,没有德性,优良的政治也就无法存在。为此,亚里士多德认为德性是政治的基础。"所有公民都应该有好公民的品德,只有这样,城邦才能成为最优良的城邦。"好公民的品德,一方面包含着参政的能力,另一方面包含着服从统治的习惯。而在亚里士多德看来,培养好公民的渠道,主要是通过建立城邦法律体系,建立符合正义精神的政体,从而使公民在不知不觉之间趋向于德性。除了法律之外,教育是造就好公民的重要方法。

第四,亚里士多德认为公民的德性决定城邦的正义。亚里士多德在《政治学》当中对此着墨颇多。他认为公民对城邦生活的态度影响到城邦的存亡,一种政体如果要达到长治久安的目的,必须使全邦各部分的人民都能参加而怀抱着让它存在和延续的意愿。② 教育正是实现公民认同城邦的重要手段,所以,"如果忽视教育,其政制必将毁损。一个城邦应常常教导公民们使能适应本邦的政治体及其生

---

① [古希腊]亚里士多德:《政治学》,吴寿彭等译,商务印书馆 1965 年版,第 392 页。

② [古希腊]亚里士多德:《政治学》,吴寿彭等译,商务印书馆 1965 年版,第 88 页。

活方式。”①教育的最终目的在于实现公民对城邦的认可，尤其在于如何促进城邦的优良生活。通过教育这一手段，培养公民的言行，使之自觉遵守城邦生活的规则，从而使城邦达到长治久安的目的。

相应地，城邦的原则是正义，正义是城邦秩序的基础，正义也是衡量一个城邦是否达到“优良生活”的标准。所谓正义，“它的真实意义主要在于‘平等’，如果要说‘平等的公正’，这就得以城邦整个利益以及全体公民的共同善业为依据”。他还说“政治学上的善就是‘正义’，正义以公共利益为依归。……简而言之，正义包含两个因素——事物和应该接受事物的人；大家认为相等的人就应该配给到相等的事物”②。在亚里士多德看来，不是彻底的平等，而是合适的比例。③ 只有那些以城邦公共利益为归旨、以德性为标准的分配才是正义的城邦，才是实现优良生活的城邦。

（二）近现代西方的道德治理思想

西方道德治理思想主要表现为以道德性的善规定公共权力的构成和运行规则等方面，即主要方面是对包括法律在内的基本社会制度的道德约束，道德教育活动对于实现公共权力职能的价值是补充性的，从而把道德或价值问题归结为理性问题。这一思想成了近代西方道德治理的主流，孟德斯鸠、卢梭和罗尔斯等人对这一思想进行了深刻的探究。

1. 孟德斯鸠对道德在政治活动中的角色进行了深刻的探讨

孟德斯鸠是法国启蒙运动时期的杰出代表人物，法的精神构成了孟德斯鸠全部政治理论的核心和出发点。在他所撰写的《论法的精神》这一巨著中，道德成为政体的原则。孟德斯鸠认为，存在着某种包括自然的、政治的、精神的因素在内的一般原因，都会在每个国家发生作用，法的精神就存在于法律和各种事务可能有的种种关系之中。④ 政体的优劣最终决定一个国家法律的性质，好的政体才有好的法律制度，而好的法律制度可以纠正一个国家各种客观因素带来的弊端。“政

① ［古希腊］亚里士多德：《政治学》，吴寿彭等译，商务印书馆 1965 年版，第 406 页。
② 同上，第 148 页。
③ 王彩波：《西方政治思想史》，中国社会科学出版社 2004 年版，第 49 页。
④ 徐大同：《西方政治思想史》，天津教育出版社 2005 年版，第 232 页。

体运动的人类感情"①是政体的原则,政治道德是共和政体的原则表现。罗素把孟德斯鸠的这一思想概括为:"民众的政府有赖于人民的市民道德或为公精神"②。

在孟德斯鸠的政治理想中,是要给每个国家的立法者和执政者提供政治原则,即用法的精神启迪人民。法的精神是这种对具体情况的适应,或与自然条件、精神条件和组织制度诸条件的关系。③ 法的精神存在于法律和各种事物可能有的关系之中。他相信,只要执政者的政治活动合乎法的精神,就能建立起合乎人类理性的法律,建立起理想的政治制度。可以说,孟德斯鸠把法律置于政治生活的决定地位,以维护政治自由的制度来改善民族的风俗和习惯,这一思想深刻地揭示出法律与道德、传统等社会意识形式之间的互动作用。

孟德斯鸠指出,政体的衰落源于政体原则的腐化,政治道德的水平关乎政体的存亡。但他一方面认为政治道德是政体的原则,另一方面又认定道德作用的有限性。他说:"一切有权力的人都容易滥用权力,这是万古不易的一条经验。"④根据这一判断,孟德斯鸠提出了分权制衡制度设计,成为三权分力学说的真正奠基人。在孟德斯鸠看来,民主制最吸引人之处是它的公民的道德上的伟大。⑤

2. 卢梭对社会道德的推崇对后世产生了深远的影响

在近代西方政治思想上,卢梭第一次完整地提出了人民主权学说。人民主权观的阐释者中,极为注重于在道德与政治的边界上立论的,莫过于卢梭。⑥ 卢梭认为,虔诚信仰道德直觉是人格成长与社会结构之基,在《爱弥儿》一书中,他提出要建立一个美好社会,必须改造个人。卢梭对人的善良天性怀有坚定的信念,以此作为其阐述社会政治的出发点。卢梭是启蒙运动的一面旗帜,是法国资产阶级革命思想的伟大先驱,社会契约理论在他那里达到顶峰。

社会契约理论是卢梭政治哲学的核心部分,而对道德的信念则贯穿其社会契约学说的全部。卢梭认为,经过社会契约,个人以道德的自由,社会的自由代替天

---

① [法]孟德斯鸠:《论法的精神》,何兆武译,商务印书馆 1982 年版,第 19,41 页。
② [英]罗素:《西方哲学史》(下),张申府译,商务印书馆 1981 年版,第 622 页。
③ [英]罗素:《西方哲学史》(下),张申府译,商务印书馆 1981 年版,第 621 页。
④ [法]孟德斯鸠:《论法的精神》(上),张雁深译,商务印书馆 1982 年版,第 243 页。
⑤ 王彩波:《西方政治思想史》,中国社会科学出版社 2004 年版,第 304 页。
⑥ 任剑涛:《中国政治思想中的伦理际遇》,《政治学研究》2000 年第 3 期。

然的自由，而且获得了法律面前的平等。而每个人之所以获得了自由，方法是把自己的一切权利全部转让给集体，国家因契约而产生了。在卢梭看来，自然状态下，本质上道德判断是不存在的，因为这种情形下的人是孤立存在的，所以，"我们永远也不会尝到灵魂的最美妙情操——那就是对德行的热爱"。① 只有在以社会契约为基础的政治共同体当中，人们的行为才具有了道德性质，本能被正义所取代。道德是使人成其为人的力量源泉，也只有那些脱离本能的人才能在这个以社会契约为基础的政治社会当中享有平等和自由。"公民社会需要道德，因为人的自然特征不足以内在地约束他去适应政治生活严谨的需要……建立公民社会的行为和建立道德或用责任约束他人的行为没什么两样。"对于一个背离了道德标准的人来说，"他便在双重意义上放弃了自己的自由。其一，他仅仅是他的激情的工具；其二，他毁坏了公正社会的可能性并因此将自己置于他人的权力之下。"② 通过社会契约的限制，每个人把各自的自然权利都奉献于集体，作为集体的一员，再以政治权利的方式体验他们所付出的一切，由此来说明，社会契约是政治社会的基础，公民是道德的主体，既然政治共同体的目标是以实现自由和平等为内容的全体公民的幸福，那么，热爱自己的城邦便很自然地成为每一个公民至高无上的道德。

在卢梭的政治构想当中，国家是一个道德的实体，公民道德是政治社会的保障，法律治理是实现社会秩序和公民幸福的基本措施。法律的必要性在于人们的道德能力的局限性。卢梭指出："存在着一种完全出自理性的普遍正义；但是要使这种正义能为我们所公认，它就必须是相互的。……因此，就需要有约定和法律来把权利与义务结合在一起，并使正义能符合于它的目的。"卢梭认为，风尚、习俗和舆论是最重要的法律，这种法律既不是铭刻在大理石上，也不是铭刻在铜表上，而是铭刻在公民们的内心里；它形成了国家的真正宪法；……而且可以不知不觉地以习惯的力量取代权威的力量。③ 这说明，为了确保人民主权的充分实现，尽管具有强制力量的法律实施是基本途径，但是平等与自由的秩序的最终形成，还是要通过诉诸人民内在的道德感和公共精神来实现。

---

① ［法］卢梭：《社会契约论》，何兆武译，商务印书馆 2003 年版，第 188 页。

② ［德］列奥·斯特劳斯、约瑟夫·克罗波西：《政治哲学史》（下），邓安庆译，河北人民出版社 1993 年版，第 675，678 页。

③ ［法］卢梭：《社会契约论》，何兆武译，商务印书馆 2003 年版，第 70 页。

以社会契约为基础的政治共同体，其宗旨在于全体成员的幸福，而幸福归根结底可分为自由和平等两大目标追求。对此，卢梭指出："自由，是因为一切个人的依附都会削弱国家共同体中同样大的一部分力量；平等，是因为没有它，自由便不能存在。"①而道德恰恰是实现自由和平等这两大目标的保证。

3. 罗尔斯的道德治理思想融合了伦理学和政治哲学

罗尔斯于1971年出版的《正义论》，被誉为二次大战后伦理学、政治哲学领域中最重要的理论著作和当代西方政治哲学、伦理学领域的经典。从道德治理的视角，我们可以从中获得富有价值的知识借鉴。

罗尔斯的思想暗含了公平正义这一道德价值对于制度安排的重要作用。罗尔斯指出："正义否认为了一些人分享更大利益而剥夺另一些人的自由是正当的，不承认许多人享受的较大利益能绰绰有余地补偿强加于少数人的牺牲。"②事实上，一个以剥夺弱者利益的方式满足强者利益需求的社会制度，势必导致两极分化，造成社会成员之间的利益对抗，直至暴力冲突，而一旦社会冲突演化为政治冲突，既有的社会制度就处于崩溃边缘，这样的制度不仅无法实现社会和谐，而且也不能有效地提供社会合作的制度基础。只有实现各种经济和政治利益在全体社会成员之间合理而平等分配的社会制度，才是公平的，因而是正义的。也只有具备公平正义伦理价值的社会，才可能成为和谐社会。

社会制度是社会基本结构的主题，它规定了社会成员在广泛的合作活动当中彼此的权利义务、分配方式和利益分配方式，而每个社会成员都拥有一种基于正义的不可侵犯性。罗尔斯把道德问题和包括诸如制度、结构、法律、行政管理程序、权利和义务等内容在内的社会政治问题结合起来进行综合考虑。在这种将道德与政治共同考虑时，罗尔斯将正义置于社会基本结构的首要美德的高度。那么，这种对社会成员因合作而产生利益的分配必须是正义的，甚至社会整体利益也不能够成为侵犯其成员利益的正当理由。在罗尔斯看来，正义，即自由和平等，这一道德价值是社会制度获得正当性的根本依据所在。

罗尔斯承认人的道德意识和道德情感的培养需要外在的社会条件和环境，但他又反对把道德情感视为外部强加的结果，认为它只能是人自身理性在正义和谐

---

① [法]卢梭:《社会契约论》，何兆武译，商务印书馆2003年版，第66页。

② [美]约翰·罗尔斯:《正义论》，何怀宏等译，中国社会科学出版社1988年版，第17~18页。

的社会环境中逐步生长起来的。这些道德标准包括常识性的道德规则及其与个人的具体地位相适应的调整形式。① 罗尔斯对人们正义感生成途径的考察是限定在“组织良好的社会”,即一个社会基本结构合乎正义原则的社会里面的,这就是原则道德,是人类道德表达的最高境界。

三、古今中外道德治理思想比较分析和评价借鉴

古今中外关于道德治理的思想是我们在当代研究道德治理问题的重要理论借鉴。马克思说:“人们自己创造自己的历史,但是他们并不是随心所欲地创造,并不是在他们选定的条件下创造,而是在直接碰到的既定的,从过去继承下来的条件下创造。”②毛泽东说:“我们必须尊重自己的历史,决不能割断历史。”③古今中外道德治理思想在世界政治思想发展的历史长河当中亦有独到之处,我们需要以唯物史观对其加以深入分析。历史上劳动人民道德中的优秀部分,历史上统治阶级道德中的某些有价值的东西,还有历史上开明的政治家和进步的思想家的道德思想,在今天仍然不失其现实意义。“一切已往的道德归根到底都是当时的社会经济状况的产物。”④只有从其产生、发展的特定社会历史条件出发,才能够准确把握其内在的精神。

(一)中国传统道德治理思想的评价

道德治理思想是中华民族的先哲们留给我们的重要精神遗产,它作为儒家学派的思想精髓,对春秋战国以来的封建统治以及社会经济发展发挥了重要作用。由于中国新民主主义革命和社会主义革命的不断推进,在荡涤封建主义的污泥浊水之中,儒家思想受到了前所未有的冲击和批判,特别是将道德治理思想的精髓连同封建道德治理中的问题,像马克思所说的,倒洗澡水连同小孩都倒掉了。正因为如此,我们不得不对传统中的道德治理思想及其问题做认真的比较分析和科学的评价,为建设社会主义和谐社会提供有价值的理论支撑。

---

① [美]约翰·罗尔斯:《正义论》,何怀宏等译,中国社会科学出版社 1988 年版,第 501 页。
② 《马克思恩格斯全集》第 8 卷,人民出版社 1961 年版,第 121 页。
③ 《毛泽东选集》第 2 卷,人民出版社 1991 年版,第 668 页。
④ 《马克思恩格斯选集》第 3 卷,人民出版社 1995 年版,第 134 页。

1. 以儒家为代表的道德治理学说是一个历史性的社会意识

在国家治理中，曾经出现过几种形式。一是人治，在古代和封建社会大多采用这一方式。二是德治，强调用道德治理社会。如果说人治是以大恶治小恶，那么德治就是以德治恶。三是神治，借助神的威力治理国家，这种方法盛行于宗教社会、土著社会。四是法治。就是以宪治恶，或以利益换取利益。把道德诉诸政治活动便是道德治理，所以法治和人治都可以采纳道德治理，采纳道德治理的人治就是仁政，法家的所谓法治仍然是人治，是用法律来治理（rule by law），而不是现代意义上的法律的治理（governed of law）。

中国自秦汉以来，就没有法治传统，而是靠儒家的伦理、道德来治理国家、规范人们的行为。道德（morality）和伦理（ethics）这两个词非常相近，在原始的语言意义上都与品格、习惯相关。日常生活中我们常说“某人不讲道德”，而不说“某人不讲伦理”，因为通常我们将道德看作是个人修养方面的内涵，而伦理则属于社会秩序方面的规定。在原始意义上，道德在很大程度上是为了维护个人对物质利益的公平追求，是为私有制保驾护航的一种约定。

从语义学上分析来看，在古籍中，“道”即道路，后引申为事物运动变化的规律或人们必须遵循的社会行为的准则、规矩、规范。三千多年前，“德”在商代甲骨文中有记载，直到西周大盂鼎铭文，“德”才有了“按规范行事有所德”的含义。“道”和“德”连用始于春秋战国时期诸子的书。“故学至乎礼而止矣，夫是之谓道德之极。”①“志于道，据于德，依于仁，游于艺。”“朝闻道，夕死可矣。”②这里的“道”指做人治国的根本原则。“德”指的是人们认识“道”、遵循“道”，内得于己，外施于人。

先秦是儒家学说肇始并基本成型的关键时期，孔子、孟子亦身体力行，倡导仁政。儒学首先是对执政者的要求，其次才是对老百姓的要求，如果不想从政，学点儒学当然更好，如果不学儒学，只要守法也未尝不可。但是，违法的事情可能会多一些。所以提倡都来学习，而学的要求也不尽相同。老百姓知道基本的礼仪道理就可以，不必知道为什么如此。“民可使由之，不可使知之。”但没有哪个统治者愿意采纳他们的治国思想。对于统治者而言，孔子是主张接受其统治地位的。在

---

① 《荀子·劝学》。
② 《论语·里仁》。

《论语·乡党篇》中,可以清楚地看到孔子如何恭敬地按照礼制对待君主和上司。孔子这么做的主要原因是为了引导统治者恪守礼制,做一个符合道德要求的统治者。对于那些冥顽不化的统治者,孔子的选择是坚决果断地离开。之所以出现这种情况,是由于儒家思想不适应当时生产力和社会发展的客观需要,当时儒家思想不被采用是完全符合历史发展的规律的。① 在当时的历史条件下,“礼崩乐坏”,奴隶制度行将灭亡,封建制度呼之欲出,新兴地主阶级要夺取政权。对他们来说,“克己复礼”的孔孟之道远不如法家的思想来得实在。事实上,也正是因为采用了严刑峻法的秦王嬴政彻底地打碎了奴隶制国家,才建立了中国历史上第一个中央集权的封建专制帝国。

儒家道德治理思想真正成为占统治地位的意识形态是在西汉时期,尤其是汉武帝统治时期。法家思想在秦朝被统治者推向极端,成为统治民众的思想来源,暴政打乱了社会秩序,破坏了生产力的发展。秦迅速灭亡的历史给西汉政权统治者留下了深刻的教训,因而从汉代开始,他们就对重视民众力量的儒家思想采取了接纳的态度,他们奉行德主刑辅的治国思想,缓解统治者与民众的矛盾,以求其统治的长治久安,及至汉武帝时代,独尊儒术。统治者最终选择了儒家思想作为官方意识形态,是因为儒家思想适应了新兴的经济基础,能够促进社会生产力的发展,能够为统治阶级的统治提供正当性的论证。正是因为儒家思想迎合了中国小农经济的需要,它才能够成为中国古代社会居于主流地位的思想形态。然而,古代的统治者并不是真正想实行德治的,他们历来都是把德治当作一种政治统治工具。统治阶级深知“水亦载舟,水亦覆舟”这一深刻道理。对于老百姓,一方面要用刚性的刑罚,另一方面要用柔性的德化。他们所谓的德治,并不是真的替老百姓着想,而是为了达到他们长久的统治目的。

2. 儒家思想与中国古代宗法性社会结构结为一体

中国古代社会是以血缘关系为纽带的宗法社会,宗法制度是中国古代历史自然形成的产物,其社会结构的基础是小农经济。在小农经济条件下,家庭是基本生产单位,家长是管理者,单个家庭又归属于一个家族,家族是社会制度的基层单位。这样,一个人在政治国家中的地位与其在宗族当中的地位是一致的,政治国家与血亲宗族两套系统合二为一,在政治上导致的结果就是政治关系分成两个侧

① 夏伟东:《儒家的德治为什么产生了人治的结果》,《道德与文明》2004 年第 4 期。

面，其一是奴隶主阶级对于奴隶阶级的压迫与被压迫的关系，其二是奴隶主阶级内部的家族、宗族和亲戚之间的关系。① 为了达到维持社会生活秩序的目的，统治者采取“礼”调整统治阶级内部的关系，采取“刑”调整统治阶级与被统治阶级的关系。“礼治”的核心内容是幼从长、疏让亲、卑从尊。孔子提出“君君，臣臣，父父，子子”四种伦理关系，孟子提出“父子有亲，君臣有义，夫妇有别，长幼有序、朋友有信”五种伦理关系，以及汉代董仲舒提出的“三纲五常”，都是对中国古代宗法社会现实的反映和对这种关系的自觉维持。儒家伦理思想与中国古代宗法社会结构之间的呼应，促使儒家思想成为主流意识形态。

中国古代的德治作为社会政治的一种手段，是从上到下、从国到家、从长到幼而实行的一种系统的道德教化。通过这样的教化，使人们按照“应当”，即社会的伦理道德规范去处理社会关系和对待自己的言行，力图收到不用刑罚而国泰民安的效果。

3. 儒家思想与中国古代专制政治制度的界分

中国古代封建社会属于专制的社会治理类型，作为一种学说体系，儒家思想却不能被简单地归结为专制思想。儒家思想在成为中国古代专制政治主流意识形态的同时，我们同样可以清楚地发现儒家思想与封建专制制度之间存在着对立的关系。优秀的文化传统与封建主义的历史局限性成了一个尖锐的对照。② 这种对立关系，主要表现为儒家学说的民本主义特质。

最高国家权力行使者的产生方式是区分民主和专制政治的一个明显标准。如前所述，中国古代封建专制制度的社会结构是宗法社会，其权力交接奉行的一般是嫡长子继承制度，即最高统治者的嫡长子是权力的合法继承人。而儒家推崇的权力交接制度则是“禅让”制度。按照儒家的思路，天下的正当的统治者是德行高尚的人，当最高权力需要交接的时候，德行仍然是继承人的唯一标准。长子继承制度与贤人、圣人禅让制度之间是尖锐矛盾的。在中国古代封建专制社会中，禅让的实质不是统治者将权力交给另一个人，而是按照上天的意志将权力交给另一个人。在这个过程中，前任最高统治者所做的实际是推荐后继者，由上天来确定后继者是否合适，这是儒家民本思想在权力交接上的一种表现。当然，儒家学

① 焦国成：《德治中国》，中共中央党校出版社 2002 年版，第 5 页。

② 曹德本：《中国政治思想史》，高等教育出版社 2004 年版，第 25 页。

说的民本思想并非民主精神，民本思想的根本缺失，即在于对君主专制的承认和契合。① 孔子以“圣”称呼统治者为最高境界，而这个“圣”的标准就是“博施于民而能济众”。② 儒家思想中的民本精神集中表现于主张人民的利益是国家和社会的价值主体，③这正是儒家学说具有的思想价值，正因如此，这是我们在探讨社会主义民主制度下道德治理问题时，借鉴儒家德治理论的原因所在。

道德作为一种社会历史现象，并不是从来就有的，它的产生受到主观和客观两个方面的制约和影响。其一是道德产生的客观条件，人类的道德生活本质上是对人们社会关系的认识和反映，道德的产生必须以人类社会关系的形成为前提，因此说社会关系的形成是道德产生的前提条件；其二是道德产生的主观条件，我们知道，劳动创造了人本身，在劳动中产生了人与人之间的交往关系，人们意识到自己作为社会成员与他人或集体的关系以及如何去调节这种关系时，就形成了人类的精神自律和自我意识，人的劳动是道德起源的历史前提，因而也是道德产生的主观条件。

（二）西方道德治理思想评述

任何思想都是社会历史和思想逻辑的产物，西方道德治理思想同样如此。马克思主义认为：“思想、观念、意识的生产最初是直接与人们的物质活动，与人们的物质交往，与现实生活的语言交织在一起的。人们的想象、思维、精神交往在这里还是人们物质行动的直接产物。表现在某一民族的政治、法律、道德、宗教、形而上学等的语言中的精神生产也是这样。”④基于政治与道德之间的密切关系，东西方思想家都曾经探讨过道德治理问题，然而，西方社会独特的社会历史条件使西方道德治理思想另具自己的特点。

人的本质是社会存在，只有成为社会的人，人才能够进行物质资料的生产，满足自身生存和发展的需要，而社会制度是对社会合作的一种具有稳定性的安排，以此约束和规范人们社会生活的方式，离开制度规范，社会生活难以实现。

---

① 王波：《儒家民本思想与封建专制政治之契合与冲突》，《云南社会科学》2004 年第 4 期。

② 《论语·雍也篇》。

③ 李存山：《儒家的民本与人权》，《孔子研究》2001 年第 6 期。

④ 《马克思恩格斯选集》第 1 卷，人民出版社 1995 年版，第 72 页。

1. 古希腊时期的道德治理思想属于自然政治观的有机组成部分

正义、智慧、勇敢、节制，构成古希腊道德系统的“四主德”。尽管柏拉图和亚里士多德的思想在很多方面都有所不同，但是，在对于道德与政治关系方面，二人都认为个人道德的实现条件最主要的还是要依赖于政治共同体，公民只有参与城邦的政治生活，才能够在政治生活当中实现至上的德性。因而，在他们看来，政治与道德享有同样的价值。在政治生活中，怎样通过道德的作用达到国家治理的目的，柏拉图在《理想国》中给出的答案是教育，主要是通过教育培养哲学家王和城邦护卫者，由哲学家王按照至善理念进行治理。而在《法律篇》当中，柏拉图对这个问题的回答，由道德教育培养统治者变成了统治者依法治理城邦，这与他到了晚年思想发生了变化有关。亚里士多德主张一种合乎道德价值的法律治理，同时他仍然重视直接的道德教育活动对于实现人们的德性的重要性。这一思想在亚里士多德那里成为“良法之治”的经典表达。

文艺复兴以后，理性主义冲破中世纪神学的桎梏，思想家们开始以“人的眼光”观察社会，认为社会关系是以权利为根据并由国家创造的。① 从而彻底否定了君权神授的中世纪基督教神权政治观。为资产阶级推翻封建统治提供了强大的思想武器。权利政治观念成为资产阶级政治制度的内在理论基础。以自由、平等、博爱为内容的人道主义成为那个时代的道德精神的主体，以此为基础，资产阶级建立起以民主、法治为标志的资本主义政治制度。作为人民主权学说和社会契约论最高成就的代表人物的卢梭，继承了古希腊道德治理思想，认定具有理性能力的人通过社会契约建立的国家，其实质是道德共同体，因而，作为社会治理手段的法律当中，最具有力量的乃是存在于人们内心的风尚、习俗，以及表达出来的舆论。

2. 近代以来的西方学者对国家治理问题隐含了双重的标准

近代开始，理性主义者和功利主义者已经注意到了道德与立法原理方面共有的理性基础。康德认为法律调整人们的外部行为，道德支配人们的内心活动，他明确地将道德伦理特征归结为“内在性”，而与法律规范“外在性”相区别。后来的学者大多以此作为区分法律与道德的界线，并被学术界的大多数人所接受。按照这种观点，道德只能靠自律。约翰·罗尔斯指出：“正义是社会体制的第一美

① 《马克思恩格斯全集》第21卷，人民出版社1965年版，第546页。

德,正如真实是思想体系的第一美德一样。”①这既是对西方传统社会将正义作为个人美德和社会德性的一个现代诠释,又是现代资产阶级注重制度建设的一个典范表述。这也说明二者的结合,有着深厚的历史渊源和迫切的现实需要。

近代以来,马基雅维利从世俗政治的考察出发,首先提出了统治者为了政治上的正当目的可以不讲道德的论点,但他仍然认为,民众必须要有优良的道德。如果民众没有优良的道德,也就没有了优良的政治。如果公民缺乏诚实精神和献身精神,政府也就失去了对民众的依靠。霍布斯可以说是第一个使政治学成为类似于实验科学那样的科学的人。此后,政治学的合理性不是完全建立在伦理学的价值理念之上,而是建立在理性精神以及自私人性假设上。然而,这种政治理性经过现代政党政治的实践以及马克斯·韦伯对现代科层制的研究使人们重新认识到德性在政治生活中的作用。韦伯把现代政治组织看成是理性化的科层组织,理性化的科层组织人员虽然服从的是工具理性,但政策一旦制定,他的责任就是忘我执行。在韦伯看来,没有这种纪律与自我克制,整个科层部门就会崩溃。一个世纪以来,体现这种职业理性的公务员的行政伦理在西方国家得到了充分发展,这可以看作是西方国家在注重法治的前提下,同时也在不断地加强道德的作用的一种举措。

3. 西方社会推行的政德促进了政府实施道德治理的职能

政德是现代资本主义社会国家道德的核心因素之一,它注重法律体系和道德体系在内容上相互吸收、在功能上相辅相成、在实施中相互支撑。从政道德是执政的资产阶级统治者总结封建国家治国方略得出的基本经验,其核心是自由、平等、博爱的价值观念和理想信念,是资产阶级认为其在个人生活和国家管理方面优越于封建主义的重要因素。

从严格意义上讲,资本主义政德是近代随着西方“三权分立”制度的建立而产生的。早在19世纪末,罗伯斯庇尔在建立法国资产阶级政权时,就提出要用美德来管理国家政治生活,发表了《关于政治道德的各项原则》的施政演说,他认为维系政府的强大动力是爱国家和法律的美德。二战结束以后,在道德治理问题上,尽管西方学者众说纷纭,但都一致认为国家应秉持道德中立立场,反对国家介入公民道德领域这一做法。所谓国家道德中立,是指国家(政府)应当中立于其公民

① [美]约翰·罗尔斯:《正义论》,何怀宏等译,中国社会科学出版社1988年版。第1页。

所追求的所有善生活观念,平等地宽容它们;国家的任务在于制定和维持一些规则,以使其公民能够去过他们想过的生活;政治道德应当只关心权利(正当),而让个人去决定他们自己的善。① 这是对于国家政权与公民道德之间关系的基本判断,其宗旨在于把公民道德排除在公共事务领域之外,不认为国家有义务对公民实施道德教化,而认为公民具有自由选择道德取向的权利,担心国家权力对特定道德的推崇会剥夺公民的基本权利。

罗尔斯等一些西方学者对制度正义问题予以极大关注。罗尔斯把正义看作社会制度的首要原则。在公民个人道德方面,罗尔斯持国家道德中立原则,认为高尚的道德诉求,属于公民的个人活动范围,公共权力不应对其控制,只能由公民自愿。但是,这并不能说明罗尔斯不重视道德治理的作用,而恰恰是他把制度的正义性视为社会道德的底线——不是因为它是我们最高的道德目标,而毋宁说它是最起码的、但也是最基本的、甚至对我们每一个人都生死攸关的规范标准。② 他认为制度正义原则优先于个人道德原则,其实,他的主张是在保护个人道德选择自主权利的前提下,以正义的社会制度为人们选择道德生活提供条件。罗尔斯借鉴西方政治传统思想,从道德—政治的维度,全面考察西方资本主义社会的政治生活,强调自由平等价值对于资本主义社会生活的重要性,以此充分肯定提升公民道德水准对推动社会生活正义性所发挥的巨大作用。

在现代西方社会里,面对毒品肆虐、家庭离散、犯罪率不断上升等诸多社会现象,有的学者开始重新研究国家与公民道德之间的关系问题,国家道德中立的观念遭受多方面的质疑。麦金太尔等人严肃地指出,如果人们自身不具备各种具体的美德,那么,无论多么完美的道德规则,都不可能影响到个人行为。这表明,对于个人来说,不应当是权利优先,而应当是美德优先。③ 有的西方学者则认为自由主义必须拒绝中立性,公开追求某些善观念。④ 反对国家在公民道德方面不履行他们应尽的职责。认为自由主义并不排斥对于多元价值观做出必要限制。主张在公共生活当中传播某些高尚的价值观和人们始终奉行的传统美德,发挥国家在公民道德方面的巨大作用。

---

① John Kekes. *Against Liberalism*. Cornell University Press,1997,p. 6.

② 何怀宏:《公平的正义》,山东人民出版社 2002 年版,第 59 页。

③ 俞可平:《社群主义》,中国社会科学出版社 1998 年版,第 87～88 页。

④ William A. Galston. *Liberal Purpose*. Cambridge University Press,1991,p. 6.

从西方的历史上看,法治是其重要的传统和特色,但他们对道德治理的作用也没有忽视,道德立法为监管部门提供了道德管理方面的法律依据,成为一些国家廉政建设和维持自身系统正常运转的工具。西方社会私有制的局限性决定了其道德法实施的限度,现代西方国家仍然存在着其无法克服的社会弊端,但其中也不乏发达资本主义国家资产阶级执政的历史和现实经验,关于国家治理方面所涉及的道德治理的内容也有些积极的因素和可资借鉴的内容。

(三)古今中外道德治理思想的相关借鉴

作为一种治国方略,道德治理思想在古今中外的不同历史发展阶段都曾经发挥了巨大的作用,并且随着时代的演进,道德治理的相关理论也都获得了不断的丰富和发展。中国古代社会片面地强调德治的作用而忽视了法治的意义,这源于中国传统社会在国家治理理念和文化有其特殊性。而西方社会注重法律治理,并片面地发展了这一理念。同样是治国方略,道德治理在中西方国家里存在着较大的差异。由于中国和西方国家的具体国情不同,我们应该根据中国国情对这些道德思想取其精华,去其糟粕。

1. 中国传统文化与西方国家有关道德治理思想的比较分析

关于国家治理,中国传统的道德治理治国理论即民本思想,把国家安危、社稷兴衰看作民心向背的结果,而民心之向背又取决于仁政、德治,即君以仁施政,臣以德治国,这就要求掌权者要以个人的人格修养来实现仁政和德治,过于注重道德自律的价值,而轻视法律对人的行为规范的作用。中国传统文化伦理认为"人皆可为圣贤",即人具有"善"的道德本性,虽然人的气质禀赋有所差异,但"为仁由己","圣人与我同类……人皆可以为尧舜"。由此而衍生出"内圣"与"外王"的治国理念,也为"德治"提供了理论根据。即认为只要具有"内圣"就自然能施行王者之政,就能成为"仁人",不需要施加外在行为规范的控制。尤其认为,对于"王者"来说,法律已不起任何作用了。尽管这些思想看起来很有诱惑力,但却属于圣人治理的范畴,并不是制度化的德治。中国传统的道德治理是通过道德教化的手段来实现社会治理的。只有通过这种手段,才能够为社会治理的目标以及治理活动中的各种程序的合道德性提供保证。在这个问题上,西方国家推崇法治而贬低道德是不可取的。德治与法治一样,都是一种制度性的社会治理方式。中国古代的德治传统不能不加批判地继承,需要对其进行根本性的改造,去找寻那些可以使德治制度化的有益成果。

西方自由主义道德观的逻辑结果是人性恶的逻辑设定,在政治制度上的表现就是把政治理解为必要的恶,并彻底否定了国家承担道德职能的可能性。从本质上看,以这种价值理念为基础的制度设计,适应了自由竞争的市场经济体制的要求,满足了资本主义生产关系发展的需要,符合资产阶级的利益诉求。西方社会道德迷失的社会现实境况就是这种制度方面的道德治理活动产生的必然结果。相比于古代道德治理实践活动,总体上西方资本主义国家不大重视对社会成员进行系统的道德人格的培养,而其对制度的道德治理活动则完全是从资产阶级的利益出发制定社会道德的要求。

在确认了道德治理是国家政权通过采用道德手段对国家自身和全体社会成员所进行的治理活动后,我们就可以明确这样一个认识,即一个常见的看法是道德治理属于东方政治传统,而法律治理才是西方政治传统,西方没有道德治理。而本书得出的结论是,中西方国家都拥有道德治理的思想资源。相对于西方,中国古代道德思想和政治实践的发展水平要更全面和更成熟,既包含对社会制度道义精神建设的方面,也具有对社会成员进行道德修养和道德教化的内容。西方道德治理思想,虽然也不乏对道德教育的论述,但比较而言,其突出成就主要体现在对于社会制度的伦理价值的强调上。

2. 儒家的礼制思想,是研究道德治理问题所应该借鉴的重要理论来源

在中国古代社会里,在提高社会成员道德修养的方法上,除了强调教化者自身道德的表率作用之外,儒家还在教化对象的自觉性方面下功夫。孔子提倡"为人由己",孟子认为"仁者如射",儒家强调从个人日常生活做起。孔子说:"弟子,入则孝,出则悌,谨而信,泛爱众,而亲仁。行有余力,则以学文。"①儒家之所以对于实现个人道德修养的可能性如此自信,是因为他们认为,道德主要不是由读书、思考而来的,而是来源于日常的生活。儒家认为对父母的孝,是一切道德的起点,是一切道德的基础,故而称之为"仁之本"。既然道德的起点是人人自然的生活,那么,人人都具备成为道德高尚者的条件。高尚道德养成于平凡的生活,儒家的这一思想使每一个普通人都有可能获得良好的道德修养。

所谓礼制就是礼仪、礼制和法规、法制的合称。在中国古代,礼即是法,法即

① 《论语·学而篇》。

是礼。礼制是国家政权治理社会事务的制度。系统化、制度化、政治化的礼几乎包纳着一切社会政治规范。① 儒家认识到人的自觉性对于提升其道德素养的重要作用,同时礼看作是促使人道德自觉的外部力量。儒家在制度道德化方面的构建所取得的成果是具有普遍意义的。在实施法治的现代社会条件下,我们可以从制度的价值内涵角度着手,借鉴儒家这一礼制思想。

中国古代道德治理思想从产生到发展,从萌芽到建立起完整的理论体系,经历了曲折的发展过程。尽管它具有无法克服的历史和阶级的局限性。但它对封建统治者却具有约束和警示的作用,并在封建制度所能允许的范围内保护了下层民众的利益,对于中华民族注重道德理想、形成礼仪之邦亦产生了积极的作用。

3. 社会主义民主政治条件下,需要辩证地借鉴儒家道德治理的相关思想

道德治理不仅在理论上伴随着历史的发展不断演进,而且在实践中也得到了广泛的应用,它在两千多年的中国封建社会中发挥了极大的整合社会和维护统治的作用,在社会主义民主政治条件下,儒家道德治理的相关思想给我们带来一些有益的借鉴和启迪,客观上为今天社会主义民主政治条件下实施道德治理的治国方略奠定了坚实的基础。

两千多年前,儒家就清醒地看到了道德与政治之间的密切关系,看到了君主、官吏这些国家权力掌管者与民众这一国家权力调节对象之间的对立统一关系,看到了国家权力在社会利益分配方面所承担的重要作用,继而创立了古代的道德治理理论,试图以道德自律、道德教化为主要手段,努力缓和统治者与民众之间的利益冲突,实现社会秩序,其中蕴涵的合理性是不言而喻的。在社会主义民主政治条件下,我们对儒家思想的借鉴应该有不同层次的表现。在道德治理侧重点的层面上,应以国家权力为道德治理的主要目标;在对普通公民进行道德教育方面,要重视儒家从普通社会成员日常生活的角度教化的思想;在制度伦理建设方面,要探讨儒家的礼制思想,以实现从思想到制度的转化。尤为重要的是,在儒家道德治理理论当中,对统治者道德修养给予了极高的重视,认为统治者的道德素养高低与否决定了国家权力活动的善恶和效果。《论语》讲统治者要“修己以安百姓”②,《孟子》讲“以德行仁者王”③,《荀子》讲“德行致厚,智虑致明,是天子之所

① 刘泽华:《政治学说简明读本》,南开大学出版社 2001 年版,第 332 页。

② 《论语·宪问篇》。

③ 《孟子·公孙丑上》。

以取天下也”①,《礼记·中庸》讲“君子笃恭而天下平”,《礼记·大学》要求最高统治者要“以修身为本”。儒家的这些认识是有一定积极意义的。在封建社会里,儒家的这一主张是很难实现的,其根本原因是由于封建社会的阶级性质以及小农经济的局限性造成的。在社会主义社会民主政治条件下,我们国家的政权属性是人民当家作主,所有制形式是以公有制为主体,多种所有制经济共同发展的社会主义市场经济体制,这一质的飞跃彻底改变了公共权力的所有者和执行者的所属地位,国家机构工作人员成为受人民委托、为人民行使公共权力的公务员,因而,以直接掌握公共权力的人为核心进行道德治理,提高其道德自律能力,不仅具有必要性,而且具有现实可能性,儒家道德治理的理想终于找到了得以施展的空间和舞台。

---

① 《荀子·荣辱》。

第二章

国家治理方式的诠释与解读

自人类进入阶级社会以来,因为阶级矛盾的不可调和便产生了表面上凌驾于这个社会之上的国家。国家的职能无非就是进行阶级统治和社会管理,把冲突控制在社会秩序允许的范围之内。在现代社会中,和平与发展是当今世界的主题,那么,国家的统治职能也在向社会管理的方向转化,如何管理一个国家,保持它的正常运转和保证它的社会稳定是我们亟待解决的问题,于是就有了国家治理的方式问题。国家治理是公共权力调控社会群体冲突,维护社会秩序的活动,其根本目的仍然是实现统治阶级的利益。作为阶级统治的治理活动,就是统治阶级运用国家政权的强制性力量,控制被统治阶级,镇压被统治阶级和一切破坏有利于统治阶级利益的政治活动。

一、国家治理方式的发展及其实质

国家治理的实质是掌握国家权力的统治阶级缓和与被统治阶级的冲突,在有秩序的社会环境中实现其经济利益和社会利益的活动,就是说,国家治理的实质是阶级统治。在明确这一点的同时,我们还需要知道,实现政治统治的方式是多种多样的,绝不是单一地依靠暴力镇压。从历史上看,统治阶级不仅采用暴力手段对被统治阶级实施镇压,也还用限制、排斥、怀柔、利用等手段。但是,无论是采用暴力手段还是采用其他手段,它们都是实现政治统治的重要方式。作为社会管理的治理活动,是统治阶级运用国家政权对社会事务进行管理的政治活动。

(一)治理理念的形成及国家治理方式

人类社会进入民主时代以后,根据社会发展的需要,仅仅依靠权力来管理社会显然已经不能适应时代发展的需要了,“治理”概念才逐渐走进社会管理活动之中，主要用于与国家公共事务相关的管理活动和政治活动中。就目前而言，尽管"治理"一词已经被广泛使用于社会公共管理领域，但随着社会生活的多样化及研究的深入和细化，其基本含义至今仍是各持己见、各有所长。

治理不但直接涉及公共管理的一些现实问题，而且还在政治学、社会学、哲学等多种理论研究的学术实践中不断拓展。自这一概念出现以来，不仅受到学术界的广泛争议，就是在政府实践领域也引起了人们的高度重视。这从本质上反映了人们想要改变以往公共管理单一权威中心控制模式、更好地管理公共事务的要求。

治理理论的主要创始人之一詹姆斯·N. 罗西瑞认为，治理与政府统治不是同义语，它们之间有着重大区别。它们虽未得到正式授权，却能有效发挥作用。与政府统治相比，治理的内涵更加丰富。它包括政府机制，也包括非正式的、非政府的机制。他将治理定义为一系列活动领域里的管理机制——与统治不同，治理指的是一种由共同目标支持的活动，这些管理活动的主体未必是政府，也无需依靠国家的强制力量来实现。① 这样一种定义显得有些模糊，也不具有可行的操作性。库依曼和范·弗利埃特指出："治理的概念是，它所要创造的结构和秩序不能由外部强加；它之所以发挥作用，是要依靠多种进行统治的以及相互发生影响的行为者的互动。"②格里·斯托克说："治理指出自政府、但不限于政府的一套社会公共机构和行动者。"二者的贡献在于都指出了公共事务管理的非单一中心化和强制化，但是在多元主体的参与模式上仍然没有给人们以明确的解读。罗茨将治理细化为六种不同范围的定义，即作为国家的治理、作为公司管理的治理、作为新公共管理的治理、作为善治的治理、作为社会控制体系的治理和作为组织网络的治理等，但是仔细推敲起来，这些定义似乎缺乏一个基于共同参照物或者衡量尺度的标准。因为在他看来，治理仅仅意味着一种新的统治过程，③似乎一切新的管理模式都归结于治理。

俞可平先生认为，在关于治理的各种定义中，全球治理委员会的定义具有很大的代表性和权威性，即治理是各种公共的或私人的个人和机构管理其共同事务的诸多方式的总和。它是使相互冲突的或不同的利益得以调和并且采取联合行

① 俞可平：《治理与善治》，社会科学文献出版社 2000 年版，第 2、3 页。

② 同上，第 3 页。

③ 罗茨：《新的治理》，《政治学研究》1996 年第 1 期。

动的持续过程。① 诚然,治理一词的使用对于提高管理效率具有显著的作用,它甚至在一定程度上体现了对各种公民团体民主参与的尊重,即使如此,其在理论上具有显而易见的弊端,因为这种模式既不能代替国家而享有合法的政治暴力,也不能代替市场自发地对大多数资源进行有效配置。因此,不少学者和组织将目光投向了"善治"。善治就是使公共利益最大化的社会管理过程,本质特征是政府与公民对公共生活的合作管理,实际上是国家权力弱化的过程,善治的过程也就是一个还政于民的过程。

治理的概念并不是首先出现在政治学的语境中,大量的文献表明,"治理"一词是由国际金融机构包装的,它似乎仅仅是一种中性的管理学名词,但是从背景来看却隐藏着许多主观意志。由于受市场意识支配以及政治上"非干涉他国内政"的因素,大多数国家贷款机构在先期业务中,排除政治上民主化以及受援地国内管理政策的关心,仅仅要求借款国实现市场自由化,消除贸易壁垒。但是市场永远是建立在政治和社会基础之上的……如果没有政治合法性、社会秩序和机构效率等最基本的条件,任何经济计划都不能取得成功。② 治理一词使国际金融机构放弃经济主义,重新考虑与经济计划相关的政治议题和公共议题。这样的说法似乎很符合当时的情况,但是我们可以看出,治理一词所掩饰着的管理问题,实际上与政治密切相关。由此,治理的概念与国家和社会的管理有机地结合起来。

(二)国家治理理念的历史变迁

国家的治理形式是多种多样的,每个国家都应根据自己的历史传统、社会发展阶段和经济发展水平等条件来选择本国的治理方式,即使是在同样的社会制度下的国家在治理方式上也是千差万别的。

1. 传统统治与现代治理的区别

治理与传统的政府统治最明显的区别在于,它不直接介入公共事务,只介于负责统治的政治和负责具体事务的管理之间,它是对以韦伯的官僚制理论为基础的传统行政管理思想的替代,意味着新公共行政或新公共管理的产生。西方学者从多维角度来研究治理的内涵,认为治理是一种新的管理模式,是一种状态或一

① 俞可平:《治理与善治》,社会科学文献出版社 2000 年版,第 3、7 页。

② [法]辛西娅·休伊特·德·阿尔坎塔拉:《治理概念的运用与滥用》,参见俞可平《治理与善治》,社会科学文献出版社 2000 年版,第 19、297 页。

种新的管理方式。作为最小国家的治理，指的是政府削减公共开支，以最低的成本取得最大的效益。作为管理意义上的治理，指的是强调法治、效率和责任的公共服务体系。作为社会—控制论系统的治理，指的是以目标为支撑或导向的政府与民间、公共部门和私人部门之间的合作与互动。此后，经过西方学者的研究、诠释、运用及发展，治理不仅有着全新的含义，而且成为指导公共管理实践的一种新理念。

治理一词的基本含义应该是指官方的或民间的公共管理组织在一个既定的范围内运用公共权威维持秩序，满足公众的需要。治理的目的是在各种不同的制度关系中运用权力去引导、控制和规范公民的各种活动，以最大限度地增进公共利益。所以，治理是一种公共管理活动和公共管理过程，它包括必要的公共权威、管理规则、治理机制和治理方式。

2. 国家权力中心的多元形成

从理论上讲，建立在统一基础上的国家只有一个权力中心，但究其实际，国家中心不止一个，治理的兴起正是对新兴势力或组织的一种反映。治理给我们提示的一个信息，就是对按照宪法和正式规范来理解的政府体制的挑战。①

从这个角度来看，政府已经开始意识到并肯定了其他组织通过集合信息、提供服务、组织人员表现出来的权力。许多民间组织开始承担起传统政府所承担的职责，治理促进了国家与社会之间的互动，成为形形色色的社会代理者，如公共治理部门、私人公司、游说团体、咨询人、公民和消费者协会之间的一种协作方式，使政策的制定更为有效。这种模式既强调了公共政策中的纵横协调，也强调了多元和不统一。② 传统的政府无法适应急速变化的经济、社会、文化环境，国家已经无力承受社会需求的负担。在复杂的社会事务面前，如何应对传统等级制官僚体系出现的管理危机，成了治理所要承担的历史任务。治理之所以能够得到人们的广泛关注，主要基于两点：一是看到了现有公共事务的复杂性、动态性和多样性，个人和集体无力控制自己的命运，必须依靠联合起来的共同体共同应对难题；二是原来被统治的对象被人们重新发现并作为社会子系统发挥作用，因为和谐对象不

---

① ［英］格里·斯托克：《作为理论的治理：五个论点》，参见俞可平《治理与善治》，社会科学文献出版社 2000 年版，第 32、35 ~ 36 页。

② ［法］阿里·卡赞西吉尔：《治理和科学：治理社会与生产知识的市场式模式》，参见俞可平《治理与善治》，社会科学文献出版社 2000 年版，第 128、130 页。

再被认为是特殊种类的个人、家庭活动组织，而是社会子系统，①子系统有着特殊的功能，完全可以取代政府行使职责。治理所主张的共同管理社会事务的理念，恰恰推动了政府向社会分权的过程，这个过程的实质也是社会事务责任分担的过程。

3. 法治与德治相互包容和相互渗透社会治理体系的建立

治理对于改变原有的统治模式和应对越来越复杂的社会事务具有其独特的作用。与以往的社会治理方式相比，当公共管理拥有了道德化的制度时，在公共管理主体的道德化活动中，全社会的道德习惯、道德行为就比较容易养成，就会逐步形成一个道德实践的环境，并进一步形成系统的、稳定的、良好的道德观念和价值判断标准。在制度建设方面，德治与法治是两个维度，而且二者不可分割，只有把法治的理念与德治的理念结合起来，同时在这两种理念之下进行社会治理制度的设计和安排，才会获得一种理想的社会治理模式。如果说以往的社会治理模式在制度设计和安排上都出现片面强调法治一维或者片面强调德治一维的话，那么公共管理的制度设计与安排，就应首先需要把德治的理念与法治的理念统一起来，建立一种法治与德治的相互包容和相互渗透的社会治理体系。

基于上述分析，可以认为所谓治理就是统治阶级通过国家等公共权力组织缓和社会冲突，维护社会秩序，实现特定阶级利益和社会利益的政治活动。治理的含义包括阶级统治和社会管理两个方面。在阶级社会里，治理主要表现为阶级统治以社会管理为条件的阶级统治。

（三）国家治理方式在现代社会中的理解

国家治理是公共权力实现秩序的活动，只有具备政治合法性的公共权力才能够实现社会秩序的有序化，才能维护统治阶级的根本利益。马克思主义认为，“这种公共权力在每一个国家里都存在。构成这种公共权力的，不仅有武装的人，还有物质的附属物，如监狱和各种强制设施”②。秩序是人类生存的基本条件，秩序的对立面是冲突，人类内部的冲突是摧毁秩序的根源。塞缪尔·亨廷顿说：“很显

① ［英］雷纳特·梅因茨：《统治实效与治理能力问题》，参见俞可平《治理与善治》，社会科学文献出版社2000年版，第208页。

② 《马克思恩格斯选集》第4卷，人民出版社1995年版，第171页。

然，人类可以自由而有秩序，但不能无秩序而有自由。”①相应地，治理活动的目的也就是镇压被统治阶级的反抗，维护有利于统治阶级的社会秩序，实现统治阶级的利益。

1. 统治阶级通过国家公共权力缓和社会冲突

国家从产生以来，就是作为人类社会秩序的维护者而存在着的。国家当然有规范自身的问题，这个问题解决得好坏还关系到国家能否完成其治理社会的职能。在马克思主义看来，在阶级社会中，最根本的冲突是阶级冲突。国家作为公共权力的体现者，其产生的基础就在于人类社会各对立阶级之间的尖锐冲突，这就是列宁所指出的“国家是阶级矛盾不可调和的产物和表现”②。马克思主义经典作家进一步揭示出“秩序”的实质是符合统治阶级根本利益的生产关系和社会关系。国家的本质决定了其职能是缓和冲突，即以表面上凌驾于社会之上的独立力量以调和对立阶级之间的冲突，实现统治阶级的根本利益。

2. 国家性质不同决定公共权力治理活动的目标

由于掌握公共权力阶级属性的不同，国家性质也就不同，国家性质不同，公共权力治理活动的目标也就不同。恩格斯指出：“国家是整个社会的正式代表，是社会在一个有形的组织中的集中表现，但是，说国家是这样的，这仅仅是说，它是当时独自代表整个社会的那个阶级的国家。在古代是占有奴隶的公民的国家，在中世纪是封建贵族的国家，在我们的时代是资产阶级的国家。”③因此，剥削阶级国家进行的社会管理性质的治理活动，从根本上讲，还是阶级统治的性质，是为统治阶级服务的，是为实现阶级统治的治理活动创造条件的，剥削阶级之所以从事社会管理活动，是因为这是统治阶级实现其阶级统治的前提条件。治理活动的侧重方面在于阶级统治，而不是社会管理。秩序还是人类发展的价值追求，所以奥古斯特·孔德认为“秩序和进步”是评价社会现象的最高标准。④

社会主义国家是人类最高历史类型的国家，是在资本主义社会基本矛盾的基础上，由代表新的生产力的无产阶级根据广大劳动人民的利益和意志，彻底打碎

① [美]塞缪尔·亨廷顿：《变化社会中的政治秩序》，李盛平、杨玉生译，华夏出版社 1988 年版，第 8 页。

② 《列宁全集》第 3 卷，人民出版社 1958 年版，第 175 页。

③ 《马克思恩格斯选集》第 3 卷，人民出版社 1995 年版，第 320 页。

④ 张宏生、谷春德：《西方法律思想史》，北京大学出版社 1990 年版，第 364 页。

旧的国家机器基础上建立起来的。劳动人民是社会主义国家的主人,与这一深刻的社会变革相适应,作为社会公共权力的国家也在历史上第一次由镇压占人口绝大多数的劳动人民的暴力机器变成建设没有剥削和压迫的、为实现人的全面发展创造物质、文化条件的政治保障,成为了实现共产主义社会的工具。在社会主义社会里,伴随着剥削阶级的不复存在,社会冲突不再是敌对阶级之间不可调和的冲突,大量的是人民内部的矛盾,因此,人民民主专政的社会主义国家的治理活动主要表现为社会管理。社会主义国家治理活动的基本内容就是组织经济建设,发展社会生产力,满足人民日益增长的物质文化需求。明确国家治理活动侧重方面的变迁特点,对于我们了解在人类社会发展的不同阶段上治理活动的本质,以及国家政权的职能有着十分重要的理论意义和实践意义。

3. 实现有利于公共权力所有者的社会秩序

道德治理是公共权力以道德作为手段对社会制度和社会成员加以全面规范,以实现社会秩序,维护统治阶级共同利益的活动。道德治理活动的一个显著特点就是由从公共权力行使者利益所决定的道德价值出发,把特定道德价值注入制度中,在制度环境中调整人们的活动,间接地使人们的行为合乎公共权力主体的利益,从而实现有利于公共权力所有者的社会秩序。

从不同的分析角度,可以对治理做出不同的分类。“治理方法,主要有‘人治’与‘法治’两种方法。人治与法治的区别主要体现在国家机关(管理者)对人民群众的态度上。人治的主要特点是国家机关把人民群众只作为管理的对象。法治的主要特点是国家机关及管理者要根据反映人民群众意志的法律进行活动,目的是保护人民的权利。”①具体而言,国家的治理方式,在人类的发展过程中,无论承认也好,不承认也好,总是有人治、德治、法治等不同的成分和方式搀杂在其中,统治者为达到理想的社会治理效果,必须在人治、德治和法治等不同的治理方式上做出选择,以达到国家的治理绩效的最大化。

二、作为国家治理方式的法律治理与道德治理

作为社会调控体系的重要手段,道德与法律规定共同构成了人们的行为规范内容。国家治理方式不仅仅是调整一个国家经济政治文化社会秩序的一系列规

① 中国政治学会秘书处:《社会主义政治文明研究导论》,2003 年版,第 26 页。

范体系，更是一种表现社会结构的文化形态。因此，一个政府选择什么样的治理方式必然要受其社会结构形态、社会发展状况以及国际环境等诸多方面的影响。

（一）法律治理是人类社会的国家治理基本方略

法律治理并不完全等同于依法治国或法治，法律治理要说明的是，它是国家治理的一种方式或手段，因为单纯的法律治理并不一定能够带来预期的法治效果，法律治理能否实现真正意义上的法治，要取决于权力意志借助法律在社会秩序中的实现，还要取决于对法治精神与原则的把握和贯彻。

1. 法律的秩序价值与社会正义的实现

由于人性的缺陷和理性的局限决定了法律的至高无上地位。古希腊思想家亚里士多德从人性恶的角度阐述了法治的必要性。亚里士多德主张，由于人性本恶，每个人都具有自我堕落的天性，基于此，人只有受法律约束，才能成为最优良的动物，从而达到善或优良的生活境界。人一旦离开法律，则必堕落成最恶劣的动物。“人是天生的政治动物”，“人是天生的法律动物”，这表明是否受法律约束是区分人与动物的重要标志。法律与人类共始终，法治是人类过优良和文明生活的必要条件。

法律并非外力强加于人的异己力量，而是在国家治理过程中须臾不可或缺的重要工具。法律不仅存在秩序价值，而且还要通过维护弱者的合法权益来确保人类生存与发展所必需的社会正义的实现。从这个意义上讲，法律的价值取向体现出一定的正义性。

法律治理不但强调法律在公共权力治理活动中的至上性，并且强调在治理活动中法律的正义性。前者属于制度层面，后者属于价值层面。只有两个方面的结合，才是现代法治的完整含义。因而现代法治不仅要求公共权力控制冲突，实现秩序，而且要求公共权力实现的社会秩序符合正义的价值。古希腊思想家亚里士多德说：“法治应包含两重意义：已成立的法律获得普遍的服从，而大家所服从的法律又应该本身是制定的良好的法律。”①这段话是在对法律治理中正义价值占有突出地位的经典表述。

① ［古希腊］亚里士多德：《政治学》，吴寿彭译，商务印书馆 1965 年版，第 199 页。

2. 法律治理是对历史上治国经验的总结

法律治理与道德治理是治理国家的两种手段而不是治理国家的两种形式。在了解了法律治理和道德治理的性质和不同时代的内容后,我们应该看到,法律治理与道德治理从来都是相辅相成、相互促进的,是对历史上国家治理经验的深刻总结。

人类最初的法律规则来源于作为风俗、习惯的道德规范,以后逐渐发展成为一个独立的领域,其作用的范围也有了相对的界限,法律的理想目标总是涵盖着一定的伦理价值,法治所确立的良好的社会秩序本身具有伦理道德的价值。我们常常把法律归结为政治,其实作为一部真正的法律必须具有两项标准。一是法律的政治意义;二是法律的伦理内涵,因此它与伦理道德的价值目标是一致的。我们不应仅仅把法律看作是一种规则体系,而且还应把它看作是一种发展道德的手段。道德治理的目的是扬善,法律治理的目的是抑恶,而抑恶其实就是扬善。

3. 法律治理是现代国家治理的主要方式和手段

法规是事中行为硬约束的警戒令,也是规范事后检查处理的依据。法律治理作为一种治国方略,其合理成分是它所具有的工具性。作为治理国家工具或调整社会关系的法律治理,自古希腊至今,许多思想家围绕这一问题从不同角度和方面对其目的与手段、活动与结果、理论与实践进行了理性规范,最终实现了将法律治理活动从法治理念到法治规范再到法律治理实践的转化,指导人类社会在国家治理过程中做出合理的自由意志的选择。

法律治理在人类历史上的出现是人类走向文明的标志,也是保证人类文明传承的重要手段之一。法律作为一种人定的制度,自产生之日起首先便是实然的制度存在,与之相对应的应然的法或法的价值存在是一种精神的特质,无法分析长处或不足,只能从价值评价上来判断其优劣。法国国家科学研究中心高级研究员米歇尔·克罗齐埃认为,法国社会存在着严重的“管理机能不良”问题,而仅仅靠法令是解决不了这些问题的,推动社会前进的方法在于挖掘人类资源,鼓励个人的积极性,把潜在的社会力量最大限度地调动起来。①

从社会功能来说,法治的社会功能是维护社会的公正和秩序,德治的社会功

① [法]米歇尔·克罗齐埃:《论法国变革之路——法令改变不了社会》,上海译文出版社1986年版,第1~2页。

能是在此基础上引导社会成员追求更高的道德境界。没有法治，社会就不可能有公正和秩序，而没有公正和秩序，更高的道德要求就不能成为现实。当然，只有公正和秩序的社会还不是理想的社会，还应通过道德示范和道德教化使社会成员具有更高的道德要求，从约束性规范上升到劝导性规范和超越性规范，但这必须在由法治所保障的公正和秩序的基础之上才能实行。

（二）道德治理由不同治国方式的特征所决定

在一个社会制度中，法律除了在刚性方面强制人们遵守规则、培养法律意识外，同时也培养了人们的道德规范意识。法律规范与道德规范有时只有一步之遥，在一个实行法治的社会中法律可以成为强制的道德，道德则是自觉的法律。法律是道德的底线，守法是对公民的最低要求。从法律规范的来源看，任何社会离开了一定的道德规范，法律制度的建立和完善就失去了自身基础和自身价值的合理性，建立和完善一项法律制度往往都是以道德观念作为价值基础的。

道德通过个人的内心信念、社会公众的舆论压力所产生的约束作用并不亚于法律规则对人的制约作用。也正是因为如此，法律与道德的相互补充才会使人想到了要给道德立法，显然这只能是一种良好的愿望而已。法律和道德都可以对人的思想行为起到约束和控制作用，但是产生的效果和发挥作用的受力面却是相异的。如果把有关道德方面的内容列入法的范畴中，那么这些内容就是法，而不再隶属于道德的范畴。另一种期望是针对一些合情合理但不合法的现实问题的困扰而无奈地呻吟。其实这种情况是存在的，也就是我们所说的“道德法庭”中的“法”，其实质性仍然在于道德约束而并非法治的强制力的约束，是道德自律而并非由法治执行的法律制度，其归属点仍是通过道德期望、道德感召力来达到近乎法治力量的作用，但是道德自律、道德约束以及道德感召力并不能产生硬性的制约力量，更不能规避每个人的道德品性，这些道德力量所要产生的巨大的社会作用依附于法治的力量，这只能说明道德力量的弱化。因此，道德的力量应当引起更大的重视，大力提倡。需要提出的是，事事皆靠法的概念，很容易使我们在更大范围内的思维与行为陷入从封建主义社会的以道德作为意识形态到以资本主义社会的以法为意识形态的误区，以至于走向极端化。

法律治理带有道德的因素并以符合道德观念为基础，道德规范的一个重要特征就是自律，但道德不只是隐藏于内心的信念，而必定要表现为外部行为。单纯地掌握道德规范而不在实践中践履这些规范并表现出道德行为,道德规范就不具有社会意义。道德的确不只是属于个人内在的心理,而是“良心”与“德行”的统一,是必然要表现于外在的社会行为,必然要影响社会并受到社会的制约。这种制约主要是通过纪律的约束,行为规范的制约,特别是社会道德舆论的谴责,这些都是柔性社会强制力。这种柔性社会强制力与硬性的国家强制力相比,在通常情况下显得有些软弱,要通过行为主体在外界道德的压力下唤起羞耻感、罪恶感而起作用。但在特定的情况下,也会产生硬性的强有力的效应,甚至能够达到法律惩罚与制裁所不能达到的效果,因为法律强制力只涉及他们的行为自由或物质损失,但它无法确保人们每时每刻都能自觉地遵守法律,也无法保证违法者在受到惩罚后再次违法的可能,而道德强制力则是深入内心的惩罚与折磨。此外,法律条文存在着许多不能作具体或明确规定的地方,需要司法者的自由裁量。自由裁量的过程离不开司法主体的主观意志,因而也就有可能夹杂着个人的非理性因素,这一问题解决的有效途径在于道德理性的指引,正确发挥道德准则对自由裁量权行使的约束作用。

(三)道德治理与法律治理相互作用的结合点

历史经验告诉我们,在治理国家时法治和德治不是孤立存在的,这是由于法律与道德具有同一性,法律是道德的制度体现,道德是法律的精神基础。因此,把道德治理与法律治理结合起来运用于国家治理的过程中是十分必要的。

1. 道德治理是法律治理的目标和灵魂

真正的法治并非严刑峻法,而是出于道德和公众意愿的赏罚体系,通过实施这一赏罚体系,达到惩恶扬善的目的。马克思曾经指出:“不掩盖社会矛盾,不用强制的因而是人为的办法从表面上制止社会矛盾的国家形式才是最好的国家形式。”①现实表明,离开德治的法治不是真正的法治,就有可能出现有法难依、执法难公、违法难究的局面。公民的守法意识以道德为基础,以法律为准绳。没有道德上的正义感,法律就会被歪曲和滥用,甚至沦为少数人专制的工具。道德渗透于法治运行的全过程,法律的制定必然要受到道德因素的制约。如许多国家的法律禁止重婚,便是出于道德的需要。法律的制定还要受到时代道德观念的影响,

① 《马克思恩格斯选集》第1卷,人民出版社1995年版,第303页。

立法者的道德水准对法律的制定也会产生一定的影响。法律的执行受制于司法人员的道德素养,这一点直接关系到法律公正能否真正地实现,法律公正无私地执行是通过道德上的正义感体现出来的。

道德属于精神范畴,是人类智慧和思想的结晶。从最基本的层面上来看,道德是将以善为核心的美德的规范化和体系化,使之成为人们约定俗成的行为和思想方式。不见得每个人都能背诵熟记多少条道德规范,但却能按此作为行为行事的准则,就因为它是一种习惯,很显然,道德约束的因素不足以形成最本质、最客观的力量。道德约束及其精神因素之所以不能作为一种真实的有效果的法律,是因为道德约束缺乏法律要求的刚性与持久性。如果把道德也作为法规制定出来,取代法律或与法律同时行使权力,以精神统治人的思想,不仅使我们混淆了二者的功效,而且也会使我们产生以德治国或依法治国更需要侧重哪一方面的错觉。

2. 法律治理是良好社会秩序形成的前提

法治作为一种治国方式,它毕竟不是靠道德信念和道德规范而是靠法律来规范人们的行为的,法律治理的特征,一是范围有限,二是以国家强制力为后盾,而不是以说服教育为主的,因此,其力量和触及的范围是有限的。所以,在社会生活中还有许多法律不能涉猎到的地方,会出现许多“失控地带”或“真空地带”。现实的社会生活多次证明了这一点:即使在法治文明程度比较高的国家,许多人虽能遵守法律,具有很高的法律觉悟,却不一定具备相应的道德觉悟。因为法律标准只是一般的社会要求,它不像道德标准那样从内心约束人的行为。因此,仅仅要求公民达到法律上的标准还是不够的,这不利于社会成员精神素质的提高。

整个法律运行过程表明,道德是法治的灵魂。法律和道德都是调节社会成员相互关系以及行为的规范,各有其不可替代的地位和功能。法治以其权威性和强制手段规范社会成员的行为,德治以其说服力和劝导力提高社会成员的思想认识和道德觉悟,道德规范与法律规范应该相结合才能发挥巨大的作用。只有发挥二者在调整对象和调整范围上的互补作用,才能提高社会成员的思想道德素质,使他们自觉地遵守法律。因此,为了实现国家治理的目标,依法治国和以德治国两种治理手段相结合才能收到良好的效果。

3. 法律治理和道德治理是社会道德理想的实现过程

在我们的生活中经常会遇到一些合情合理不合法的事情发生,也有一些貌似合法但却违背常理的事发生,如钻法律的空子、打政策的擦边球等。尽管让人感到可恨可气但并不违法,也奈何不得。如第三者插足问题,往往随着事态的发展,受害一方上了法庭的被告席,而始作俑者却逍遥法外。虽然令人同情,可法律无情,此时的法律感到了自身的软弱无力,黯然神伤。人们日常生活中出现的许多棘手的问题,并非都能通过调解得到解决,即使能起到一定的效果,但实际上很难彻底解决。随着法治国家建设的进程,人们的法制观念和法制意识已经有了一定的增强,遇到问题也寻求法律的支持。

传统与现代的变迁,把哪些道德规则列入法律规范,哪些不列入,本身就是一个很难区分的问题。如果道德成为法律法规之后还有规范人类社会行为和精神世界的道德,如果把什么事都用法律规则制定下来,显然是不可能的。如果将道德演绎为法则,一种处理问题、管理社会事务的规则,就会出现很多负效应,甚至不合时宜。

道德治理是人类社会道德理想的实现过程,法治社会中道德的力量是实现良好社会秩序的前提条件,同时也是促进良好社会秩序自然形成的重要措施。道德治理还是一种强化道德价值的实现方式,它使具有认知、激励、评价等功能的道德获得了维持社会秩序、实现社会稳定的政治功能,对政治权力提出价值理性评判的要求。

三、道德治理与法律治理的科学诠释

政治学研究的是国家问题,而国家问题的核心则是政治权力问题,国家是统治阶级当中少数代表直接掌握的实现其阶级共同利益的政治机构。根据马克思主义国家起源的学说,国家这种公共权力,其本质是从社会中产生,又凌驾于存在着利益冲突的不同阶级之上的"机器",其产生的必要性在于控制阶级冲突。只要阶级社会还存在,国家权力也就必然会存在,通过道德的手段来治理国家的活动也必然存在。那么,在社会治理活动中,道德治理就有政治学意义上的工具性作用。

(一)马克思主义关于道德治理思想

在马克思主义看来,国家和道德都属于上层建筑,国家属于政治上层建筑,道德属于思想上层建筑,两者都受到经济基础的决定,并反作用于经济基础。不论是古代社会,还是现代社会,对于国家权力维持社会秩序的活动来说,道德都存在着不可或缺的作用。国家权力在社会治理的过程中，发挥道德自律作用的活动并非专属于某个特定历史阶段，也并非专属于哪个阶级，而是作用于道德治理活动对于国家治理活动的全过程。

1. 道德的阶级本质：道德具有阶级性和共性

在阶级社会中，社会被划分为利益对立的两大阶级，道德也呈现出阶级性的特征，不同的阶级有着不同的阶级目标和道德体系。作为社会意识的道德，其内涵在阶级社会中表现为阶级的道德，社会的主导性道德是在经济上占据统治地位的统治阶级的道德。在社会经济结构当中的地位决定了人们的道德观念，“人们自觉地或不自觉地，归根结底总是从他们阶级地位所依据的实际关系中——从他们进行生产和交换的经济关系中，获得自己的伦理观念”①。社会经济关系所表现出来的利益，直接决定着道德的基本原则和主要规范。恩格斯说：“支配着物质生产资料的阶级，同时也支配着精神生产资料，因此，那些没有精神生产资料的人的思想，一般地是隶属于这个阶级的。占统治地位的思想不过是占统治地位的物质关系在观念上的表现，不过是以思想的形式表现出来的占统治地位的物质关系；因而，这就是那些使某一个阶级成为统治阶级的关系在观念上的表现，因而这也就是这个阶级的统治的思想。”②“每一既定社会的经济关系首先表现为利益。”③这种利益是道德的直接根源。特定阶级社会当中的道德是不同阶级的道德，而统治阶级的道德在整个社会的道德意识形态中占据着统治的地位，这是根源于其在经济生活之中的支配地位。

马克思主义认为，阶级社会的道德也包含有共同性的内容，在阶级社会当中，道德阶级性的内容是占主导地位的道德。恩格斯指出：“从动产的私有制发展起来的时候起，在一切存在着这种私有制的社会里，道德戒律一定是共同的。”④因此，在道德利益上，相互对立的阶级之间也存在着共性的内容，这使二者之间在某种程度上能够达成道德上的相互妥协和相互借鉴。

---

① 《马克思恩格斯选集》第3卷，人民出版社1995年版，第434页。
② 《马克思恩格斯全集》第1卷，人民出版社1995年版，第98页。
③ 《马克思恩格斯选集》第3卷，人民出版社1995年版，第209页。
④ 《马克思恩格斯选集》第3卷，人民出版社1995年版，第434～435页。

2. 道德的一般本质:道德是一种特殊的社会意识

人类对道德的追求和向往,自人类社会产生以来就没有间断过,而在马克思主义之前,思想家们对道德本质的认识普遍流于唯心主义或唯心史观。马克思揭示了法律的根源在于物质生活,"我的研究得出这样一个结果:法的关系正像国家的形式一样,既不能从它们本身来理解,也不能从所谓人类精神的一般发展来理解,相反,它们根源于物质的生活关系"①。由此可见,道德是一种受到经济基础制约的特殊的社会意识形态,道德的一般社会本质是说明道德与经济基础和社会物质生活的区别特征。恩格斯进一步指出:"每一历史时代的经济生产以及必然由此产生的社会结构,是该时代政治的和精神的历史的基础。"②道德与法律一样,都是社会规范形式,因而这同样说明了道德的根源与本质。

社会意识由社会存在决定,社会意识对社会存在具有能动的作用。作为一种特殊的社会意识形态,道德一方面决定于社会经济基础,另一方面又对社会经济基础和上层建筑的其他部分起到能动的作用。"一种历史因素一旦被其他的、归根到底是经济的原因造成了,它也就起作用,就能够对它的环境,甚至对产生它的原因发生反作用。"③

3. 道德的特殊本质:道德是一种社会规范体系

道德治理是一种以社会道德规范体系约束人的行为的实践活动,其中也包括精神、观念、情感等的内涵。"道德是人类把握世界的特殊方式,是人类完善发展自身的活动。"④道德是人们通过实践精神活动对人与社会关系的反映和调节。一方面,这种实践活动受到社会历史条件的客观规律性的制约;另一方面,道德实践主体的活动显现出能动性和创造性。道德要通过构造具有特定价值的制度,开展道德教育等方式反映、改造世界,推动人类社会的发展。正因为如此,道德自身呈现着进步的历史趋向,在肯定阶级社会中道德具有阶级性的同时,恩格斯指出:"没有人怀疑,在这里,在道德方面也和人类认识的所有其他部门一样,总的说是有过进步的。"⑤道德在外在形式和活动形式上主要体现它的实践精神。

---

① 《马克思恩格斯选集》第2卷,人民出版社1995年版,第32页。
② 《马克思恩格斯选集》第1卷,人民出版社1995年版,第252页。
③ 《马克思恩格斯选集》第4卷,人民出版社1995年版,第728页。
④ 罗国杰:《伦理学》,人民出版社1989年版,第54页。
⑤ 《马克思恩格斯选集》第3卷,人民出版社1995年版,第435页。

由此看来,道德可以看成是"人们用来调节人对人的关系的简单原则"①。这种特殊的社会规范,有别于其他社会规范特征,这是指道德与其他社会意识形态相区别的本质特征。其一是说,道德规范的实施不是依靠强制性手段,而是依靠社会舆论的他律力量,以个人内心信念的自律力量来规范人们的行为。其二是说,道德既是规范社会成员行为、实现社会秩序的工具,又是满足人的内在需要、实现自我发展的工具。"如果不谈所谓的自由意志、人的责任能力、必然和自由的关系等问题,就不能很好地议论道德和法的问题。"②这说明,恩格斯把道德理解为人类运用规范形式以赢得意志自由、实现自身责任、解决自由和必然关系问题的社会现象。在阶级社会中,道德主要表现为规范阶级关系的工具,道德的主体性发展成为道德的本质属性将会在未来理想的社会形态里得到实现。

(二)马克思主义关于社会秩序的理论

在理论上,国家治理的要素之一,首先是国家所具有的权威和由权威带来的服从,只有普遍的服从才会形成有秩序的社会。强调秩序的目的就在于通过国家的职能调整各种互相冲突的利益,减少摩擦,正常的社会秩序才能得到维持。国家的本质是维护一定的秩序,就是维护一定的有利于统治阶级的秩序。简言之,秩序的本质是一定的生产关系和社会生活的固定形式,国家的本质就是维护一定统治阶级的根本利益。

1. 国家的本质与社会秩序

国家是社会冲突尖锐到一定程度的产物,统治阶级借助于国家的力量,即有组织的公共权力的力量,建立秩序,就是把统治关系合法化、制度化,从而把阶级冲突保持在有利于统治阶级的秩序范围之内。马克思主义认为,国家是个历史的存在,是阶级社会的组织,"国家决不是从外部强加于社会的一种力量。……国家是社会在一定发展阶段上的产物;国家是承认这个社会陷入了不可解决的自我矛盾,分裂为不可调和的对立面而无力摆脱这些对立面。而为了使这些对立面,这些经济利益互相冲突的阶级,不致在无谓的斗争中把自己和社会消灭,就需要有一种表面上凌驾于社会之上的力量。这种力量应当缓和冲突,把冲突保持在'秩

---

① 《马克思恩格斯全集》第2卷,人民出版社1957年版,第399页。

② 《马克思恩格斯选集》第3卷,人民出版社1995年版,第454页。

序’的范围以内;这种从社会中产生但又自居于社会之上并且日益同社会脱离的力量,就是国家”①。国家的本质是阶级统治的工具,其职能是为了实现统治阶级的共同利益。“由于国家是从控制阶级对立的需要中产生的,由于它同时又是在这些阶级的冲突中产生的,所以,它照例是最强大的、在经济上占统治地位的阶级的国家,这个阶级借助于国家而在政治上也成为占统治地位的阶级,因而获得了镇压和剥削被压迫阶级的新手段。”②由此可以说明,国家是表面上凌驾于社会之上的力量,国家的实质是在经济上占统治地位的阶级镇压和剥削被压迫阶级的新手段,国家的本质是把冲突保持在“秩序”的范围之内。

哈耶克的“乡间小路”表明,每个人都想找最近最好走的路,但逐渐清晰并最终形成的小路却不是由于一个人的自觉设计,其政治意义在于它表明了秩序的形成,而且从合理期待和选择可能上讲,这种形成本身就具有了公正性。秩序是一个反映阶级地位和阶级利益的概念。奴隶主阶级和封建地主阶级的秩序观,核心都是要维护奴隶主阶级和封建地主阶级对劳动人民的统治,维护贵族的特权地位,把社会流动限制在统治阶级根本利益容许的范围内。在资产阶级上升时期,其秩序观表现为自由平等的生活和人道主义的生活。

一个阶级的统治权,绝大多数都是先有经济统治权后有政治统治权之后产生的,任何一个阶级的政治统治都来源于它的经济统治,用生产资料的所有权迫使被统治阶级服从其统治。在剥削阶级占统治地位的社会里,生产资料为经济上占统治地位的阶级所占有,但是只有经济上的统治是不充分的、不稳固的,还需要政治上的统治,即需要利用具有强制力的政权的统治,这就决定了公共权力是属于在经济上占统治地位的阶级。所以,国家的本质就是政权的阶级性质。无产阶级的政权是在没有形成社会主义经济基础的条件下获得的,但夺取政权后,首先就要剥夺剥削者的经济统治权,建立以生产资料公有制为基础的社会主义制度,发展生产力,这样才能巩固无产阶级政权。社会主义国家本质的主要方面或社会主义国家维护社会秩序的活动表现为两个基本方面,一是维护社会主义经济建设、文化建设秩序,二是维护工人阶级和广大劳动人民的政治统治秩序。

---

① 《马克思恩格斯选集》第 4 卷,人民出版社 1995 年版,第 170 页。

② 《马克思恩格斯选集》第 4 卷,人民出版社 1995 年版,第 172 页。

2. 公共权力存在的内在合理性

政治社会是存在着公共权力的人类历史阶段,公共权力存在的内在合理性就在于它是社会秩序的需要。马克思主义深刻揭示出政治权力将社会控制在秩序范围内的本质,这个本质就是维护经济上占统治地位的阶级的经济利益和各种社会利益。公共权力是统治阶级实现其经济利益和社会利益的工具,也是将社会冲突控制在秩序范围内的工具。统治阶级使用国家政权这个公共权力维持社会秩序,维护统治阶级利益的行动,就是阶级统治和社会管理活动,即治理活动。马克思主义认为,"物质生活的生产方式制约着整个社会生活、政治生活和精神生活的过程。不是人们的意识决定人们的存在,相反,是人们的社会存在决定人们的意识"①。包括政治活动在内的社会活动的全部根源在于物质生活,即生产力的发展水平,以及由生产力水平所决定的生产关系的状况,经济基础是政治现象的深层决定因素。只有从社会物质生活状况入手去研究政治现象,才能够得出正确的有关政治现象的结论。

根据马克思主义的认识方法,不同的社会形态、不同性质的国家,其治理的理念和活动既有历史延续性,也有性质的差异性。作为植根于经济基础之上的上层建筑,从来都扮演着不可或缺的角色,发挥着无以替代的作用。"政治是表示以国家政权为核心的阶级关系和人民内部的全局性的关系;政治的核心是国家政权;国家政权的本质和职能是缓和冲突,把冲突保持在秩序的范围以内。"②而道德"是人性的内在构成部分,它显示出人类生活的主体性精神结构和无限向上的价值取向,是人类道德或个人美德的理想所在"③。

3. 政权组织形式服务于政权性质

根据经济基础决定上层建筑的人类历史规律,马克思主义对社会发展作出阶段性的划分。即人类社会经历原始社会、奴隶社会、封建社会、资本主义社会和共产主义社会五个阶段。社会之所以划分为这几个阶段,根源就在于经济生活的不同性质,例如封建社会的经济基础是自给自足的自然经济,资本主义社会的经济基础是市场经济。不同的社会经济形态决定了政治生活的不同形态,这主要表现为不同性质和不同政权组织形式的国家形态。政权性质反映出社会的哪一个阶

---

① 《马克思恩格斯选集》第2卷,人民出版社1995年版,第82页。

② 王惠岩:《当代政治学基本理论》,天津人民出版社1998年版,第13页。

③ 万俊人:《人为什么要有道德?》(下),《现代哲学》2003年第2期。

级掌握国家政权,政权组织形式反映的是统治阶级实现阶级统治和社会管理的组织形式和活动规则。政权性质决定政权组织形式,政权组织形式服务于政权性质,治理问题就属于政权组织形式的领域。

道德既以独特的方式直接规范着人类的社会秩序,又为人类提供精神理想的信念力量。因而,从作为公共权力的国家政权的立场来看,必须在其治理社会活动当中恰当地发挥道德的作用,才能够完成公共权力自身所担负的维护社会秩序,推动人类发展的历史使命。尽管在不同的历史阶段,不同的政治形态和不同的民族传统背景之下,道德在公共权力进行社会治理活动当中的地位和发挥的作用不同,但是,道德对于社会治理的作用一直是存在着的,行使公共权力,道德治理始终对社会治理活动发挥着巨大的作用。

马克思主义从历史唯物主义出发科学揭示出,秩序的本质是一定的生产关系和社会生活的固定形式,而不是任何人或神的主观确定的偶然性和任意性的形式。其实质是阶级统治的秩序,是有利于统治阶级的生产关系和根本利益的社会生活方式。国家的本质是维护一定的秩序,是维护一定的有利于统治阶级的秩序。社会主义国家的本质就是维护社会主义社会秩序,其基本内容就是维护社会主义社会经济建设为核心的一系列活动的秩序。

(三)现代意义上组合式的国家治理模式

一般说来,任何国家不可能采用纯粹的法治,也不可能采用纯粹的人治,还应借助于德治等一些辅助性的国家治理模式,才能使国家治理更加有效。因为纯粹的国家治理模式往往很难达到预期的国家治理目标,并且容易流于理想化而难以建立有效的实施机制。因此,每个社会形态的统治者,通常会自觉不自觉地选择了组合式国家治理模式。

1. 社会控制方式的选择

长期以来,人们习惯于使用“以德治国”和“德治”来表述国家政权发挥道德的作用,缓和社会冲突、维护社会秩序的社会治理活动。在肯定这两个概念分析效果的同时,我们使用治理概念来概括国家政权的阶级统治活动和社会管理活动,用道德治理涵盖国家政权发挥道德作用实现社会秩序的治理活动。用道德治理统摄德治或者引入“以德治国”的概念,充分揭示了政治学意义上道德治理的内涵。

在理论上,我们仍然要把不同的治理方式抽象出来。就人治而言,它指的是以等级秩序、领导权威和中央集权为主的国家治理模式的统称。在一定的约束条件下,人治这种国家治理模式或社会控制方式是有序的、可控的和有效的。法治是与人治本质不同的国家治理理念和治理方式,它是以一套完善的法律制度,包括宪法、法律、条例、规章等为主的治理国家模式的统称。而道德治理则是以一整套道德制度来约束人们的社会行为以达到社会秩序的国家治理理念和治理方式。与人治模式和法治模式这两种国家治理模式或社会控制方式相比,道德治理这一国家治理方式是一种辅助性的国家治理模式。在现代社会里,它内在于法治这种国家治理的主导模式当中,促成国家治理的法治模式的实现,它本身并不构成一种主体性和实体性的国家治理方式,道德治理这一治理国家的方式的作用是有限的,不能作为单独的国家治理方式而发挥作用。

古往今来,统治者都非常重视道德治理对国家治理所发挥的巨大作用,那么,道德治理通过什么方式成为公共权力实现社会秩序的必要条件,如果没有道德治理,公共权力能否实现社会秩序,如果没有道德治理,公共权力能否获得社会的认可,研究道德治理问题就必须对上述问题做出回答。

2. 道德治理对于实现国家职能的政治价值

不论古今中外,任何道德性的观念本质上都具有阶级性,历史上的道德治理,实质上是统治阶级的道德对于社会的全面干预和统治,道德治理是以法律治理优先确立为前提条件的,只有首先建立必要而稳定的社会法制秩序,道德伦理规范才能够真正发挥其作为一种社会治理方式的作用。只有直接依靠以国家强制力量为依托的法治,才能够建立新的经济生活,形成符合统治阶级和广大人民利益的社会秩序。在政治伦理的意义上,有效的道德治理依赖于有序的法律治理,真正有效的政治治理活动必定是既合法有序又合理有德的完整的政治治理,而不是单一法律或道德的治理方式。从国家治理方式的角度来理解这一问题,道德治理的政治学意义也就体现了出来。

在现代社会里,民主政治已经成为世界潮流,不论是在少数人拥有国家权力的资本主义社会,还是在绝大多数人掌握政权的社会主义社会,都采用民主这一国家形式,但是,二者同样在政治生活当中发挥着道德作用。道德发挥政治功能的合理性与民主或专制并没有太多的联系,只有在概念上理顺清楚道德与政治的相互联系,对于社会主义民主政治条件下的道德治理问题做出恰当的理解和运用。没有什么绝对的国家治理方式，在依法治国的前提下，也不可能不要道德来发挥作用，更不等于用道德代替法律。国家治理方式没有什么固定的模式，凡事皆以立法作为庇护，完全忽视道德的力量也是一种形而上学的思维逻辑。有些问题需要用道德的约束力来解决，有些问题就必须用法律的强制力来解决，自律与他律之间有着一定的联系，但并不绝对。作为法律治理与道德治理相结合的治理国家的模式，法律治理具有一种明确的价值取向，即法律治理是为自由、平等、民主而存在。“法律治理是一项历史成就、一种法制品质、一种道德价值和一种社会实践。”①道德的养成是一个国家和社会的历史积淀，“恒久的习惯被人们确定地遵守，它的地位宛若制定法”②。与法律治理相结合的道德治理不仅仅是调整社会生活的一系列规范体系，还是一种文化形态、一种人的生活意义，更是一种道德价值的实现方式。法律治理具有历史承继性，不能割裂历史而看待法律治理，必须在具体的历史语境下看待法律治理以及法自身及其实施的价值和道德性。无论在何种社会历史境况下，任何忽视道德治理观念，尤其是传统道德治理影响的法律治理都是难以实现的。

3. 依法治国是现代国家治理现代化的必然选择

一个国家强调法律治理，并不是说要否定道德治理在国家治理中的重要性。法治是要说明，国家治理必须通过法律规范作为重要的治理工具，无论是哪一个政府组织和哪一个政党政治，所有政治力量都只能在法律框架下开展活动，不得凌驾于法律之上，更不得超越法律而自行其是，否则就要受到法律的制裁。

国家产生以来，相对独立于社会，对以经济关系为核心的社会关系施以全面干预，对包括统治阶级和被统治阶级在内的全体社会成员施加全面影响，以保护以一定生产关系为实质的社会秩序，实现统治阶级的利益。从其本质上来看，国家是统治阶级当中少数代表直接掌握的实现其阶级共同利益的政治机构。从表面上来看，道德治理似乎意味着用属于思想上层建筑的道德来领导和治理属于政治上层建筑的国家。这样，道德治理就可以合乎逻辑地被认为是以道德来治理政治制度、政治机构以及国家公职人员。但是，道德治理可以明确公共权力的作用对象是社会而不是国家本身，因为国家产生的必要性在于控制阶级冲突，以免社

---

① 夏勇：《法治是什么——渊源、规诫与价值》，《中国社会科学》1999 年第 4 期。

② 凯利：《西方法律思想简史》，法律出版社 2002 年版，第 65 页。

会在激烈的冲突中自我毁灭,因此,国家这种以暴力强制为基础的组织机构,是以整个社会为作用对象的。总之,国家政权的作用对象是整个社会,而不仅是其自身。因此,发挥道德的政治功能,绝不仅仅意味着用道德来治理国家机构、制度和国家公职人员。道德治理这一概念的外延有所扩大,可以恰当地表明这是统治阶级通过国家政权这一社会公共权力,发挥道德使人自觉自律的特性,维护社会秩序,实现统治阶级根本利益的活动。国家政权的性质及其运行的情况对于实现人的全面发展的实现起到巨大的影响。通过国家政权的活动,科学地发挥道德对经济基础和上层建筑其他部分的作用,对于人类社会的发展有着积极的价值。

完全依照法律办事就能把国家治理好,从理论上讲应该是可以的,可每个国家的法律制定的不少,但依然还会出现许多违法犯罪现象。我们只能说法律法规还不够健全,有些人还在钻法律的空子。我们还可以说,人们的法制意识还有待于进一步提高,大力宣传法制教育仍然是一项长期而艰巨的工作,而法治社会作为我们所追求的理想目标,更需要经过长期不懈的努力才能得以实现。社会主义法治建设应达到的目标是国家权力的高效行使与权力监督制约的有机统一。社会主义法治以其权威性和强制性规范人们的行为,并通过对国家权力的优化,促进社会主义道德建设的健康发展,从法治上保障人民当家作主原则的落实,让广大人民群众从内心感到社会主义法治的至高无上。我国宪法对社会主义道德建设做出了系统的规定,在普通法律中也对社会主义道德建设做出了相关规定。这些法律规定,以国家强制力为后盾保证实施,对于促进社会主义道德建设具有特殊的作用。

第三章

国家治理现代化中道德治理问题分析

价值功能主要是一个哲学社会学的概念,是一个与价值相等同的概念,同时这也表明价值功能主要是一个价值的概念,具有价值性的事物意味着它得到人们在价值上、情感上的认同。道德治理的价值功能是指道德作为社会意识的特殊形式对于社会发展所具有的功效与能力。任何一个国家的治理,都离不开法律治理与道德治理这两个最基本的治国方略,建设法治国家更是如此,因此,建设社会主义法治国家,在强调法律治理的同时,必须加强道德治理。那么,道德治理作为一种治国方略,如何在法治社会中体现它的价值功能是本书命题的关键,因此,应通过法治社会中道德治理的政治价值功能、法治社会中道德治理的文化功能以及法治社会中道德治理的社会效用等方面来论证这一命题,进一步说明建设社会主义法治国家离不开道德治理的价值功能的重要性。

一、国家治理现代化中道德治理的政治价值分析

道德治理是统治阶级在利用公共权力进行治理活动的过程中,自觉发挥道德对于缓和社会冲突、维护社会秩序、实现特定阶级利益和社会利益的作用。政治活动和道德活动都是建立在一定的经济基础上,并且反映特定物质生活条件并随着这种物质生活方式的变化而变化的社会意识形态,但是它们的作用方式却不尽相同。政治活动是以国家权力为核心,以暴力为后盾,以强制性命令成为国家权力对社会关系加以规范的基本手段。

(一)道德治理对经济生活和政治生活具有能动作用

明确治国理念如何变为治理实践,是我们探寻国家治理方式的落脚点。道德治理不仅仅是政府国家的一种治理模式,而且是一种以价值理性和社会信仰广泛

而深刻地影响人们精神世界和生存方式的社会管理模式。使道德治理与法律治理的结合获得现实可行的操作性，是我们推动现代民主政治发展，实现建设法治国家的最终目标。

1. 道德治理是解决政治合法性问题的重要尺度

在任何社会里，对于国家权力维持社会秩序的活动来说，道德都存在着不可或缺的功用。进一步说，国家权力在治理社会的过程当中，发挥道德自律作用的活动并非专属于某个特定历史阶段，相反，只要国家权力存在于社会，那么道德就有社会治理的工具作用，这可以避免一种常见的对道德政治功能的误解，那就是专制社会才需要发挥道德的治理功能。

道德治理表现为对人们行为柔性的、间接的影响，重在培育社会成员的自觉和自律精神，而不是强制性的规范活动。政治制度、意识形态和公共权力行使者的正义性是公共权力获得政治统治合法性的主要方式。然而，每一个国家在立法时，都会追溯国家的历史渊源并考虑现实需要，其中必须考虑到国家所制定的法律是否具有正义性。这一问题事关政治的合法性地位问题。如果从这一角度出发考察和分析国家治理问题，我们就不难理解道德治理在国家治理过程中的合法性问题。

政治合法性是检验道德治理合理性的重要尺度，亚里士多德指出："一种政体如果要达到长治久安的目的，必须使全邦各部分的人民都能够参加并且抱着让它存在和延续的意愿。"①这表明只有在绝大多数社会成员对公共权力持有者的施政思想表示认同、产生普遍共识并达到自愿接受的时候，政权才能产生其合法性。政治合法性是统治者稳固其政权的重要因素，同时也体现了公共权力持有者获得社会成员的赞同度、满意度，更体现了道德治理的合理性及有效性。

关于政治合法性理论的研究问题，很多西方学者以不同的视角进行了深入细致的探究。"合法性是指国家在社会中获得政治统治和政治管理权威正当性的资格和权力"②，是指对某一种政治秩序或统治的信仰与服从，是人们对享有权威者地位的确认和对其命令的服从。"就其本质而言，政治统治的合法性就是社会成员对于政治统治的承认，就是社会成员对于政治统治正当性的认可。"③政治合法

---

① ［古希腊］亚里士多德：《政治学》，商务印书馆 1996 年版，第 88 页。

② 时和兴：《关系限度制度：政治发展过程中的国家和社会》，北京大学出版社 1996 年版。

③ 王浦劬：《政治学基础》，北京大学出版社 1995 年版，第 163 页。

性理论所关注的实质问题是,政治统治如何取得社会成员对它的信任问题。早在中国古代,许多思想家就对这一问题进行了思考,孔子说:“民无信不立”①,孟子说:“得天下有道,得其民,斯得天下矣。得其民有道,得其心,斯得其民矣。”②可见,中国古代思想家早已看出社会成员对政治统治的态度会直接影响到政权的稳定问题。

在中国封建社会里,“天命论”和“君权神授论”为政权提供了合法性的依据。欧洲文艺复兴开始之后,西方人本主义思想的兴起逐渐打破了各种“天命论”和“君权神授论”的思想基础,使这些观念逐渐丧失了其作为政治合法性基础的地位,取而代之的是“社会契约论”的盛行。社会契约论开辟了从理论上系统探讨政治合法性问题的先河,其主要代表人物如霍布斯、洛克、卢梭等都探讨过此类问题。

美国政治学家亨廷顿明确指出了政治合法性对统治者和对被统治者的不同作用:“对统治者而言合法性意味着统治的权利,对被统治者来说则表现为服从的义务。”③德国的马克斯·韦伯可以说是现代政治合法性研究的奠基人,他从经验分析入手,提出了三种类型的合法性基础理论:“一是基于传统的合法性,即传统合法性;二是基于领袖人物超凡感召力之上的合法性,即个人魅力型的合法性;三是基于合理合法准则之上的合法性,即法理型合法性。”④他认为由命令和服从构成的每一个社会活动系统的存在,都依赖于它是否能够建立起来对自身存在意义的普遍信念。

迈克尔·罗斯金等撰写的《政治科学》一书开篇就明确指出:“合法性不只指‘统治的合法权利’,而且更主要的是指‘统治的心理权利’,现在的合法性意指人们内心的一种态度,这种态度认为政府的统治是合法的和公正的。”⑤把合法性等同于社会公众对政治系统的认同和忠诚的观念,代表当代社会对合法性概念的最一般、最普遍的认识。⑥ 弗兰克·帕金认为只有“经同意而统治才是一切统治合

---

① 《论语·颜渊》。

② 《孟子·离娄上》。

③ [美]塞缪尔·亨廷顿:《第三波——20世纪后期的民主化浪潮》,刘军宁译,上海三联书店1998年版,第55页。

④ [美]马克斯·韦伯:《经济与社会》(上),林荣远译,商务印书馆1997年版,第241页。

⑤ [美]迈克尔·罗斯金等:《政治科学》,林震等译,华夏出版社2001年版,第5页。

⑥ 白钢、林广华:《论政治的合法性原理》,《天津社会科学》2002年第4期。

法性的最终来源"①。法国学者让-马克·夸克说:"合法性这一观念首先并且特别地涉及到统治权利。合法性即是对统治权利的承认。"②李普塞特从有效性的角度探讨了政治合法性的本质,他认为:"政治系统使人们产生和坚持现存政治制度是社会的最适宜制度之信仰的能力。"③"把合法性等同于社会公众对政治系统的认同和忠诚的观念,代表当代社会对合法性概念的最一般、最普遍的认识。"④

加布里埃尔·A. 阿尔蒙德认为:"如果每一公民都愿意遵守当权者制定和实施的法规,而且还不仅仅是因为若不遵守就会受到惩处,而是因为他们确信遵守是应该的,那么,这种政治权威就是合法的……正因为当公民和精英人物都相信权威的合法性时要使人们遵守法规就容易得多,所以,事实上所有的政府,甚至最野蛮、最专制的政府,都试图让公民相信,他们应当服从政治规则,而且当权者可以合法地运用强制手段来实施这些法规。"⑤他和小鲍威尔指出,在一个传统的社会中,合法性可能取决于统治者的世袭地位、宗教习俗等,在一个现代的民主政治体系中,当权者的合法性将取决于他们在竞争性的选举中是否获胜,取决于他们在制订法律时是否遵守规定的宪法程序。在其他政治文化中,领导人可能依靠其特有的魅力、智慧或意识形态以及向公民许诺要改善他们的生活。

综上所述,政治合法性的表现形态是作为政治统治对象的公共权力客体对施行政治统治的公共权力主体的内心评价,政治合法性当中的"法",不是指国家制定实施的法律,而是指政治活动正当性的社会普遍评价,"合法"则表示政治统治蕴含了社会成员普遍道义观念的认同。

社会主义国家政治合法性问题的解决离不开道德治理,对于社会主义国家来说,工人阶级和广大劳动人民群众通过公共权力的活动获得了最广泛的正义基础,社会主义民主为广大人民享有最广泛的平等的政治权利提供了可靠的前提,

---

① [英]弗兰克·帕金:《马克斯·韦伯》,刘东、谢维和译,四川人民出版社1987年版,124~125页。

② [法]让-马克·夸克:《合法性与政治》,佟心平等译,中央编译出版社2002年版,第12页。

③ [美]西摩·M. 李普塞特:《政治人——政治的社会基础》,张绍宗译,上海人民出版社1997年版,第55页。

④ 白钢、林广华:《论政治的合法性原理》,《天津社会科学》,2002年第4期。

⑤ [美]加布里埃尔·A. 阿尔蒙德、小G. 宾厄姆·鲍威尔:《比较政治学:体系、过程和政策》,曹沛霖等译,上海译文出版社1987年版,第35~36页。

人的全面发展成为最高政治理想。即使是这样,但也同样需要对全体社会成员进行政治规范和道德约束,“因为人的思想意识不是自发地产生的,这种意识只能从外面灌输进去”①。发展社会主义民主政治,以实现人的全面而自由发展为政治价值理想来完善具体的政治制度和规范,体现了社会主义民主政治的价值理念,是社会主义国家解决政治合法性问题,赢得社会成员广泛认同的根本途径。从历史唯物主义立场出发,只有社会主义民主才有可能使政治合法性问题得到完全的解决,因为在社会主义国家里建立的是人类历史上绝大多数人对极少数人的政治统治的政权,建立的是实现绝大多数人利益的政治统治和社会管理的组织。但这并不意味着社会主义国家可以忽视社会成员对公共权力的认同,相反,社会主义国家仍然需要高度重视政治合法性问题。总而言之,从政治合法性的角度来分析,我们就会得出这样一个结论,道德治理对于政治生活是必要的,公共权力实施道德治理来完善国家治理是具有一定的合理性的。

2. 道德治理反映的是一定物质生活条件和变化的社会意识形态

政治属于上层建筑的一个组成部分,是上层建筑当中具有决定性地位的核心部分。上层建筑是建立在经济基础之上的思想关系及其制度表现,即政治、法律、道德、宗教、艺术、意识形态等的总和。马克思主义认为,社会结构分为经济基础和上层建筑两大部分。人们在自己生活的社会生产中发生一定的、必然的、不以他们意志为转移的关系,即同他们的物质生产力的一定发展阶段相适合的生产关系。这些生产关系的总和构成社会的经济结构,即有法律的和政治的上层建筑竖立其上并有一定的社会意识形式与之相适应的现实基础。“物质生活的生产方式制约着整个社会生活、政治生活和精神生活的过程。”②

道德活动和政治活动反映了一定的物质生活条件和变化的社会意识形态,道德反映社会现实特别是反映社会经济关系的功效与能力,是影响社会生产力发展的一种重要的精神力量。就道德意识而言,一个社会道德意识的主流形态就是统治阶级的道德,“一切以往的道德论归根结底都是当时的社会经济状况的产物”③。在阶级社会中,社会上占统治地位的思想总是在物质上占统治地位的阶级的思想。马克思主义认为:“构成统治阶级的各个人也都具有意识,因而他们也

① 《列宁选集》第1卷,人民出版社1995年版,第247页。

② 《马克思恩格斯选集》第2卷,人民出版社1995年版,第2~3页。

③ 《马克思恩格斯选集》第3卷,人民出版社1995年版,第435页。

会思维;既然他们作为一个阶级进行统治,并且决定着某一历史时代的整个面貌,那么不言而喻,他们在这个历史时代的一切领域中也会这样做,就是说,他们还作为思维着的人,作为思想的生产者进行统治,他们调节着自己时代的思想的生产和分配;而这就意味着他们的思想是一个时代的占统治地位的思想。”①

马克思主义科学地揭示出人类社会全部秘密的根源就在于物质生产活动,统治阶级就是在物质生产活动中占据主导地位的阶级,统治阶级凭借其经济地位继而掌握政治权力成为公共权力的所有者。在政治、经济地位的作用下,统治阶级的社会意识成为一定社会形态下主导性的社会意识形态,在人类社会的各个历史阶段,经济生活、政治生活和社会意识形态是一个有机统一体,因而客观上都存在着道德意识对社会政治制度、经济制度和文化制度的评价。

3. 道德的阶级性决定了社会制度的道德评价结果

道德评价是指社会成员凭借社会舆论、传统习俗和内心信念等力量,采用一定的道德标准,以动机与效果、目的与手段的统一为依据,去判断道德价值的一种活动。道德作为一种特殊的社会意识形态,归根到底是由经济基础决定的,是社会经济关系的反映,社会经济关系的性质决定着各种道德体系的性质,社会经济关系所表现出来的利益决定着各种道德的基本原则和主要规范。在阶级社会中,社会经济关系主要表现为阶级关系,因此,各种道德体系也必然带有阶级属性。

一个社会占统治地位的道德,只能是掌握政权的那个阶级的道德,因为占统治地位的思想不过是占统治地位的物质关系在观念上的表现,不过是以思想形式表现出来的占统治地位的物质关系。政治和占统治地位的道德的基本内容反映的是统治阶级的意志,都是为维护统治阶级的根本利益为目的的。道德评价的本质是统治阶级利益共同体的利益关系及其实现的社会意识的集中反映,道德的阶级性决定了不同阶级对一定社会制度的道德评价结果的差异性。

社会经济关系的任何变动都会引发社会政治关系的变动,这种变动也必然会涉及社会意识形态的道德的变动,并对社会经济关系的变动起到引导、规范人们的社会实践活动的作用,这种反映不是消极被动的,而是以能动的方式来把握社会经济关系的变动。马克思主义认为,道德意识都是历史性的,因而既反映着人类思想的阶段性成果,又包含着历史性局限,无论利己主义还是自我牺牲,都是一

① 《马克思恩格斯选集》第1卷,人民出版社1995年版,第98~99页。

定条件下个人自我实现的一种必要形式。① 马克思主义从唯物史观出发，科学地揭示出人类社会的最终发展方向是实现人的全面而自由发展的共产主义社会，从而道德评价获得了科学的价值依据。落实到社会制度上，是否促进人的全面发展的实现，就成为衡量一个社会制度是否具有道德性的根本标准。

“不同阶级的道德必然有许多共同处，而且对同样的或差不多同样的经济发展阶段来说，道德伦理必然是或多或少地互相一致的。”②这些包含价值范畴的道德对社会生活起着规范作用。“在这个意义上，政治与道德共同构成社会和国家生存与生长的规范基础和理想目标。”③道德规范所指向的社会秩序，根本上是有利于统治阶级利益的生活方式和生产方式的。道德是阶级的道德，我们拒绝把任何道德教条当作永恒的、终极的、从此不变的伦理规律强加给我们的一切无理要求，“这种要求的借口是，道德世界也有凌驾于历史和民族差别之上的不变的原则”④。任何道德都是作为特定阶级的利益和意志的反映，以意识形态的能动作用对特定阶层利益起到维护作用。当拥有公共权力的阶级意识受到道德对于其社会生活的深刻影响，自觉以道德价值进行社会制度构建，进行社会成员人格培养的时候，其阶级利益就获得了来自道德意识形态有力的保障的可能性。如果其道德治理活动通过符合社会实际的方式得到实施，那么，公共权力拥有者的道德就开始确证、实现统治阶级的根本利益和总体意志了。

对于统治阶级来说，他们利用对公共权力的控制能力向社会成员推行和灌输自己的道德意识，使统治阶级的道德观念成为社会主导道德观念的过程就是统治阶级实施道德治理的过程。通过这一手段或渠道使社会成员达到符合和有利于统治阶级的利益上来，以实现社会秩序的维持稳定。所以，“一切历史上的斗争，无论是在政治、宗教、哲学的领域中进行的，还是在其他意识形态领域中进行的，实际上只是或多或少明显地表现了各社会阶级的斗争”⑤。尽管同一个社会中的统治阶级和被统治阶级一方面在根本利益上是尖锐对立的，但另一方面由于生存在相同的社会历史发展阶段，自然就具有共同的历史背景，因而在道德上既有根

---

① 《马克思恩格斯选集》第3卷，人民出版社1995年版，第275页。
② 《马克思恩格斯选集》第3卷，人民出版社1995年版，第434页。
③ 万俊人：《德治的政治伦理视角》，《学术研究》2001年第4期。
④ 《马克思恩格斯选集》第3卷，人民出版社1995年版，第435页。
⑤ 《马克思恩格斯选集》第1卷，人民出版社1995年版，第583页。

本的差别，又有某种一致的地方，所以道德在规范社会共同体活动，约束社会成员行为方面的功能，对于现实社会的存在也发挥着积极的作用。

（二）道德治理的深层内涵是实现阶级利益的保障

道德等社会意识形态自发地对经济基础发生着能动作用，统治阶级的道德维护统治阶级的利益，被统治阶级的道德反映被统治阶级的要求。由此可见，道德的深层内涵可以理解为利益的分配，其中包括经济的利益和政治的利益。

1. 道德治理与政治统治具有同样的经济功能

作为一种特殊的人类行为规范，道德是特定利益分配关系的意识表现。国家的根本职能就在于缓和社会对立面之间的冲突，把冲突保持在秩序的范围之内。而所谓秩序，“实际上就是阶级统治秩序，把冲突保持在‘秩序’的范围以内，实际上就是维护了有利于统治阶级的生产关系，维护了在生产关系中占统治地位的阶级的根本利益，就是维持了秩序”①。

作为思想关系的政治和道德受到作为物质关系的经济基础的决定。物质生活的生产方式制约着整个社会生活、政治生活和精神生活的过程。一方面，政治是经济的集中表现，政治是各阶级之间的斗争。另一方面，“人们自觉地或不自觉地，归根到底总是从他们阶级地位所依据的实际关系中——从他们进行生产和交换的经济关系中，获得自己的伦理观念”②。

国家这种公共权力维护社会秩序的方法多种多样，主要包括对被统治阶级进行暴力镇压、限制和排斥、怀柔和利用，对经济和社会事务进行干预，进行思想统治，确保统治阶级在意识形态领域的统治地位，等等。为了维护统治地位，统治阶级必须进行思想意识上的统治，把本阶级的利益推广为全社会的普遍利益，使社会成员对于实现本阶级利益产生使命感，把本阶级的道德观念上升为全社会普遍性的道德意识，灌输于全体社会成员的思想意识之中，从而使这些道德观念成为社会成员对于既存社会秩序的认同感，实现政治与道德在维护社会秩序、保护统治阶级根本利益的功能。

---

① 王惠岩：《当代政治学基本理论》，天津人民出版社 1998 年版，第 17 页。
② 《马克思恩格斯选集》第 3 卷，人民出版社 1995 年版，第 434 页。

2. 道德治理依附于现实的经济关系和经济活动

现实的经济关系和经济活动是道德治理的基础和前提，人的社会生活总是要发生利益关系，这种利益关系是道德治理活动存在的必要条件。如果没有这种利益关系的存在，道德治理活动就失去了存在的必要。人们需要一种什么样的伦理观念，并内化为个人主观世界的道德秩序，使之与现实生活中的社会经济关系、政治活动和文化生活秩序保持高度的一致。当公共权力对经济关系和经济活动确认和构建时，社会成员就要在国家强制力的规约之下从事生产、交换和消费等经济活动和各种政治、文化活动，人们的相互关系和交往准则就得到了国家权力的制度性保护。马克思指出："人们奋斗所争取的一切，都同他们的利益有关。"①"正确理解的个人利益是整个道德的基础。"②社会制度是道德治理实现公共权力所有者利益和意志的保障，社会制度是对人们交往关系的确定，规定了人们在经济生活、政治生活和社会生活当中的地位和交往准则。如果人们的道德理想与社会主导价值观念不能保持高度的一致，就不会得不到社会生活的制度支持；如果违背了现实生活的社会秩序，甚至出现矛盾和冲突，道德理想就会在利益纷争中消解。正如罗尔斯所说："离开制度的正当性来谈个人的道德修养和完善，甚至对个人提出各种严格的道德要求，那只是充当一个牧师的角色，即使个人真诚地相信和努力遵奉这些要求，也可能只是一个好牧师而已"③。

对于上层建筑各个组成部分之间的关系的理解，还需要进一步充分认识和辩证理解政治与上层建筑之间的关系。"政治、法、哲学、宗教、文学、艺术等等的发展是以经济发展为基础的。但是，它们又都互相作用并对经济基础发生作用。……这是在归根结底总是得到实现的经济必然性的基础上的互相作用。"④这段话反映出两方面的含义：一是作为上层建筑不同部分的政治、道德等社会意识之间是相互作用的；二是经济基础决定政治、道德等社会意识。也就是说，道德是由社会的生产力和生产关系发展水平决定的，在政治与道德之间，政治起到决定性作用，道德具有反作用。

---

① 《马克思恩格斯选集》第 1 卷，人民出版社 1995 年版，第 82 页。
② 《马克思恩格斯全集》第 2 卷，人民出版社 1952 年版，第 166 页。
③ ［美］约翰·罗尔斯：《正义论》，何怀宏译。中国社会科学出版社 1988 年版，第 22 页。
④ 《马克思恩格斯选集》第 4 卷，人民出版社 1995 年版，第 732 页。

3. 道德价值为内核的社会制度体现了阶级的利益

以道德价值为内核的社会制度是阶级利益实现的可靠保障,这一点在近代资本主义国家表现得最为鲜明。资产阶级在反对封建专制时代所打出的“自由、平等、博爱”的旗帜,本身就蕴涵着资产阶级的自由主义道德精神。“首先,从人的自然性出发,自由主义的自然性欲望具有合理性的结论。其次,以人的理性平等信念为基础,提出了人生而平等的一般性原则。这样,自由主义不仅将个体追求自身利益建筑在道德的基础之上,而且承认了人与人之间的对立与冲突的永恒性质。”①在资产阶级逐步从封建统治势力那里夺取政权之后,这种自由主义道德观相应地就转化为其社会制度的价值内涵。

经济生活中具有支配地位和公共权力的强制力是道德治理实现公共权力所有者利益和意志功能得以实现的后盾。在任何一个社会当中,都存在着占主导地位的道德等社会意识形态,这就是公共权力所有者的道德等意识形态。而统治阶级的道德之所以成为一个社会的主要道德,是因为统治阶级可以凭借其在经济上的支配地位,凭借其掌握的公共权力,一方面主动地进行道德意识的系统化、理论化,从而加强其道德的影响力量;另一方面,对与本阶级道德对立的被统治阶级的道德进行不断消解和否定。

(三)道德治理提高社会成员认可社会秩序的自觉性

一种道德品质的形成,不仅必须具备道德认识、道德情感、道德意志和道德行为方式四种心理成分,而且还要使道德行为方式成为习惯。道德治理的一大功能就是调动社会成员接受政治规则、认可社会秩序的自觉性。道德治理之所以具有这一功能,是由于它通过对社会成员的思想道德意识发生作用和塑造而实现的,因为现代意义上道德治理不是道德的政治化,而是道德的社会化。

1. 道德治理的主体是公共权力的行使者

法与道义都是统治阶级意志和利益的表现,公共权力道德治理活动就是通过以思想道德素质为主要作用对象的,对人格素质结构各个方面发生影响而促使人产生接纳社会秩序的自觉性。道德成为统治阶级的工具后,道德所约束的就不仅仅是公共权力了。

---

① 韩冬雪:《超越自由主义政治理念》,《中国行政管理》2000 年第 9 期,第 22 页。

民主法治基础上道德正当性的取向表现在两个方面:一是政治人在政治活动中的道德自律;二是公共权力以道德性的社会制度调整社会群体之间的利益冲突进而实现社会秩序。简言之,道德治理就是培养道德的政治人,创造道德的社会制度,以维护有利于统治阶级的社会秩序,实现统治阶级的利益。在剥削阶级国家,统治阶级在道德治理活动中也具有主客体相统一的特征,但是其本质规定是道德治理的主体,被剥削阶级同样具有主客体相统一的特征,然而本质属性是道德治理的客体。在社会主义国家,人民是国家权力的主人,这就使道德治理主客体的真实统一具有了根本保障,但还需要通过具体制度构建实现这种统一。

在一个成熟的法治环境中,如何确保公权力运行的正常化,关键的问题还在于对执法权实施的有效控制。如在执法经济的驱动下,主要是高额罚款提成或完成创收任务指标,不管是“自收自支”还是“收支两条线”。在看似合理的情形下,执法机关和个人都会有客观的经济利益。应当说执法经济是一个上不了台面的规定,是市场经济转轨过程中,执法权力机关权力的异化,不仅腐化了公权力的公益性,更亵渎了法律的正义。

行政法上,对权力的控制主要体现在三个环节上,通过实体法控制权力的来源;通过程序法控制权力的行使;通过救济法实现对权力的事后监督。很多人都认为应当在权力的来源上对权力进行限制,更主要是应当落实到程序的规制上。执法程序及其优劣决定着执法机关对执法生态,程序的瑕疵往往不是体现在宏观的权力分配上,也不是体现在法律制定的合法性上,而是暗含于基层执法的微观的操作中。例如打官司问题,打官司花钱天经地义,用劳民伤财来形容打官司得到了绝大多数人的赞同。一般的民事案件请律师的较多,而刑事案件花钱请律师的事似就不那么合理了。一般来讲,刑事案件的案情都比较清楚,由刑事警察直接出面,以事实为根据、以法律为准绳就可以解决问题,很少见到刑事案件还要请律师的,而且附带着高昂的律师费。近些年来,在影视作品中,有关这方面的故事就是这样引导人们的思维的。打不起官司不仅仅是经济问题,在时间上也拖不起,初始的愿望经过烦琐的法律程序后变得复杂起来,时间和精力的投入,人力和物力的投入,让很多人后悔当初真不该打官司,这是一种普遍的心态,由此衍生出能不打官司就不打的念头。

根据上述认识,道德治理的主体是公共权力的行使者,在以生产资料公有制为主体、多种经济成分并存的社会主义国家,人民是国家权力的所有者,依法治国的主体是人民群众,依法执政的主体一不是全体党员,二不是在国家政权机关中有领导职务的党员代表,三不是各级国家政权机关中的党组,四不是所有的党组织——企业、学校、科研院所、社会团体、社会中介组织、城市社区和农村中的村基层党组织。因而道德治理的主体也是人民群众,即工人阶级和广大劳动人民,而不只是少数国家机关的工作人员。进一步讲,根据社会主义国家人民主权原则,社会主义国家人民就是国家的主人,国家机关工作人员是人民的公仆,是为人民服务的。

所以,从根本上讲,在社会主义国家这一人类历史最高类型的国家形态当中,道德治理是占人口绝大多数的人民群众的自我管理,以及自觉进行的政治人格修养活动。

2. 道德治理始终发挥着维护主导意识形态和化解社会冲突的作用

只有社会成员对统治阶级的服从成为自觉的行为之后,政权才是稳定的,统治阶级才能够运用公共权力的力量实现调控社会秩序的目的。相反,如果大多数民众认为某一政府实施统治是不正当的,从内心里不同意、不接受、不认同公共权力的统治,就会抵制政府政策,消极承担政治义务,失去对政治权力的信任,使公共权力失去道德意识上的支持,出现对公共权力的政治合法性认同的危机。

道德是上层建筑的有机组成部分,在阶级社会中,道德体系分为统治阶级的道德和被统治阶级的道德,分别反映着他们之间对立的利益要求。恩格斯在《反杜林论》中写道:"……社会直到现在是在阶级对立中运动的,所以道德是重视阶级的道德;它或者为统治阶级的统治和利益服务,或者当被压迫阶级变得足够强大时,代表被压迫者对这个统治的反抗和他们的未来利益。"①在剥削阶级占统治地位的社会,道德体系的主体也同样是剥削阶级的道德,剥削阶级不仅通过暴力手段维护其统治地位,还通过道德的影响使其剥削和奴役被统治者的资格合理化。马克思主义科学地揭示出人类社会全部秘密的根源在于物质生产活动,统治阶级就是在物质生产活动当中占据主导地位的阶级,统治阶级凭借其经济地位继而掌握政治权力成为公共权力所有者。在政治、经济地位的作用下,统治阶级的社会意识成为一定社会形态下的主导性的社会意识形态。

生产力的发展为人类获得更多的自由时间提供了保障,为人类全面占有自己

① 《马克思恩格斯选集》第3卷,人民出版社1995年版,第435页。

的本质创造着可能性，而道德则是人类如何利用自由时间的内在动力，是促使人类自觉选择自由时间、全面占有人的本质的精神力量。人的自由的本质是人们的物质生产活动的解放，人取得了对自然的自由，也就对社会取得了自由。在生产力高度发达的未来理想社会形态下，人类最终获得了充分的自由时间。也只有在这种未来的理想制度下，人终于最终彻底摆脱了对物质的依赖性，从根本上形成了社会的共同利益，共同的道德才能受到尊重。人类社会也不再需要凌驾于自己之上的国家权力来协调共同体成员之间的冲突。列宁说："人们既然摆脱了资本主义的奴隶制，摆脱了资本主义剥削制度所造成的无数残暴、野蛮、荒谬和卑鄙的现象，也就会逐渐习惯于遵守数百年来人们就知道的、数千年来在一切处世格言上反复谈到的、起码的公共生活规则，自动地遵守这些规则，而不需要强制，不需要服从，不需要所谓国家这种实行强制的特殊机构。"①

二、国家治理现代化中道德治理的文化功能分析

道德活动是通过约定俗成的规则、社会舆论等客观力量，以及人们的内心信念、自律精神等主观力量来实现的，而不是通过专门的强制机关推行对社会关系规范的活动。因此，道德治理是以非强制性的社会舆论力量和个人自律精神调节个人、群体、社会之间的利益关系。

（一）文化制度的建立使现实中道德的力量得到强化

从社会意识形态的方面看，道德治理的实施是为了实现公共权力维护社会秩序，实现统治阶级的根本利益。从人类发展的宏观视阈来看，道德治理活动还通过对制度文化的道德化建设和社会成员道德人格的培养来促进人的全面发展。

1. 道德治理通过创造道德的制度文化塑造道德规范

文化的内涵十分宽泛，它有广义和狭义之别。一般来讲，文化指的是社会成员所共有的一整套价值观、意义和物质实体，是一个社会的全部生活方式，由物质文化、规范文化和认知文化这三大互相关联的部分组成。"一定社会的文化（作为观念形态的文化）是一定社会的经济和政治的反映，又给予伟大的影响和作用于

---

① 《列宁选集》第3卷，人民出版社1995年版，第247页。

社会的政治和经济。"①对于国家职能的发挥来说,制度具有决定意义。邓小平同志在《党和国家领导制度的改革》中说:"我们过去发生的各种错误,固然与某些领导人的思想、作风有关,但是组织制度、工作制度方面的问题更重要。这些方面的制度好可以使坏人无法任意横行,制度不好可以使好人无法充分做好事,甚至会走向反面。"②制度的好与坏,重要的衡量标准就是是否将特定的道德价值、道德精神贯注到制度当中。

任何公共权力都包含着一定的价值取向,这个价值取向本源于经济关系,服务于统治阶级的利益,表现为一定的道德价值观念。因而,任何公共权力所建立的社会制度都内在地蕴含着同样的价值精神,这是制度成为道德治理客体的根本依据所在。直接决定制度好坏的就是构建制度过程当中秉承的道德观念,只有规定和支持特定制度存在和发展的理念符合道德的正义精神,才能创建出合理的制度。③ 公共权力的职能就是控制社会群体之间的冲突,实现公共权力所有者的根本利益,作为其实现这一职能的治理活动,就包含着以通过符合公共权力所有者利益和意志的制度安排,来塑造良好的社会利益格局,协调不同社会群体之间的利益冲突、缓解人们利益摩擦的激烈程度,通过调整人们之间的关系维护社会稳定,把社会控制在秩序的范围内。

历史唯物主义认为,社会存在决定社会意识,人们的行为是受其意识支配的。从根本意义上说,人们的行为是由人所生活的具体条件制约着的。在一个个具体情境当中,人们可以从几种行为方式中选择自己的行为方式。也就是说,人的意志虽然总的来说是被决定的,但又有相对的自由,制度就是对这种自由的保障。其内在逻辑是,既然人可以在几种行为方式中选择自己的行为方式,那么,只有对人的意志进行规范性调整,才能够确保个体选择符合规律性的行为方式,享有自由而不滥用自由。在科学技术日新月异的现代社会,人们应对自然挑战、改善生活质量、扩展活动空间的能动力量越来越强,人选择自己行为的能力就越来越大,破坏人与自然关系和社会关系的可能性也就越来越大。按照公共权力的根本利益需要,提出、形成或创制一定的原则和规范,在一些原则或规范中指明最有利于达到某社会、某阶级目的的行为方式就更加重要,这些规则的总和就具体为一定

① 《毛泽东选集》第 2 卷,人民出版社 1991 年版,第 624 页。

② 《邓小平文选》第 2 卷,人民出版社 1994 年版,第 333 页。

③ 王淑芹:《"以德治国"与制度伦理》,《教学与研究》2002 年第 8 期。

的社会制度,这也是人类发展的必然选择,只有这样,才能实现社会生活的有序和稳定。

2. 道德治理通过制度文化使道德的力量得到充分的开发和有效的运用

道德治理通过制度文化将道德的力量源源不断地注入社会,使现实中道德的力量得到强化,社会释放出来的道德力量得到肯定和维护,使社会所潜涵的道德的力量得到充分的开发和有效的运用,使社会道德的力量渗透到社会生活的各个层面、各个领域,使道德真正成为具有不容挑战的权威性的客观力量,使人们对道德产生由衷的信赖感。道德治理制度文化是一种规范行为,是道德治理制度最为基本的功能。政府参与对道德治理制度中文化道德规范的塑造,政府积极的舆论导向则是道德规范供给所不可缺少的条件。道德治理制度文化的这种功能应包括以下两方面的内容。其一,道德治理的制度文化内在地包含了一套约束道德主体行为的道德规范,同时,社会制度也或多或少地发挥着一定的职能,参与对道德规范的塑造、提升,使某一个道德规范朝着有利于个体利益和社会整体利益和谐发展的方面发展。其二,道德治理的制度文化通过对道德主体诸多思想、信仰的共同性提炼,从中确定一个标准,使得道德主体对多种道德规范认识及其实践都体现为这个标准的具体存在。实践证明,合理的制度能够最大限度地实现统治阶级的利益,继而进一步强化统治阶级道德在社会生活中的影响力量。

在社会主义国家里,构建制度的道德价值观念以促进人的全面发展为根本价值要求,以为人民服务为核心,以集体主义为基本原则,不仅会实现全体人民的利益和意志,而且通过制度对社会生活的规划,促使人们在社会实践活动中,感受和内化这些社会价值观念,从而促进人们良好品行的养成。实践证明,社会主义道德观念的制度是促进社会主义道德建设,培养社会主义公民的推动力量。所以,在构建制度过程中,如果不将制度作为道德治理的客体,不以公共权力所有者的道德观念为主体,公共权力就无法真正地完成协调社会冲突,实现公共权力所有者的根本利益。

(二)规范社会秩序和促进人的全面发展,实现人的自由

人的全面发展是一个不断推进的历史发展过程和现实运动过程。马克思主义认为,人的生命存在于时间和空间两个维度上的展开,就是人类可以从不得不进行的维持生命的必要劳动时间摆脱出来的时间,是可以根据自己的意志支配的

时间。只有在自由时间里，人才能真正使其自身成为社会主体，而不是自然主体和生产主体，自由时间是人类真正自由的存在形式。

1. 国家公职人员政治道德的培养是规范社会秩序的现实基础

政治统治体系对国家公职人员和其他社会成员进行广泛的政治规范和道德约束是其获得政治合法性的重要手段。对于任何一个国家政权来说，只有使执行公共权力的国家公职人员的政治道德水平达到一定的标准，才能够赢得公众对其政治统治的认同。

培养公职人员的政治道德是公共权力获得合法性的现实基础。任何形态的政治道德总是服务于一定的政治目标，政治道德和理性的基础，实质在于是否有利于政治目标的实现。政治道德并不是一种理想化的东西，它对于政治行为具有强烈的实践性和有效性，政治道德的基本宗旨就是服务于特定的政治目标。在现代法治国家，国家公职人员的政治道德素质水平，决定着国家机构在公众心目当中的形象，极大地影响着社会公众的政治道德和整个社会公德的状况，深刻地制约着公共权力维护社会秩序职能实现的程度。

马克思主义认为，国家政权是一个占统治地位阶级的权力，这个社会的道德也就是统治阶级根本利益的反映，因而道德治理的对象不只是普通民众，对统治阶级，尤其是对那些直接行使公共权力的统治阶级成员，也存在着用阶级道德加以规范的必要。在某种程度上，古代思想家们也意识到执政者道德水准对于社会秩序的特殊重要性，即使在人治的政治条件下，思想家们往往对国家公职人员的政治道德水准要高于对普通社会成员的要求。例如中国古代儒家伦理政治学说，基本主张就是“内圣外王”，即要求统治者通过“正心”“诚意”“格物”“致知”的步骤而修身，使其具有圣人的道德操守。在此基础上，所谓“老吾老，以及人之老；幼吾幼，以及人之幼，天下可运于掌”①。“先王有不忍人之心，斯有不忍人之政矣。以不忍人之心，行不忍人之政，治天下可运之掌上。”②推己及人，将圣人的道德修养转化到现实政治统治当中去，实施维护普通民众基本利益的“王道”和“仁政”，最终赢得长久稳定的政治统治地位。儒家道德治理政治思想的根本出发点是统治者的德性修养，然而由于历史局限性的制约，剥削阶级社会的统治者从来没有、

① 《孟子·梁惠王上》。

② 《孟子·公孙丑上》。

也不可能达到这样的道德水平。但是,突出执政者道德重要性的做法还是值得后人思考的。

统治阶级也具有道德治理的客体属性,这是因为作为一种社会意识形态,统治阶级的道德反映出这个阶级的生存条件和根本利益。“政者,正也”,①强调的就是掌权者自身道德操守对于政治活动的重要性,这也是儒家一贯的主张。统治者只有自觉接受这一道德的约束,才是符合统治阶级利益的。现代国家采用法律治理作为治国方略,同样也需要国家公职人员具有较高的政治道德素质,对公共权力的行使者,即对法律、政策的具体执行者提出了较高的德行和德性的要求,其表率和示范作用对社会公德的养成和公共权力职能的实现都至关重要。正如博登海默所说:“至于一个法律制度是否能够完全不使用含有道德含义的广义概念,如诚信意(犯罪意图)和违背良心的行为等观念,也是颇令人怀疑的。”②这就要求国家公职人员必须拥有行政人员的良知、义务感和责任意识,在他的行政行为中从道德的原则出发,贯穿着道德精神,即时时刻刻坚持道德的价值取向,公正地处理国家公职人员与公共权力的关系、与同事的关系和与公众的关系,而不是以个人利益的得失作为行为的准则。

在历史上,不同的阶级、不同的统治者,都会奉行某种特定的政治道德规则,并将其作为实现政治目标的重要手段。国家公职人员的道德培养,不仅是政治道德建设问题,而且还是道德治理的重心所在。“政治道德一般指在公共政治生活中,政治领导者对政治目标的设计、对权力的价值判断和对所承担社会政治责任的认识,以及对处理个人权力与公共权力之间关系的行为准则。”“一般来说,政治道德并不是一种固定不变、普遍使用的价值规则,在不同的时间与空间条件下,政治道德往往会有不同的内容与表现形态。”③人治和法治作为公共权力的两种基本治理类型,在二者之中,国家公职人员在整个政治体系当中都始终处于枢纽地位,它把统治阶级和整个社会有机地联系在一起。

道德治理的直接执行者是国家公职人员,国家公职人员和每一个社会成员自身同样要以社会主义道德约束自己。西方资本主义政治道德终究是以资产阶级

---

① 《论语·颜渊》。

② [美]埃德加·博登海默:《法理学》,邓正来译,中国政法大学出版社 1999 年版,第 378 页。

③ 蒋云根:《略论我国政治道德建设》,《政治学研究》2003 年 2 期。

根本利益为归宿的。只有社会主义国家的政治道德才有可能以广大无产阶级和劳动人民的根本利益为宗旨。要使公共权力的行使者成为道德人，使自己的管理行为受道德规范的支配，通过对道德必然性的觉悟而形成道德自律。只有使国家公职人员成为有德之人，才能使他懂得和关心社会，最重要的是忠于国家机器的根本利益，从而成为普通公民的榜样并起模范作用。

2. 人的全面发展始终是一个永恒的价值追求

只有道德才能诠释人之所以为人的道理，只有道德才能给予人以人格与尊严。马克思主义认为，整个历史也无非是人类本性的不断改变而已。① 人的本性的改变过程，就是人不断地全面占有人的本质的过程，也就是迈向人的全面发展的过程。马克思主义科学地揭示出人类社会的终极价值目标，从整体上说，那就是人类的彻底解放；从个体上讲，也就是每个人的全面发展。

依据马克思著名的“社会形态”理论，人的全面发展的过程从“人的依赖关系”到“以物的依赖性为基础的人的独立性”，再迈进到“建立在个人全面发展和他们共同的社会生产能力成为他们的社会财富这一基础上的自由个性”的共产主义社会。马克思一方面指出了共产主义的主要特征是人的全面发展，另一方面还将这一历史趋势建立在社会发展规律之上，而不是建立在抽象的人性论基础上，人的全面发展是社会历史实践所逐步实现的终极历史价值目标，人的全面发展既是一个永恒的价值追求过程，也是一个不断前进的历史过程。人的全面发展不可能一蹴而就，而是在漫长的人类历史进程中逐渐实现的。在不同的历史时期，人的全面发展这一终极价值都呈现出不同的历史性标准，这是由人类不同历史发展阶段的生产力发展水平和人的存在状况所决定的。从这个意义上说：“人的每一个发展阶段都承载着人的全面发展这一终极价值目标的阶段性任务。”②人的全面发展这一价值目标，正是通过人的不同阶段的努力而实现的。所以，我们认为，人类社会的全部历史就是一个不断实现人的全面发展的历史。

马克思主义认为，生产劳动同智育和体育相结合，它不仅是提高社会生产的一种方法，而且是造就人的全面发展的唯一方法。公共权力的道德治理活动，正是通过对制度灌注以道德精神的方法来规范公民的社会实践活动，通过直接的政

---

① 《马克思恩格斯选集》第 1 卷，人民出版社 1995 年版，第 172 页。

② 霍季春：《人的全面发展的矛盾性透视》，《学习时报》2004 年 11 月 15 日。

治道德教育的方法培养社会成员的道德人格，这都在一定人类社会历史发展阶段上，为人的全面发展这一目标的实现创造着条件。一方面，劳动不仅创造了人本身，而且自由自觉的劳动还成为人类最本质的实践活动；另一方面，主体在实践中把本质力量对比化的过程，也就是主体自身由自在到自为的过程，这就是在实践中受教育。马克思主义关于社会结构的原理是我们探讨这一问题的重要理论依据。经济基础决定政治上层建筑，政治上层建筑对经济基础具有反作用。正因如此，马克思主义经典作家十分重视公共权力在推动人类社会发展当中的作用，“如果政治权力在经济上是无能为力的，那么我们何必要为无产阶级的政治专政而斗争呢”①？

在人类社会特定的历史发展阶段上，人的全面发展的实现必将促进社会的和谐有序和繁荣进步。“不言而喻，要不是每一个人都得到解放，社会也不能得到解放。”②对于人的全面发展这一命题需要做出全面的理解，一方面，人的全面发展是人类的目标；另一方面，在人类社会不同的历史发展阶段，人的全面发展存在着历史标准。只有全面理解了人的全面发展这一马克思主义的理论命题的价值，我们才能够既避免用空想的态度去追求它，又不背离人的全面发展这一价值目标所规定的历史前进方向，从社会实践出发，从现实社会历史阶段的生产力水平和社会各要素的发展程度出发，去促进人的全面发展的逐步实现。

3. 人的全面而自由的发展为道德治理创造了必要的条件

任何政治学理论体系，都有自己的政治理想，有自己的价值选择。公共权力不仅需要以控制生产关系的方法来实现特定阶级的利益，而且有必要进行道德治理，以道德的力量影响人们的精神需求和人性完善的目标。而不同阶级掌握的公共权力，就是不同政治理想和价值选择的当然载体。作为统治阶级思想的一部分，道德在人性解放、人的全面而自由发展的过程中扮演着积极的角色，发挥着重要的作用。柏拉图说：“人性总是把人类拉向贪婪和自私，逃避痛苦而毫无理性地去追求快乐。”③亚里士多德则认为，现实当中的一切罪恶，都导源于“人人都爱自己，而自爱是出于天赋”、“导源于人的罪恶本性”④。

① 《马克思恩格斯选集》第 4 卷，人民出版社 1995 年版，第 705 页。

② 《马克思恩格斯选集》第 3 卷，人民出版社 1995 年版，第 644 页。

③ 张桂琳：《西方政治哲学》，中国政法大学出版社 1999 年版，第 21 页。

④ ［古希腊］亚里士多德：《政治学》，吴寿彭译，商务印书馆 1965 年版，第 55 ~ 56 页。

恩格斯说:“一切人,作为人来说,都有某些共同点……”①这个共同点,就是人性。根据马克思主义经典作家的论述,人性是由现实的社会关系决定的,道德也是一定社会关系的产物。所谓人性是道德的主体基础,是说道德是由人创造出来的,并且要由人自觉地认识、自主地实践。马克思精辟地指出:“整个历史也无非是人类本性的不断改变而已。”②“全部人类的第一个前提”是有生命的个人的存在,即“人们为了能够‘创造历史’,必须能够生活”③。道德是人类精神的自律,道德不仅通过对利益的调节而协调社会关系,而且还通过意识的能动作用实现个人的发展和完善。

(三)道德文化的获得是人的自由发展得以实施的必要条件

公共权力为了达到维护政治统治的目的,都会对社会成员的观念施加影响。人类之所以能够拥有自律性的道德,是因为人是能动思想的存在物,人不仅可以把自然、社会这一基本物质生活环境作为认识对象,还能够把自身作为认识的对象,因而具有对道德价值观念的选择能力。

1. 道德文化使道德治理具有社会广泛性、内在主动性和精神自觉性

一个人获得道德观念的过程,也就是一个人接受这个社会当中占统治地位的道德观念的过程,从而能够适应政治生活的道德规范,能够对政治生活做出一定道德评价的过程。马克思指出:“动物和自己的生命活动是直接同一的。动物不把自己同自己的生命活动区别开来。它就是自己的生命活动。人则使自己的生命活动本身变成自己意志的和自己意识的对象。它具有有意识的生命活动。”④道德的基础是人类精神的自律,正是因为人类的思维能力,才使道德治理的可能性得以实现。

道德文化的获得是通过道德社会化的传递来完成的,道德社会化具有的重要作用体现在四个方面。一是社会公民获取道德认知的有效途径;二是促进社会公民形成正确的道德态度的重要渠道;三是培养社会公民道德能力的有效载体;四是规范调控社会公民道德行为的重要方式。在运行上,道德社会化的作用体现为

---

① 《马克思恩格斯选集》第3卷,人民出版社1995年版,第444页。

② 《马克思恩格斯选集》第1卷,人民出版社1995年版,第172页。

③ 《马克思恩格斯选集》第1卷,人民出版社1995年版,第79页。

④ 《马克思恩格斯选集》第1卷,人民出版社1995年版,第46页。

系统性、可控性、正面性和引导性等方面。在个体形成某一特定社会的道德标准和与之相符的行为的过程中，在不同社会制度和阶级中，道德社会化有不同的内容和方向。

在阶级社会，思想统治是必然存在的。统治阶级将其思想占据社会主流意识的过程，就是思想统治的过程，也就是政治体系自觉向社会成员传播特定政治文化，培养政治人，推行政治社会化的过程。统治阶级的道德是统治阶级所推行的政治文化的重要内容，而且由于道德活动呈现出自律性，所以，成功完成的政治社会化必然以特定道德自觉的养成为标志。只有社会成员认同了社会秩序的道义合理性，他们才能够自觉地接受法律、道德等社会规范的约束，社会生活才能够按照掌握公共权力的阶级的利益和意志来运行。社会化就是由自然人到社会人的转变过程，每个人必须经过道德社会化才能使外在于自己的社会行为规范、准则内化为自己的行为标准，这是社会交往的基础，并且社会化是人类特有的行为，是只有在人类社会中才能实现的。

2. 道德治理是公共权力自觉、主动地影响社会成员道德的活动

在一个社会当中，不仅存在着占统治地位的统治阶级的道德观念，也存在着反映其他阶级生存状况的道德意识，以至于与占统治地位的统治阶级的道德观念相对立的道德意识。恩格斯指出："只有在不仅消灭了阶级对立，而且在实际生活中也忘却了这种对立的社会发展阶段上，超越阶级对立和超越这种对立的回忆的、真正的人的道德才成为可能"①。

道德教育使社会成员达到自愿服从公共权力的目的。就道德观念而言，公共权力行使者无法脱离社会成员的实际生活而把某种道德观念注入社会成员的头脑，社会成员也无法从公共权力所掌控的社会秩序之外获取公共权力所要求的道德意识，两者的互动关系必须通过社会实践才能得以实现。"人们自觉地或不自觉地，归根结底总是从他们阶级地位所依据的实际关系中——从他们进行生产和交换的关系中，获得自己的伦理观念。"②公共权力有意识地向社会成员灌输其政治观念、社会价值和心理习惯是因为人类具有思维的能力，这就是公共权力必须获得所需要的社会的人能够得以实施的根本原因。"任何社会，为了能存在下去，

① 《马克思恩格斯选集》第3卷，人民出版社1995年版，第435页。

② 《马克思恩格斯选集》第3卷，人民出版社1995年版，第434页。

必须紧密地围绕保持其制度完整这个中心,成功地把思想方式灌输进每个成员的脑子里。"①

道德治理通过对社会成员普遍的道德教育,使他们对政治统治的正当性做出积极的评价,自愿服从公共权力的社会治理活动。这实际上是公共权力掌握和控制文化主导权的问题。政治合法性反映的是社会成员对政治统治的心理评价,正义和正当的政治制度是社会成员形成政治认同的基本前提,与公职人员在政治生活当中的交往活动是社会成员服从心理的直接来源,可以促使社会成员认同个人利益与政治统治的一致性,自觉接受特定政治统治体系的行为规范,而通过教育促进公众对公共权力、政治制度和公共政策价值的理性认知。

3. 道德观念的灌输是完成道德文化的重要过程

以道德灌输和道德教育为主要内容的这一过程,实际上就是道德社会化过程。道德社会化就是一个由道德知识而得到道德规范实践再到道德行为自觉的过程,就是使人们按照道德标准来表现自己的行为。任何人生存在社会中每时每刻都要受到其他个体、群体和整个社会的影响和作用。人们通过学习各种不同的社会角色,逐渐形成自己的政治观点、道德观念和价值标准,而社会成员的政治社会化程度,会直接影响着国家的稳定。就道德社会化而言,由于个体对国家、社会等方面认识不同,在态度上必然有或是拥护或是反对的表现,不可能有游离于二者之外的表现。

为此,以观念形式表现在法律、道德中的统治阶级的存在条件,统治阶级的思想家或多或少有意识地从理论上把它们变成某种独立自在的东西,在统治阶级的个人意识中把它们设想为使命。统治阶级为了维护统治地位,把它们提出来作为生活原则,一则是作为对自己统治的粉饰或掩饰,一则是作为这种统治的道德手段。统治阶级通过公共权力对社会成员实施的道德社会化活动,目的是使社会成员从内心接受这个社会的道德观念,促使社会成员按照统治阶级的道德规范自觉进行合乎这个社会要求的生活准则而活动。

公共权力行使者既有能力影响社会成员的道德观念和道德行为,又不能单方面地控制社会成员的道德观念和道德行为。把符合社会发展需要的道德意识转化为社会成员普遍认可的道德意识,是道德治理活动所要达到的预期目标。在公

① [美]安东尼·奥洛姆:《政治社会学》,上海人民出版社 1989 年版,第 317 页。

共权力和社会成员之间,公共权力的政治理想与社会成员的价值观念之间的互动是至关重要的。

三、国家治理现代化中道德治理的社会效用分析

道德的社会效用是指道德功能的发挥和实现所产生的社会影响及实际效果。公共权力的道德治理活动,就是自觉发挥道德这种价值存在的作用,以制度的和教育的方法,对政治国家的成员施加影响的活动,这个影响活动的对象就是社会成员的人生价值目标。公共权力采用道德治理的手段实现社会秩序,就不可避免地要从所有者的根本利益出发,认识其阶级的价值目标,这个价值目标往往以某种社会政治理想作为表现形式。在看到道德具有重大的社会作用的同时,也必须看到道德发挥作用的性质并不都是一样的。道德发挥作用的性质与社会发展的不同历史阶段相联系,由道德所反映的经济基础、代表的阶级利益所决定。

(一)依靠道德治理的效用促使良好社会风尚的形成

道德治理可以形成一种良好的社会风尚,在这方面,实际上是要求道德治理为中国特色社会主义思想道德体系提供合适的生长条件和生长点。

1. 在现有法律框架下,法律成为最起码的道德

道德治理是公共权力以道德对社会制度和社会成员加以全面影响,实现社会秩序的活动。对于公共权力行使者而言,其最基本的政治道德就是法律至上的精神。忠于国家法律,不徇私情,刚正不阿,这是法律至上精神的具体体现,也是对公共权力行使者最起码的道德要求。法律是维护社会公平正义的最后一道防线,法律面前人人平等是大家都熟悉的一项重要法治原则,由于种种原因,许多法律都规定了一个弹性,相关执法人员有一定的权限来行使自由裁量权。律师本来是最大限度地运用法律武器来维护当事人的合法权益的,如果律师和法官一起徇私舞弊,公平正义的法律防线也就崩溃了,法律成为他们捞钱的工具,公平正义成为他们徇私枉法的遮羞布。对有利可图的案件,就找尽一切理由一拖再拖,想尽一切办法难为当事人。法学界常说,一个错误的判决比一百个正确的判决影响大得多。执法一旦成为一种产业,社会成员就会失去应有的尊严,在利益的驱使下,一些执法人员私设收费名目,任意提高收费标准,甚至为了达到“创收”的目的,采取一些不当手段,盲目乱收费,中饱私囊。

国家利益至上是对公职人员道德要求的重要方面，公共权力行使者是接受民众委托而行使管理公共事务的权力，只有依法履行管理职责的义务，而不利用手中的公共权力为谋取一己私利的特权，才是公共权力行使者所需要具备的道德自觉。公民利益至上是公共权力行使的出发点和归宿，公共权力行使者必须树立公民利益至上的观念，在其具体公务活动当中，不仅依法行使权力，而且要以实现公共利益最大化为最高目标。

对于社会成员来说，是否能够做到知法守法是在法治社会建设、和谐社会构建过程中不得不提出来的一个重要问题。党的十五大提出的依法治国，建设社会主义法治社会和十六届四中全会提出的“构建社会主义和谐社会”这两个目标，都要求实现法治，这些都需要社会成员的知法守法意识和能力的提高。造成人们知法守法意识淡薄的原因很多，在法律与道德、法律与权利等发生冲突的时候，以情代法、以权代法的情形并不少见，无形中损害了法律的功能。在这一现象背后，更主要的是历史文化根源在作祟。在现实社会中，很多人都对法律采取了功利的态度，当法律能给自己带来利益的时候，则要求按法律办事；当需要履行法律义务的时候，就会回避法律，甚至违背法律，使法律的权威受到挑战。建设完善的法治社会，必须要培养社会成员的法律意识和权利意识，通过法律治理与道德治理的相互结合，使之成为最基本的法律底线。道德治理作为一种治国方略最终要诉诸全体社会成员道德品质的提高及其道德理想的实现，道德治理的实行必然要归结为道德教育的繁荣，良风美俗的兴起。只有这样，社会成员综合素质的提升才能成为道德治理真正实现的目的。

2. 创造良好的社会环境是实现道德治理的一个功能

道德治理作为一种国家治理的治国方略，在社会历史的发展中发挥着重要作用，同时也随着人类社会的不断发展而与时俱进，创建一种全新的道德制度，营造有利于施行道德治理的制度环境。道德治理方略有其自身的运行规则，因而它必须也有一系列制度体系来支撑，因为社会制度建立的基本规则支配着道德治理制度的根本方向。道德治理方略的实施，依赖于党和国家制度当中所体现的道德要求，依赖于社会制度的日臻完善和创造有利于道德治理的大环境。

道德治理的一个功能就是要为本身提供更多更好的道德治理的执行者，创造道德治理所需的社会环境，预防和抑制在制度运行中出现的不利因素。

马克思揭示出道德是由社会经济状况决定的，他在肯定道德具有阶级倾向性的同时，也充分肯定了道德存在着民族差别。他明确反对“道德世界也有凌驾于历史和民族差别之上的不变的原则”的观点。这表现在对制度进行道德治理的过程当中，需要兼顾不同民族传统的影响力量。简单的制度移植不能取得成功。正如弗朗西斯·福山所说：“正规的法律和强有力的政治和经济结构与制度尽管十分重要，但它们自身却不足以保证现代社会获得成功。”制度的发展始终要依赖某种共享的文化价值观念才能起到恰当的作用。① 因而，道德治理表现在对制度道德化的构造上，只有实现与民族传统文化的融合，才能够达到公共权力治理活动的目的，但并不排除共同生活规则的存在，这种共同规则是人类文明发展的产物，是执行由一切社会性质产生的社会事务所必需的。

作为社会主义国家，以人民利益为归宿、以和谐社会为目标的社会治理活动更是人的全面发展的政治保障。和谐社会首先要求是一个政治稳定的社会，其中经济稳定是基础，政治稳定是根本，思想稳定是保证，社会稳定是核心。我国社会主义社会的公共权力治理活动的目标就是依照社会主义的本质要求，通过法律的、道德的手段，协调社会利益关系，解决社会矛盾冲突，他律、自律相结合，形成平等友爱、融洽相处的社会秩序，充分发挥每一个人的积极性和创造性，实现社会主义初级阶段的人的全面发展的目标。

（二）通过社会成员的价值认同提高社会治理的效果

人类社会总体上是一个不断进步的过程，社会的每一个发展阶段都是对前一阶段人类文明成果的扬弃，从人类价值目标的意义上考察，历史就是一部人类逐步摆脱对异己力量以来的关系，日渐占有自己本质，从而成为真正意义上的人的过程。“道德的本质是一种价值。”②它在个体生活和群体生活中，给人们指出什么是理想的和应当做的。它与事物的价值、社会政治的价值不同，属于精神的价值，具有精神价值的特征。

---

① ［法］弗朗西斯·福山：《人类本性与社会秩序的重构》，中国社会科学出版社 2002 年版，第 12 页。

② 罗国杰：《伦理学》，人民出版社 1989 年版，第 327 页。

1. 价值目标决定着社会成员行为模式的内在动力

公共权力与道德在政治作用上的同样功能，指的是政治和道德都是调整社会关系，实现社会秩序的基本活动。公共权力与道德在价值取向上具有相对的一致性。马克思主义认为，“价值”这个普遍的概念是从人们对待满足他们需要的外界物的关系中产生的。① 从历史发展的视角来看，人类社会的政治理想与道德追求密切相关而且相互制约。政治与道德是人类生活中两个密切相关的价值领域。②公共权力是政治的核心所在，所有政治活动围绕着公共权力的政治和道德观念方面的内容展开。价值反映着主客体之间的关系，是客体能够满足主体生存和发展的需要的一种性能。这种性能是潜在的，只有在与主体的关系当中才显现出来。一种对象、客体，能满足主体的需要和利益，对主体就是有用的、有价值的，所以，可以把价值理解为客体对满足主体需要的积极意义。

人的活动是有目的的，因而，每个人的行动都有自己的目标，而在所有这些具体目标之上的具有根本性和指导性的目标就是个体的价值目标。个体的价值目标，反映出个体对自身、他人、群体和社会之间相互满足关系的总的看法。对于个体而言，他可能在社会生活当中逐渐自觉地选择了某个价值目标，也可能对价值目标没有清晰的自我意识，只有事实上受到一定价值目标的左右。不论哪一种情况，价值目标都从根本上决定着社会成员个体对其生活状况的评价，成为其行为模式的内在动力。人们按照自己所选择的最高价值目标，自觉、自主地选择生活道路，完成自己应负的人生使命。像个体一样，作为人的共同体的社会也存在着价值目标，这个价值目标就是对人类生存根本意义的认识。

公共权力的道德治理活动，就是自觉发挥道德这种价值存在的作用，以制度和教育的方法，对政治国家的成员施加影响的活动，这个影响活动的对象就是社会成员的人生价值目标。公共权力采用道德治理的手段实现社会秩序，不可避免地要从所有者的根本利益出发，认识其阶级的价值目标，这个价值目标往往以某种政治理想为表现形式。比如《礼记・礼运》记载：“大道之行也，天下为公。选贤与能，讲信修睦，故人不独亲其亲，不独子其子，使老有所终，壮有所用，幼有所长，鳏寡孤独废疾者，皆有所养。男有分，女有归。货，恶其弃于地也，不必藏于己；

① 《马克思恩格斯全集》第 19 卷，人民出版社 1965 年版，第 406 页。

② 万俊人：《现代西方伦理学史》，北京大学出版社 1992 年版，第 672 页。

力,恶其不出于身也,不必为己。是故,谋闭而不兴,盗窃乱贼而不作,故外户而不闭,是谓大同。”这个大同世界就是中国古代社会的政治理想。剥削阶级国家还要把本阶级的价值目标装扮成为整个社会的价值目标。以这个价值目标为标准,通过制度道德化和社会成员道德教育等活动去影响社会成员个体人生价值目标的形成。剥削阶级国家的政治道德是以其剥削阶级利益为归宿的,是为少数人人服务的,不可能为全体社会成员的根本利益。只有社会主义国家的政治道德才有可能以广大无产阶级和劳动人民的根本利益为宗旨。

2. 社会成员对公共权力的道德价值评价和选择决定道德治理的目标

任何形态的政治道德总是服务于一定的政治目标。政治道德的理性基础,实质在于是否有利于政治目标的实现。政治道德并不是一种理想化的东西,它对于政治行为具有强烈的实践性和有效性,政治道德的基本宗旨就是服务于特定的政治目标。中国古代思想家十分重视当政者道德操守对于普通百姓的影响作用,孔子提出:“君子之德风,小人之德草,草上之风,必偃。”①这是对公共权力行使者道德影响力的正确认识。在现代法治国家里,国家公职人员的政治道德代表着国家机构在公众心目当中的形象,极大地影响着社会公众的政治道德和整个社会公德的状况,严格地制约着公共权力维护社会秩序职能实现的程度。

在公共权力机构实施道德治理的活动中,社会成员总是要对公共权力机构的道德价值进行评价和选择,然后才能进行特定道德标准的内化。当社会成员完全接纳了公共权力机构所确认和推行的价值标准,并将其内化为个人的价值目标,成为个人行为内在深层动力的时候,道德治理活动就彻底达到了目的。值得注意的是,价值目标的确立最终只能是社会成员个体独立完成的,所以,社会成员个体认可的价值目标对于其行为有着持久的影响力量。如果公共权力能够通过道德治理有效地将某种社会性价值转化为社会成员个体价值,社会秩序的实现就能够夯实最稳固的基础。

3. 通过对政治、法律制度的塑造而影响社会生活

制度是对人行为模式的规定,制度的整体构成了人选择行为的环境。道德治理活动的一个显著特点就是从公共权力所有者利益所决定的道德价值出发,通过制度的道德化过程,把特定道德价值注入制度中,在制度环境中调整人们的活动,

① 《论语·颜渊篇》。

间接地使人们的行为合乎公共权力主体的利益,从而实现有利于公共权力所有者的社会秩序。道德治理包括社会制度伦理价值建设和公民道德素质建设两个方面。道德治理的根本功能是维护统治阶级的共同利益,道德治理表现为对人们行为柔性的、间接的影响,重在培育社会成员的自觉、自律精神,而不是强制性的规范活动。在现代社会里,道德治理离不开法律的保障,道德治理和法律治理的有机结合才能实现符合统治阶级根本利益的社会秩序。

根据经济基础决定上层建筑的理论,一种社会制度如果与当时的生产力发展水平相适应,就有利于保护和促进社会生产力的发展,促使社会成员在一定历史阶段上获得更多的自由。制度体系的核心部分是基本政治制度、宪法和法律。制度设定了人们活动的范围,在制度规定的范围内,人的活动具有选择的自由,超出此范围就会受到权威的惩罚,制度因此成为调整人们行为和思想的社会机器。制度渗透在经济、政治、文化的各个领域,是对社会群体之间关系的确定,制度把相互交往的人们凝聚成为共同体,形成国家和社会。一个社会的制度环境如何,不仅影响社会的经济、政治状况,而且影响该社会的思想道德状况。对于社会成员个体来说,这些制度的存在是客观的,制度的总和成为社会成员道德活动的外在环境。在一定意义上,社会成员个体道德水平的高低取决于这个制度环境的道德内蕴。从政治制度的视角观察,专制制度是不道德的,因为专制制度的唯一原则就是轻视人类,使人不成其为人。以现代民主制度取代封建专制制度是道德的,原因就在于“民主的道德价值,也是民主本身值得珍视的内在价值,从根本上说,就是使人‘成为一个人,并尊敬他人为人’”①。

社会规范是社会的组织形式,是任何社会生产的必要条件。正式制度是指人们有意识地创造一系列约束人们行为的规则,包括各种组织的规章、协议、国家的法律、政策、条例等政治规则以及经济规则等。正式制度的形成和发挥作用是自上而下、人为强制的结果。非正式制度是指人们在社会生活过程中约定俗成、共同恪守的行为准则,它是人们在长期交往中无意形成的,具有持久的生命力并构成代代相传的文化的一部分,其形成和作用是由点到面,自然演化的产物。非正式制度主要包括价值信仰、伦理规范、道德观念、风俗习惯、意识形态等内容。正式制度与非正式制度相互联系、相互制约。如果没有非正式制度的改变,政治制

① [德]黑格尔:《法哲学原理》,商务印书馆1982年版,第46页。

度的实施将十分不稳定。也就是说，非正式制度可以支持政治制度并为正式制度提供合法性。政治制度只有得到社会认可后，才能发挥作用。

当一个人不能通过正当的途径来维护自己的合法权益时，往往采取诉诸武力等极端行为，导致治安案件、犯罪率不断上升。由于诉讼成本和付出的精力让当事人对打官司望而却步，没权没势的普通百姓只好选择上访，导致社会不稳定，对党政部门都会造成巨大的压力。

罗尔斯说："社会主义原则的主要问题是社会的基本结构，是一种合作体系中的主要社会制度安排。我们知道这些原则要在这些制度中掌管权利和义务的分派决定社会生活中利益和负担的恰当分配。"①这是对道德价值对于制度安排重要性的深刻认识。而公共权力的道德治理活动，恰恰是自觉地将道德原则转化为制度的内在动力，以这种方式潜移默化地塑造了社会成员的心理、情感、思想和行为方式。

需要特别强调的是社会制度的道德评价问题。法律的公正既体现在结果上也体现在程序的公正上，如果法律程序受到人为地干扰和破坏，就很难让人相信在适用上的公正性。例如，在一起项链抢劫案中，见义勇为的英雄成为被告，抢劫项链的犯罪嫌疑人的家属成为原告，理由是谁犯法了由法律来处置他，他应有的权利还要维护，其他人就不要管了。这件事激起民愤，由此产生了对正义的挑战和对法律之外的道德规范作用的思考。

在社会主义国家里，构建制度的道德价值观念以促进人的全面发展为根本价值要求，以为人民服务为核心，以集体主义为基本原则，不但会实现全体人民的利益和意志，而且通过制度对社会生活的规划，促使人们在社会实践活动中，感受和内化这些社会价值观念，从而促进人们良好品行的养成。实践证明，自觉体现社会主义道德观念的制度是促成社会主义道德建设，培养社会主义公民的推动力量。

（三）道德治理的说服力和引导力促进人们自律其政治行为

公共权力是以国家的强制力量为后盾来治理国家的，道德治理的实现却不是依赖国家的强制性力量，而是通过柔性的道德教育和道德舆论的作用过程来完成

① ［美］罗尔斯：《正义论》，中国社会科学出版社1988年版，第50页。

的。道德教育表现为道德的说服力,道德舆论表现为道德的引导力。公共权力开展道德教育,调控道德舆论,从而非强制性地、潜移默化地培养社会成员的道德人格、规范社会成员的道德理想,这是道德治理政治活动的一个显著特点。

1. 道德教育的说服力强调的是对个体施加道德感化

道德教育的说服力是通过启迪人们对公共权力机构道德的认可和接受,激发社会成员萌生对这种道德的接纳情感,强化人们恪守这种道德的意志等路径,最终使社会成员自觉地以合乎于公共权力机构道德价值目标的道德人格。道德教育能否达到影响社会成员的目标,教育者的实际道德水平的作用非常关键。背离所传播的道德规范的教育者,其教育活动是无法影响其教育者人格动力结构的。作为公共权力道德治理活动的道德教育,不仅对专门从事道德教育的人提出了道德楷模的要求,而且还对公共权力执行者,即国家党政机关工作人员提出了成为道德楷模的要求。我们尤其不能忽视的是,在一定条件下政治上层建筑对经济基础所起的反作用。毛泽东同志指出:"生产力、实践、经济基础,一般地表现为主要的决定作用……然而,生产关系、理论、上层建筑这些方面,在一定条件之下,又转过来表现其为主要的决定的作用,这也是必须承认的。……当政治文化等等上层建筑阻碍着经济基础的发展的时候,对于政治上和文化上的革新就成为主要的决定的东西了。"①教育是促人向善或向恶的具有决定性作用的条件,道德教育就是为社会成员道德人格发展提供外部条件,没有道德教育,社会成员道德人格生长就处于失控状态。而公共权力道德治理所实施的道德教育,是一种有计划的、有组织的,目的性明确,组织过程系统的活动,因而有利于社会成员道德情感和道德认知沿着特定方向演化。道德教育的目标是促成社会成员道德人格的确立,对个体在道德理性自然生成过程当中加以积极引导,使之成为以道德性为主体,超越对道德规范的纪律约束阶段,实现道德精神的自律。道德教育既具有道德的普遍性特质,又含有独特的规定。作为教育活动,道德教育同样要传授知识,所以,遵循教育的一般规律对道德教育特殊性的理解更为重要,道德教育不是一般知识的传播,它传播的是一种人生观、价值观和社会行为方式。

政治道德是公共权力道德教育的核心内容,与普通公民相比,那些执掌公共权力的官员的行为,其政治性最浓厚,因而更需要政治道德的规范。如果这些人

① 《毛泽东选集》第1卷,人民出版社1991年版,第325页。

的道德人格所表露的是反道德倾向，那么，社会成员是不可能实现对道德的认可和接纳的。儒家对此有着清醒的认识，孔子说："举直错诸枉，则民服；举枉错诸直，则民不服。"①尽管古代思想家对官员的道德高度重视，但封建社会政治制度却无法保障封建社会官员的道德水准。由于历史和阶级的局限性，使得古代中国官吏道德水准远远达不到也不可能达到孔子的道德理想。尽管儒家思想是中国封建社会官方意识形态的主流，而在政治实践的层面上，统治者只不过把儒家仁政理想当作一种愚民工具而已。

2. 道德舆论引导的本质在于提高公民道德的认知水平

道德治理活动就需要主动对舆论进行引导，以形成符合公共权力所有者道德价值的舆论环境，进而发挥舆论对公民道德人格形成的作用，而公共权力以引导舆论的方式实施道德治理的活动，就表现为道德的引导力量。

道德舆论的引导力，突出的是凭借社会舆论环境的影响力，规范公民的行为方式。"从广义上说，舆论是一种控制机制。"②从严格含义上说，舆论是公众关于现实社会以及社会中的各种现象、问题所表达的信念、态度、意见和情绪的总和，具有相对的一致性、强烈程度性和持续性，对社会发展及有关事态的进程产生影响。其中混杂着理智和非理智的成分。舆论是无形的，却是实实在在地存在的，舆论不仅对社会活动发生重大影响，而且与道德的关系密不可分，诚如李普曼所说："舆论基本上就是对一些事实从道德上加以解释和经过整理的一种看法。"③

舆论对于规范人们的行为、协调人际关系、促进人们将道德理念从他律转化为自律，乃至于达到自觉都起着十分重要的作用。公共权力对道德舆论的引导，本质上是公民道德认知水平。公共权力有意识引导舆论走向，以其所有者的道德为舆论价值标准，合乎道德的社会现象的舆论受到褒扬，违背道德的社会现象遭到贬斥，这样的舆论氛围往往对人们行为模式的养成起到持久而稳定的作用。在现代社会里，公共权力对道德舆论的引导主要表现为对大众传播媒介舆论的引导。这是因为现代社会传播技术的进步使得大众传媒具有最大的舆论营造力量。公共权力引导舆论，营造特定舆论环境的实现不是强制性的活动，而需要引导的

① 《论语·为政》。

② 陈力丹：《舆论学》，中国广播电视出版社 1999 年版，第 2 页。

③ 李普曼：《舆论学》，华夏出版社 1989 年版，第 82 页。

艺术,做到营造舆论道德内涵和采取舆论引导艺术的统一。只有二者实现有机的结合,才能够实现道德舆论的引导力与道德教育的说服力,才能够对道德建设起到促进作用。

第四章

国家治理现代化中法律治理问题分析

法律治理是作为法学和政治学的概念而存在的。法律随着人类文明的出现而产生和发展,其本身就和人类不满足于现状而不断追求完美一样而存在着缺陷,法律存在局限性是一种必然现象,于是人类就产生了对法律局限性的认识。法律治理具有一系列的基本内容,每个人都有获得法律保护力量的平等机会,对每个人及团体的权利和自由实行正当的保护等。在现代社会中,国家治理取向以法律治理为主流,但在传统社会向现代社会的转变过程中,国家治理在一定程度上仍然带有道德治理的痕迹,或仍然需要以道德规范的约束力作为辅助手段,以作用于法律治理无法涉及的领域,弥补法律仍需要进一步完善的部分。在这里研究法律的局限性问题,是为了说明法律治理与道德治理相结合之所以能够成为可能,并非对法律的刁难,这也是为了解决法律局限性的一条重要举措和策略,以使法律更加完善和更加适用。

一、国家治理现代化中法律治理的内在局限性分析

法治的实践正面临着越来越多的难题,法治的秩序假设与公正要求,难以在政治操作中兑现。法治的三个环节:立法、行政和司法,也无法保证每个环节的公正运作。以立法而言,每一种立法体制本身都体现了某种价值观,法治只是社会治理的一种力量,是社会有机体的"第一只手",它的缺陷和效用限制呼唤另一种制衡力量。按照马克思主义的经典解释,法律是由国家制定或认可、由国家强制力保证执行的行为规则。这种以"强制力"为后盾的社会制度从社会学的视角看,它的目的是维护社会秩序和保证社会良性运行。在以现代法治社会为建构目标的法治现代化进程中,有着极为特殊而复杂的国情背景和阻碍因素。在现实中,实现依法治国则是一个长期和艰辛的过程,不可避免地会受到传统法律文化、法

学理论、司法体制及过低的人口素质等因素的制约。

（一）历史文化观念及封建道德传统的深层倾向

法和法律治理是实现人的价值需要的工具。需要产生价值，这是一条客观的定律，无论什么事物，都有好坏、优劣之分，一旦为人们所需要，就会产生不同的价值。人的社会生活是复杂多样的，人的需要也是多方面的，法律治理必须能满足人的这些需要，才能体现其合理性的价值。当然，各个阶层、各个人的需要是不同的，我们只能将法律治理定位于社会共同需要的基础上，并以此作为衡量、判断法律治理是否合理的依据。我们知道，在东西方法律史上都有过所谓"人治"与"法律治理"孰优孰劣长期不休的争论，不同的是在东方尤其是在古代中国，法律治理的理念从来没有占据过主导地位，即便在所谓的"法家"占统治地位的时期也是如此。

1. 传统法律文化在现实社会生活中的渗透

人们对法的概念的理解非常宽泛，涉及各个领域和各个行业。"法不禁，则可为"或"法未明令禁止即允许可为"有很大的弹性空间和回旋余地，有人就有可能钻法律的空子，可以找个理由或依据，还美其名曰，打法律的擦边球，合理规避。法律规定不允许做的事情不做，那么，法律没有规定的事情就可以做，都是不违法的，合的什么法？违的什么法？合法与不合法怎么界定，当然是以法律作为依据，但没有多少人能说得清楚，也许就是每个人心中的那杆秤，这就是习俗，是人们在日常生活当中长期以来形成的一种伦理观念，更多的是一种道德的力量。道德相对于法律来说是一种契约，是人们共同遵守的生活信条。如果这个契约被人为地破坏或违背了这种伦理和常识，社会就会陷入混乱的状态。

作为一种制度化制定的法律，在它制定的过程中，必然要受到当时特定历史条件的制约，必然要受到当时人们思想认识水平的影响。中华民族有五千年的文明史，道德传统和法律文化的根基都相当厚重。正如传统文化的负面作用对现代化进程建设的某些方面有着消极影响一样，传统法律文化的糟粕对法治实现的进程亦有着非同小可的阻碍作用，其中影响最大的莫过于坚不可摧的"人治"传统。现代宫廷戏中的"帝王崇拜"变相推崇封建专制的倾向，美化帝王的残暴统治和臣下的卑躬奴性。例如，在宫廷戏中，总是坏人犯上作乱、欺辱平民百姓到了一定的程度，皇帝就出来除暴安良、惩恶扬善，人们拍手称快。尤其是在音乐背景的衬托下,更给人一种大快人心之感,人们就会不自觉地认为皇帝是顶天立地的大英雄,甚至对帝王将相的生活方式产生向往。久而久之,使人们不由自主地接受了其中的思想情绪,对于缺少历史文化知识的普通老百姓的影响相当深刻。殊不知,在中国古代的法律文化中,法律没有权威地位——“朕即法”。皇帝是国家的最高统治者,皇帝之言就是法律。如果说在中国古代还有法律的话,那么皇帝就是制定法律的人,他手下的各级官吏就是执行法的人,守法是老百姓的事。在这种情况下,老百姓对法的概念淡薄也是很正常的事。在西方,“人治”的思想从来没有取得过尊崇地位,倒是“神治”曾长期盛行,两种迥然不同的法律文化传统,对它们各自的后世产生了巨大而深远的影响。因为侧重“法律治理”,西方有了极为发达的倡导平等、民主、竞争的法律机构,出现了影响极其深远的以民法为主的罗马法和法国民法典、德国民法典;同样,因固守“人治”,中国便有了重义务、轻权利、宣扬服从与遵守的发达的刑法典,出现了花样众多、令世人瞠目结舌的严刑酷法。中国两千多年的封建社会历史已经证明,建立在人性善基础上的传统法律制度更多的是以道德规范代替法律制度,我们不能否认,在中国的封建社会里不是没有法律,所谓“国有国法、家有家规”就说明还是有律法的,主要是人的因素占据了主要位置,法律在人们的生活中并不被看重。“中国人民一般是在不用法的情况下生活的,他们对于法律制定些什么规定,不感兴趣,也不愿站到法官的面前去。他们处理与别人的关系以是否合乎情理为准则。”①在这种情况下,法律的权威性大为降低,必然导致对法律的不信任,影响法律权威和机制的建构,进而动摇法律在治理国家中的重要地位,不可避免地为人治主义奠定了基础。②

中国两千多年的封建社会,一直是皇权专制统治,再加上落后封闭、自给自足的小农经济生活方式,“皇权思想”“官本位”等传统观念占据着社会的主流价值导向。在这样的社会背景下,缺少法治文明形成的基础,这就决定了在中国建设现代法治模式的社会将是一个极为漫长艰难的过程。

相比之下,现代法治社会,普遍适用的法律代替了特别适用的法律,独立的法院代替了作为政治附庸的审判机构,平等的契约法代替了体现特权的身份法,人民立法代替了王法。自党的十一届三中全会尤其是“一五”普法以来,人们的法律

① [法]勒内·达维德:《当代主要法律体系》,上海译文出版社 1984 年版,第 487 页。

② 公丕祥:《中国法制现代化的进程》(上卷),中国人民公安大学出版社 1991 年版,第 140 ~ 145 页。

治理观念和意识有了很大的提高，通过一系列法律法规的颁布、实施和广泛宣传，人们的法治意识逐步提高，依法办事、依法行政、依法治国的观念正在逐渐形成。但是，从总体上看，目前存在的主要问题仍然是法治观念和意识的普遍淡薄。30多年来，虽然我们没少出台法律法规，但实践中的违法犯罪现象以及有法不依、执法不严现象屡屡出现，在有些地方甚至愈演愈烈。有人抱怨，环保法已实施多年，但破坏环境的现象却屡禁不止；森林法也已颁布多时，但森林资源却频遭砍伐与破坏；产品质量法虽已实施多年，但假冒伪劣产品却有燎原之势；人民法院生效的判处和裁定有1/4以上得不到执行，这些现象已充分证明，当前我们亟待解决的主要不是十几年前的立法问题，而是如何自觉守法、严格执法、增强人们的法律观念和意识。只要法律没有修改，就必须得到遵守，任何法律规范，不管它有多么严谨和完善，如果不为人们普遍遵守和尊重，它也将毫无实际意义。

2. 落后的法治观念影响着人们对法律治理的追求

在我国社会主义法治化建设进程中，由于传统道德价值观念在人们的意识中长期以来形成的习惯影响，严重地制约了人们法治意识的养成。虽然绝大多数人也都知道，我国现在是法治国家，但真正遇到与自己切身利益相关的一些事情需要用法律来解决的时候，往往又因为自己对法律的理解程度问题，不能很好地运用法律手段来维护自己的合法权益。

法律的施行和取得实效有赖于高素质的社会成员。社会成员的法律素质直接影响到法律的实施效果，因为法律具有一定的知识专业性和应用技术性，各种法律条文纷繁复杂，几乎涉及了人们生活的各个方面，就是法律专业毕业的人员，也只能对某一法律有较为深入的理解，而对于普通群众来说，就显得更加难于把握了。因此，很多人都会认为法律是专业人员，如公检法司人员和律师的事情，在生活中尽可能不与法律发生联系，由此，自然会出现法律认知能力低下的问题，使法律的作用得不到有效的发挥。

当前在普通百姓心中普遍存在担心麻烦、恐惧报复、权利麻木等情况。正如耶林所说的，维权的感受力和护法的实施力①的缺乏对权利被侵犯、法律被践踏所产生的痛楚是需要人们精心培养的。人们受“官官相护”且“多一事不如少一

① [德]鲁道夫·冯·耶林:《为权利而斗争》，胡家海译，载梁慧星主编的《民商法研究》第2卷，法律出版社1994年版，第22页。

事”等思想的影响，而且“忍让”一直作为中华民族的传统美德被提倡、被发扬光大，所以人们在受到不公正待遇时能忍则忍。如果人们的合法权益受到侵犯，首先想到的不是求助于法律，而是寻求权力的庇护，是上访，这不仅会大大加重政府的负担诱使行政权力干预司法，而且最终会使法律在“官”与“权”面前丧失尊严和权威。不仅如此，从法律的角度来看，由于上访是一种典型的无法无序的行为，允许和鼓励它的存在，不仅有悖于法治精神，而且还会助长社会成员不按程序办事的行为，最终激活社会的不稳定因素。当人们需要法律保护自身合法权益时，又有畏法、畏诉、耻诉、厌诉等思想负担，进而选择容忍和非法的“私了”，而不是诉诸法律，这同样是对法律的不尊重，因为法律就是通过严格保护当事人的合法权益不受侵犯而实现自身价值和展示自己权威的，法律形同虚设即是对法律的严重亵渎。

在当前中国实现法治的过程中，因为层出不穷的新问题、新情况，新冲突、新矛盾，值得重视和研究的事情千头万绪，但毋庸置疑，宣扬法治意识、传播法治观念，使人们形成法律意识和观念是重中之重。因为观念是制度的灵魂，是法律制度得以产生和正常运转的指导思想和精神动力。① 每次“两会”期间，都有一些代表提出立法的议案，有一些是高质量的、切实可行的立法动议，也有一些是出于冲动的、夸大法的功效的议案或提案。有些非理性的缺乏深思熟虑的提案，一方面说明提案者的法律素养和参政议政水平还有待于提高，另一方面也反映了人们参政议政的心情，并不能否认立法动议的目的性。无非就是对某些事情感到束手无策，希望通过立法来解决。对于这些提案或动议的理性化程度的要求，不能按司法工作者的要求来确定。

法律知识的匮乏使立法缺乏民众参与的基础，法律情感的期望过高而使社会成员迷失了对法律的科学认识和正确态度，整体社会化水平较低使法律的普遍推行和合理适用变得异常困难，限制执法监督的公开性程度。提高社会成员素质并非一朝一夕的事，法治也不能等到社会成员素质都提高了再去实行，在这种情况下，率先提高公务员队伍尤其是政法队伍的素质就有了特别重要的意义。我国政法队伍从总体上来看存在的问题主要是缺乏必要的业务素质，职业道德亦亟待提

① 严存生：《略论法制观念的现代化》，《法制现代化研究》，第2卷，南京师范大学出版社1996年，第197页。

高,许多政法干部不钻研法律、不尊重法律,不懂得法律的价值和精神,不了解自身的使命,在实践中大量出现的徇私枉法、徇情枉法和枉法裁判现象与此密切相关,这些现象应当引起全社会的高度重视。

3. 偏低的公众法律意识阻碍了人们法律思维的养成

由于中国人传统法律思维方式具有自身的局限性,在走向法制现代化的过程中,我们必须努力实现法律意识的深层结构——法律思维的现代转型。国内外法学界通行着这样一种说法,衡量一个国家是否达到法律治理状态,或者一个国家需要具备怎样的条件才算法治状态的标准或原则有三:一是"有良好的法";二是"普遍地依从法";三是"有确保国家机关守法的权力机制"。这三条原则,如果再能加上一条"有良好的社会成员素质",似乎更能准确地描述一个法治的中国应具备的条件。亚里士多德、孟德斯鸠、卢梭等人在论证法律治理的时候,都不约而同地重视人的素质,这里的因果关系是显而易见的。

我们所实行的法律治理,不是少数人的法律治理,在其实质上它以人民主权为前提,换句话说,是以人民为主体进行的法律的统治,这就对人民这一特定主体提出了前所未有的高标准的要求,而现实的中国仍然是一个文盲半文盲者众多的国家,文化水平低也是影响社会成员接受法律的重要制约因素。现在的社会成员的素质虽说比百年前的近代中国社会有了很大的提高,但距离现代法治社会的基本要求还相差甚远,尤其是在一些比较偏远的地区,由于生产力水平的落后,教育程度的偏低而导致的人口素质的低下,至今还以古老的宗法、神意、村约为治,不仅不知法治为何物,就连起码的一些政策都难以得到贯彻执行,这些情况的存在,严重制约着法治的进程。

严法与厉法都有可能操之过急,就连我们的很多执法部门或机构都在告诉我们,当受到侵害时应如何应对。阻止和预防违法犯罪可能更让人们感到安全,如怎样不买票贩子的票,甚至明文规定从票贩子手中买票等同于票贩子,卖淫与嫖娼同等处罚。只提醒人们从非正式渠道购买药物后如何鉴定真伪,还不如把造假药、买假药的人绳之以法,等等。因此,在法治社会中,对于法涉及不到的地方,法律常常是鞭长莫及的。受外部社会历史文化氛围的影响,我国法制建设起步较晚,人们的法律意识相对比较淡薄,尤其是不能利用法律武器捍卫自己的利益和尊严。正如黑格尔所说:"通过法律意识立法者才能捕捉到时代的精神,并将之反映到法律文件中去。”①

要确保法律能够得到有效的实施，就必须获得法律得以良性运作的社会文化基础，这就是社会成员所要具备的最为基本的法律意识和社会成员较高的思想道德素质。只有社会成员的法律意识与道德素质的提高，才能使法律治理、道德治理以及其他社会控制手段之间形成整体合力，才能使法律治理、道德治理以及其他社会控制手段之间处于相互依赖、相互促进的状态，形成彼此协调互动的运行机制，起到社会调整的作用。因为法律的强制并不能提升社会的精神风貌和人们的思想道德水平，没有道德因素在内的法律也不能真正有效地发挥其内在功能。

在建设社会主义和谐社会中必须坚持依法治国。凡事有章可循、有法可依，社会才会变得和谐，但对于大多数人来说，一生当中，与法律直接发生联系的人并不多，尽管我们生活在一个法治社会中，也许我们所做的一些事中已经违法了，但并没有意识到，作为一个合格的公民，应当是知法、懂法、守法。毫不客气地说，一般人的理解就是不去做不该做的事，不去做危害他人的事，不去做危害社会的事就是合格的公民了。至于知的什么法、懂得什么法、守得什么法，却没有明确的理解。或者说，对法的理解还停留在“应该做什么”、“不应该做什么”的水平上，而这个程度的认识显然不属于法律范畴，而是道德层面的认识。这样，就使遵纪守法与遵守社会道德规范结合到一起了，这也说明二者是相互联系在一起的。如果说一个人从不犯法，但却不讲社会公德，不讲道德，我们不能说他是一个合格的公民，而一个德性很好却犯了罪的人，当然也就不是一个合格的公民了。如果有人认为犯了罪，再有德也不是好公民，这就又转回到了“好人不犯法，犯法没好人”的逻辑思维定势上了。不犯法不等于好人，犯法的也未必就不是好人，二者都不是绝对的，防卫过当、交通肇事、意外事故对人身、社会所造成的危害而构成犯罪的，就不能按好人、坏人这个简单的标准来衡量。真正改变“法”的形象，使其从单纯工具还原为权利的卫士，要做到这一点，我们还有很长的路要走。法律整体态度表现为强调个人权益忽视社会义务，怀疑法律的有效性和抵触法律机关的司法执法行为，甚至将法律作为其他救济渠道行不通后的一个不得已的选择，甚至出现了“炒作诉讼”和“投机法律”的并非个别的现象。这些法律现象所带来的负面效

① ［俄］B. B. 拉扎列夫主编：《法与国家的一般理论》，王哲译，法律出版社 1999 年版，第 182 页。

应和消极作用难免使人们对法律产生偏见,对法律产生怀疑。

以上我们着重论述了制约依法治国的几个因素,当然现实中的制约因素远不止这些。我们指出这些试图说明,依法治国还是一个需要努力去实现的目标,依法治国仍然是一个十分艰辛的过程,它需要我们有足够的思想准备和踏实的具体行动。值得庆幸的是,中国共产党已从国家发展以及国家治理的战略高度清醒地看到了法治对于中国的重大现实意义,只要我们积极宣传教育,让老百姓在现实社会生活中切实体会到法律是广大人民群众根本利益的真实体现,并且认识到遵纪守法是在执行自己制定的规则,就会逐渐形成知法守法的意识,产生一种法律信仰。因此,我们要坚定这样一个信念,只要按照既定的目标持之以恒、坚持不懈的努力,一个法治的中国必将在不远的将来出现。

(二)传统法学理论与政治体制的影响

法律面前人人平等是大家都熟悉的一项重要法治原则,但由于种种原因使许多法律都只是一种弹性规定,正是相关执法人员行使自由裁定权的体现与合法性完全无碍,人性化也很明显。然而,自由裁定权的存在也提出了一个问题,在现有法律框架下如何最大限度地实现法律的公正,实现合法之下的公平,具体到规定法是如何实际操作的可行性。

中国是一个有着几千年封建历史的国家,“非法治”的思想有着无孔不入、潜移默化的影响,在这样一个氛围里建设法治国家其艰辛程度不难想象。为此,有两种倾向我们必须予以足够警觉,一是热衷宣扬古时皇权主持正义的倾向,二是竭力宣传现实“清官”办案的倾向,这两种倾向显然与法治精神背道而驰,它消减了法律的权威。

1. 传统法学理论的桎梏

由于受苏联法学理论的引导和影响,我们在实践中形成了一套自己的法学理论,这套理论至今对我们的影响仍然很大。其最大特点是,只强调法是阶级斗争的产物和统治的工具,否认法自身的精神和价值。

法具有阶级性,这是马克思主义不容置疑的历史性结论。法律是统治阶级进行阶级统治的工具,是实现阶级统治和社会管理的手段。法律是统治阶级意志的体现,就其本质而言,法律是上升为国家意志的统治阶级意志的体现,即法的阶级性。法的阶级性决定了统治阶级通过国家机关立法活动,将自己的意志上升为国家意志,然后运用法律,以整个社会的名义巩固其在经济、政治、文化等方面的统治地位,从而更有效地维护、实现其阶级利益和阶级意志。但如何在不同的社会制度和相同社会制度的不同历史条件下体现这一"阶级性",是马克思主义留给我们思考的重大课题,也是现实向我们提出的不可回避的问题。

长期以来,我们似乎只知道马克思关于"法是统治阶级意志的体现"这一著名论断,很少有人仔细推敲"归根到底,法是由统治阶级所处的物质生活条件所决定"马克思主义这一经典的结论。我们认为,在阶级社会,法的确具有强烈的阶级性,尤其是在两大对立阶级生死搏斗的历史关头更是如此。但是,如果我们在掌握政权的和平时期继续强调法的阶级性,强调法的区别对待,对社会成员人为地设置歧视性规定,那将会从根本上铲除以平等为特点的法治社会的根基。列宁在论述"法定的宪法"和"现实的宪法"的区别的时候有一段话很值得研究和思考。所谓法定的宪法,是指统治阶级通过法定程序制定的书面形式的宪法;所谓现实的宪法,是指一个国家现实的社会经济和政治关系以及现实的政治力量对比。现实的宪法决定法定的宪法的性质和内容,只有当法定的宪法真实地反映现实的经济、政治关系,与现实的宪法一致起来,才能符合社会发展的要求和广大人民的愿望,法定的宪法才是真实的。

目前,我国正处于改革开放的关键历史时期,我们的"法定法"与"现实法"的距离有多大是我们走向法治社会时必须首先考虑的重大问题。在建设社会主义法治国家的征程中,我们不可以拘泥于"法的阶级性"而在立法上故步自封,不去继承和借鉴世界各国相应的优秀成果,更不能以"人民"和"敌人"的区别在执法上分而待之。我们已经迈出了可喜的一步,在宪法上取消"反革命活动"的提法及刑法上取消"反革命罪"的罪名是一个重大的进步。同时,对于"现实法"和"法定的宪法"也要有一个正确的认识,我们当今的"现实法"至少包括市场经济、政治体制改革和全球经济一体化,传统法学理论根本不存在这些情况,现实需要与之相应的法学理论也要与时俱进,在价值观上消灭任何歧视和区别,代之以公正和平等,这是我们在确立法学理论时必须要考虑的问题。在法律面前人人平等的现代法学价值观,必须强调因势而变,全面强调法的正义性、普遍性、客观性和明确性。社会需要合理的秩序,人类需要和谐的生活,这是全人类立法者都必须首先考虑的价值取向。

2. 司法的传统延续性与司法体制的不尽完善

立法不可能解决所有的问题，每天都有违法的事情发生，但人们并没有意识到自己犯了法，因为习惯已经成了自然。违法不等于犯罪，犯罪必然违法。对于违法的制裁与犯罪的制裁有着很大的区别。对于违法者来说，既然没有达到犯罪的程度，当然也要用法来约束。我们很多法律法规的制定和各地方在宪法前提下制定出来的法规又有多大的效力呢？违反交通法、环境法、森林法等的制裁可轻可重，而又以轻为主，以罚为辅。这样就使很多违法事件大事化小、小事化了，在保证社会稳定、寻求和谐社会、促进社会发展、尊重人权等的关照下，许多违法的事情都可以在没有造成重大社会影响和危害的解释下得以缓解了。

实现依法治国，需要我们大力推进政治、经济、文化体制改革。在这些改革中，具有神经中枢地位的是对传统的司法体制的改革，它直接制约着建设社会主义法治国家的进程，它也是诸种改革中最敏感的部位。从 1954 年起，我们就尝试进行了司法体制的改革，一届人大通过的《人民法院组织法》和《人民检察院组织法》分别明确规定：人民法院独立审判、只服从法律；地方各级人民检察院独立行使检察权，不受地方国家机关干涉。但时至今日的近半个多世纪以来，除了在现行宪法及相关法律上再次确认上述原则外，我们在此问题上并无多大建树。实践中司法机关的审判和检察活动依然受到各方面力量的干涉和影响，法官和检察院的上司有政法委、人大、上级司法机关以及政府，等等。

事实上也正是如此，在当前的司法实践中，各个级别的党委书记、行政首脑亲自出马、批示办案的情况比比皆是，有些地方的法院院长和检察院检察长竟被定期叫到县(市)委或政府去“汇报”一些正在审理中的具体案件的进展情况，并进而被指示如何具体运作。还有个别地方，党政领导甚至亲自提审犯罪嫌疑人，这些现象的出现，并不全是因为我们的领导干部缺少法治意识，不懂得司法程序，这里，司法体制的弊端是显而易见的。我们的司法体制，从纵的方面来看，不实行垂直领导，无直接的责任机关和责任人。从横的方面来看，既缺乏有效的分工和监督，又缺乏相应的法律保障，司法机关的人、财、物被条块分割、数方牵引，司法机关难以独立行使职权。经常看到有新的法律出台，给人的错觉是法律法规制定的越多，违法犯罪的事情就越多，法律法规制定的速度与各种违法犯罪的数量同时增长。我们不能总是归咎于法律法规还有不健全的地方，还有许多新出现的问题和情况，还需要进一步完善。一些特殊情况出现以后，想治理，无法可依，现制定法律肯定来不及了,结果只能抓紧时间制定新的法律。等新法律出台了,不是不适于已发生的,就是过了有效期。这个"空间地带和时差"足以让钻法律空子的犯罪分子有足够的时间去谋取不义之财了。这样,就进入了这样一个循环,有新出现的违法犯罪案件就制定新法律,新法律制定出来又有新的犯罪发生,就再制定新法律,这几乎成了立法的规律。

当然,我们并不是说不要党委的领导,也不是不应接受人大和上级司法机关的监督,问题在于,如果党委对司法工作的领导,不是仅从路线方针政策的角度,不是仅从配备、教育和监督司法机关干部的角度,而是从直接参与或干预案件的角度;如果人大对司法工作的监督过分热衷于个案;如果上级司法机关的领导不按程序进行;如果政府把自己对司法机关的财权变成一种进行干预的砝码;如果上述领导或监督均无法可依的话,那么司法机关就谈不上任何的独立行使职权,法律治理就难以有起码的体制保障。

司法公正是社会安定的基础,一次不公正的(司法)判决比多次不公平的举动为祸尤烈。① 改革司法体制不仅是建设社会主义法治国家的必需,而且也是稳定社会的必需,我们必须深刻地认识这一点。尽管我们说社会主义法治高于资本主义法治,这在于立法权高于行政权和司法权,这也是两种社会制度在权力问题上的分界线。但实际上,在社会公共权利的效用上,在社会管理的需要上,以及历史发展延续下来的惯例上来看,实际的权力还是集中在行政权上,这也是我们为什么要努力建立健全社会主义法治国家的一个重要原因。

(三)法律治理万能主义和法律治理虚无主义的影响

法律局限性问题是自法律产生以来一直困扰着人们的难题。由于法律及其运作存在着自身难以克服的诸多局限性,因而我们在肯定和强调法律乃是现代社会最具权威和效率的社会调控手段的同时,需要理顺法律运作过程中的各种社会关系,运用社会综合控制手段矫正法律的局限性。

1. 法律的作用常常被无限地夸大

法制永远都是有缺憾和局限性的,法律也不具有绝对的普遍适用性。当然,也不是所有的社会问题都可以转化为法律问题。可以假想一下,如果我们每天所

① [英]培根:《培根论说文集》,商务印书馆 1983 年版,第 193 页。

要做的事情都有一个法律条文作为尺度在衡量我们,这就如同机械的运动。而且人的思想、希冀、热情和浪漫根本就不可能在某一模式的控制之下,也可以说人在兴奋的时候,是思绪乱飞,随心所欲地自由畅想,人的行为可以管理,可却控制不了人的思想。在每一个思想后面都有可能有接踵而来的行为。而人在失意的时候,又会感到一片灰蒙蒙,感到四处杀机潜伏,神经高度紧张或过度懒散,在这种情况下,人的行为就有可能出现过激、躁动不安等状况,绝不是某些条文所能限制和控制的,它们的边界根本就没有或不存在。

法律治理在人类历史上的出现,是人类走上文明的标志,也是保证人类文明传承的重要手段之一。法律治理对任何一个社会来说都具有重要的作用,尤其是在当代中国,实行法律治理是我们进行社会主义现代化建设的理性选择。

法律及其调整手段所固有的局限性,决定了仅靠法律运行是难以对整个社会系统进行有效调控的。所以,对于过去那种摒弃法治、否定法治功能的法律虚无主义思想,我们固然要从根本上予以批判,但那种认为有了法律就可以万事大吉,只要实行了法治就可以解决一切社会问题的思想同样是非常幼稚和有害的。事实上,过分依赖法律治理所带来的负面影响和社会病态已引起了西方社会深刻的反思。海外学者余英时就曾指出,西方法律治理观念已经给西方社会带来了过度发展的个人主义、漫无限止的利得精神、日益繁复的诉讼制度、轻老溺幼的社会风气、紧张冲突的心理状态①等不良影响,上述现象均属社会病态而决非现代社会所要追求的目标。

作为控制社会和调整社会成员行为的主要手段,法律的作用却常常被无限地夸大。事实上,人类的法制史已充分证实了,法律的作用是有限而不是无限的。对此,有的学者曾有过深刻的论述:①法不是调整社会关系的唯一手段;②徒善不足以为政,徒法不足以自行;③法律的抽象性、稳定性与现实生活相矛盾;④法律所要适用的事实无法确定。② 同样,在当代西方,也有不少学者对法条主义的僵化、教条、缺乏对人性的关怀等方面展开了广泛的批判,转而强调道德对法律的补充作用。

强调法律不是万能的观点绝不是任意夸大法律的缺陷、弊端和局限性,将法

① 余英时:《中国思想传统的现代诠释》,江苏人民出版社 1998 年版,第 4 页。
② 沈宗灵:《依法治国,建设社会主义法治国家》,《中国法学》1999 年第 1 期。

律说得一无是处，这样考虑就有可能倒退到人治主义和无法状态的老路上去，为反法治主义提供理论根据。而对法律局限性这一客观存在的事实视而不见，略而不谈，甚至将这一理论与反法治主义相联系，就难以发现法律中客观存在的种种不足和问题，而导致立法难以完善，法律就难以进步和发展。

除了法律以外，调节人类行为方式的途径和方法是多种多样的，如道德、理想、精神、信念都可以使人产生约束自己行为的思想基础。法律的功能和局限性决定了它不能直接用于控制人的精神，也不可能形成一个强制的精神秩序。法律完美主义的缺陷在于，凡事都用刚性的法律条文予以界定，试图把纷繁多样的社会生活理想化，将错综复杂的社会事务条理化，将法律的边界功能无限化。

法律和法治应当恪守"有所为，有所不为"的原则，通常只覆盖那些必须且应当由法律和法治来分配的社会利益、调整的社会关系、规范的社会行为，此外的社会利益、社会关系和社会行为应当尽可能地由其他社会规范来分配、调整和规范。法律和法治既是社会文明的标志，又是建设社会文明的重要手段。法律和法治以什么方式进入社会生活领域，也应当符合文明发展和人类进步的要求。总之，我们不能因为法律治理的局限性而否定法律治理调整社会生活的主导性，对法律治理作用的正确态度是既要反对法治虚无主义，又要反对法治万能主义。道德治理属于政治统治的手段之一，在特定条件下，作用不亚于冰冷的法律。建设社会主义法治国家，走法治化道路是我们的选择，但不是走法律极端主义的狭路。

2. 法律工具主义不利于促使民众法律信仰意识的形成

法律工具主义一直被一些执法部门奉为法宝，在这样的文化传统下，人们更多地是服从既定的法律、法规。受其影响，人们也已习惯于将法律视为一种工具和外来的强制力量，并没有内化为自觉的行为准则，只是一种不得不接受的硬性的法律规范，无法对法产生亲近感和认同感，更谈不上对法律存在任何的信仰。人们总是赞赏能捉老鼠的猫，猫是等到老鼠出现后再去捉，而不是主动找老鼠去捉。如果老鼠灭绝了，养猫防鼠也就没有实用价值了，猫也就变成人们的宠物了。按照自然生物链的原则，这种假设是不成立的，如果老鼠灭绝了，猫也就不存在了。

中国传统法所强调的是君臣、父子、兄弟、夫妇、长幼、贵贱、尊卑、亲疏之间的不平等的关系，各朝法律无一例外地如此规定。对于普通百姓而言，法律绝少涉及现代社会所关注的个人的基本尊严和基本权利，只不过是许许多多应该无条件遵守、服从的规则，根本没有任何选择和质疑的余地，法律只是统治者手中的一种工具，最终培育了“忍为上”“和为贵”的心态，必然带来民众的盲从的负面效应，成为我们民族心理中劣根性的重要一面。这种情况说明了愈是法律化，政治与伦理愈和谐；君权、父权、族权愈强化，个人的法律意识与权利观念愈淡薄。4000 余年的中国法律历史就是沿着这样的轨道发展的。① 这种法律观念历经几千年积淀已经形成了强大的历史惯性，它的影响至今仍然根深蒂固地存在着。

从严格意义上讲，中国人的传统社会观念还是根深蒂固的，在向现代社会转型过程中，很多新情况、新问题经常出现。在中国，不能否认我们是一个熟人社会，凡事找熟人，看病找熟人，工作找熟人，买房子找熟人，打官司更得找熟人。不可否认中国人的法制观念是相当淡漠的，大量的事实可以证明这一点。其中有很多原因，对法律的畏惧感，不论有理与否，谁也不愿意去打官司。在中国人的传统观念中，总是认为打官司的没好人，就是你有理也会认为你多事。一些棘手的事拖了好几年，等胜诉了，可耗费的时间、精力和金钱远远要大于所获取的利益，如果判决无法执行，或执行不到位，那就更惨了，正所谓赢了官司赔个精光。

日本法学家川岛武宜认为，守法精神的形成关键在人要有守法的愿望和动机，而这种愿望和动机又缘于人们对法的信仰。他说：“说这种动机基础是人格因素的一个部分，绝不等于说它是天生就有的。它不过是通过灌输（社会学家所谓的社会化）被固定在个性之中的东西，因此它如果没有灌输这种社会性的相互作用过程便得不到产生，而且这种灌输如果没有社会的人们期待和要求，这种动机基础的价值观也不可能得到实现……它如果在社会中得不到某种程度的普及，近代法就不能在现实中形成社会秩序并维持社会秩序。”②即使在现代法治的今天，这种消极影响仍然广泛地存在于社会主体的意识之中，支配着他们的行为，这种状况严重阻碍了中国迈向法治社会的进程。

3. 法律的稳定性无法涵盖社会生活的全部

法律的治理必然是有效率的，法律也必然是冷酷无情的，但它依然会经常遇到难以处理的尴尬的案子。如卢梭说：“要为人类制定法律，简直是需要神明。”③每一个法庭都会遇到过法律以外的难题，由于法律在很多具体问题上没有给出明

① 张晋藩：《中国法律的传统与近代转型》，法律出版社 1997 年版，第 39 页。

② ［日］川岛武宜：《现代化与法》，中国政法大学出版社 2004 年版，第 76 页。

③ ［法］卢梭：《社会契约论》，何兆武译，商务印书馆 1980 年版，第 53 页。

确、具体的规范,法官只能按照自己的理解,结合自己的专业知识来判决案子,这样,同样是一个案子,在不同的法官那里就有可能出现不同的判决结果,当事人对此不服,由此引发上告、上访等问题,造成执法成本的上升,同类案子也因此而不断增长。

在强势与弱势的博弈中,需要国家的公共权力运用法律的杠杆作为维护正义的基石。法律是对统治阶级的根本利益和有利于统治阶级的社会秩序的肯定,统治阶级如果不是为自己的特殊利益是不会轻易允许废除和改变法律的。法律作为肯定现存利益关系的工具,当变更某些利益关系时,往往会遭到现有利益者的反对,这些都构成了法律发展的阻力。同时,作为一种设定人们权利义务的制度,法律也必须具有稳定性,这是树立法律权威的必然要求。鉴于此,亚里士多德告诫人们宁可忍受不合理的稳定的法律,也不要随便任意改变法律。然而,法律所调整的社会生活中的各种利益关系却是不断发展的,而且社会关系的发展往往比法律的变化快,立法者对此极难做出敏锐反应。这样便产生了法律的稳定性和社会发展的矛盾。"法律必须是稳定的,可是它又不能静止不动。因此所有的法学家都为了协调法律稳定性和法律变迁性而苦思冥想。"①

由于法律具有稳定性,使法律不可能对千姿百态的社会生活全部涵盖,因而再完备的法律也存在真空和漏洞。法律并不能解决所有的社会问题,是说"徒法不足以制天下",除了法律治理,还应有道德治理,从来就没有单靠法律治理就能解决一切问题的说法,这样讲,根本没有反对法律治理的意思。亚里士多德认为:"法律确实不能完备无遗,不能写定一切细节。"②在法治观念已深入人心的近现代西方社会,法学家们对法律局限性的认识无疑是其理性思考的产物。美国学者埃德加·博登海默指出:"尽管法律是一种必不可少的具有高度裨益的社会生活制度,它像人类创建的大多数制度一样也存在某些弊端。如果我们对这些弊端不引起足够的重视或者完全视而不见,那么我们就会发展为严重的操作困难。"③

---

① [美]罗斯科·庞德:《法律史解释》,华夏出版社 1989 年版,第 1 页。

② [古希腊]亚里士多德:《政治学》,商务印书馆 1965 年版,第 171 页。

③ [美]埃德加·博登海默:《法理学——法律哲学与法律方法》,邓正来译,中国政法大学出版社 2004 年版。

二、国家治理现代化中法律治理的外在局限性分析

法律作为现代社会生活的一种制度,普遍被大多数国家所接受。任何一种事物都有其优点和缺点两个方面,毫无疑问,法律作为一种人定制度有其自身的缺陷或者所谓的局限性。正确认识法律治理作为一种治国方略有其合理性,也有其局限性,正确认识法律治理本身的缺陷和其治理范围的有限性,理解其局限性并加以正确对待,发挥其功能和对社会产生的作用。法律治理的外在局限性是一种客观局限性,具有事实的性质,研究法治社会中法律治理的局限性不仅仅是为了强调道德治理的重要性,而是为了使法律治理更加完善,使法律治理更加走向理性和成熟。

(一)法律自身存在的时滞性与快速发展的社会之间的困惑

法律的形成和发展有其特殊的规律性,既表现为法律治理与社会经济状况的相互作用,也表现为它自身内部诸要素之间的协调一致,相互促进。在现行法律的前提下,更多地实现法律治理是一种普遍的要求。法律治理并非强调政府要维护和执行法律及秩序,而是强调政府本身要服从法律制度,不能无视法律滥用权力,不能通过修改和重新制定新的法律法规来维护特权。

1. 成文法的滞后性不能适应社会经济迅速发展的客观要求

现在,人们对于立法抱有太多的期望。应当说我国的法制建设已经取得了长足的进展,可层出不穷的各方面问题使立法总是滞后于现实,也可以说,这种立法是“事后法”。即当某一事件发生后才有可能以相应的法律条文来约束,而且有很大的弹性,法律的保守性决定了法律必须是一种稳定明确的规则体系。由法律保守性所产生的这种稳定性不可避免地要与不断变革的社会经济发展产生冲突,由此而产生了法律稳定性和社会经济发展的矛盾,致使法律跟不上社会发展要求而产生一定的滞后性。美国法律哲学家埃德加·博登海默曾指出:“法律的缺陷部分源于它所具有的守成取向,部分源于其形式结构中所固有的刚性因素,还有一部分则源于与其控制功能相关的限度。”①法律思想家贝·贾维对法律的缺陷做

---

① [美]埃德加·博登海默:《法理学——法律哲学与法律方法》,邓正来译,中国政法大学出版社2004年版,第419页。

了深刻的分析，他指出："法律存在真实本质和真实作用的矛盾。就真实本质而言，法律反映变化着的社会现实，适应着现实发展的要求，这样看它是进化的；而就其真实作用看，法律作为社会关系的表现形式，对产生它的社会环境也起着稳定性的作用，加强并捍卫各种既定秩序，排斥任何可能危及秩序的变革，就这点而言是保守的。"法律的稳定性与社会生活的变化性总会产生碰撞，因而出现"时滞"问题。法律的运行不是靠自律与说教，而是在要求社会成员自觉守法的同时，以国家强制力作为保障和实施的重要后盾。正因为法律有了以国家强制力作为保证的外在约束功能，成文法才能对社会成员的行为和利益关系进行调整。问题在于在法律运行过程中对国家强制力和对人的依赖，仍然不可避免地会使法律的实际运作效果与其预期目的之间产生一定的差距。当这一问题不能及时得以纠正时，在一定情形下，法律治理所依据的规范就可能会成为社会进步的障碍。

法律是经过历史传统慢慢形成的，是由人制定的、成文的，它的条款是可数的，而现实中可能发生的情况是不可数的。所以，法律不可能就现实可能发生的所有情况都做好规定，法律只能在一定的范围里面规定什么是不可以做的。因为法律从来不能用来确切地判定什么对所有的人说来是最高尚的和最公正的从而施予他们最好的东西；由于人与人的差异，人的行为的差异，还由于可以说人类生活中的一切都不是静止不变的，所以任何专门的技艺都拒斥针对所有时间和所有事物所颁布的简单规则。①

法律作为用语言文字进行表述的价值理念和行为准则，立法者运用法律专业概念、判断、逻辑、理论以及其他立法技术工具所制定的法律，不可避免地可能会使司法者、执法者和守法者因对法律语言表述理解的不同而产生歧义或误解。文字虽为表达意思的工具，但究系一种符号，其意义须由社会上客观的观念定之。②作为法律载体的人类语言具有有限性，而法律表述得越明确具体，它对复杂社会的适应能力就越差。制定法不仅具有上述语言文字方面的缺陷，而且立法不可能是万能的，即使是立法者字斟句酌地制定出最完备、最周全的立法，也仍然会存在诸多的不足与漏洞。当然，任何立法都不可能做到完美无缺，特别是在社会持续变迁的过程中，由于法律自身所具有的相对稳定性使它经常因不能适应社会发展

① ［古希腊］柏拉图：《政治家》，黄克剑译，中国青年出版社 2002 年版。

② 郑玉波：《民法总则》，台湾三民书局 1979 年版，第 39 页。

和时代变迁的需要而及时做出调整,以弥补其自身的滞后性。

中国历来是一个具有成文法传统的国家,对成文法的期望值很高,在司法活动的实际操作上,只要法律有明文规定,法官的判决就有了可依赖的依据,但对于法律没有明确规定的突发事件就很难办理。由于多方面的原因,我国长期以来过于依赖成文法,对其局限性的认识比较模糊,由于体制的大幅度转换,社会生活日新月异,很多社会关系和位置都发生了相当大的变化,原来制定的许多法律如《行政诉讼法》等都不能适应新形势的需要,出现了一些立法空白。就是 20 世纪 90 年代中后期甚至最近几年制定或修改的一些法律如《刑法》《婚姻法》等基本法律也有相当部分已不能适应目前的发展需要,使处在社会转型期的我国现阶段成文法的局限性、特别是滞后性表现得较为突出,而克服成文法的局限性特别是滞后性的手段和能力如前所述又较为有限,大量疑难案件无法解决。

2. 法律强调违法之后的惩罚具有事后性

立法的基础和其他社会规则一样,都是把人看作是有理性的人,也就是说,人是会对自己的行为负责的。为什么要立法,这是一个非常简单的问题,那就是社会需要规则,拥有一个人们共同遵守的规则。由此可以得出这样的推测,法律在颁布之前,社会总是无所适从。

世界上没有绝对完美而无缺的事物,而不完美与不平衡正是推动事物不断向完美进化的强大动力。人类对于产生并存在缺陷的事物的认识本身就存在不足,这种不足主要是人的发现与认识总是在事物的产生存在之后。法律来源于人类对于客观事物的认识,是人类在认识了的客观事物的现象与本质之后,以规制的表现形式形成的文字,强调的是违背客观事物的现象与本质之后的惩罚,具有事后性。所以,单独依靠法律治理,只能急于"修补"社会,不能进行事前教化;只能惩治恶人,不足以鼓励善行;只能震慑他人,不能实现道德自律;只能中断犯罪活动,不能弥补已经产生的社会损失等。

看问题要一分为二,这符合辩证法的原理,依据辩证法看问题也总是让立法者考虑的太多,落实到具体的文件上又给律师们留下了太多的空间,历来"公说公有理,婆说婆有理"也让律师们找到了淘金的机会,如果立法无懈可击,我们就不需要律师了,或者说,他们的任务就只能是宣讲法律法规,也就不可能有什么名律师、大律师产生的根源,立法的健全就可能让律师失业。法律治理还意味着对义务和权利的确认,法律通过对人们的权利和义务的双向规定,形成了法律特有的调整机制,法律只要规定权利就必须规定相应的义务。各种不同的权利具有不同的来源、性质和要求。对于个人而言,其所享有的基本权利并非法律赋予的,而是在具体的法律条文中得到确认和保护的。即使在没有建立法律制度的国家,人民也同样应该享有这些权利,只是因为没有法律保护而被剥夺了而已。这些权利是人民根据法治的原则所应当享有的,制定法律的重要原因之一就是保护这些权利,这些权利不因有了法律的保护而存在,也不因没有法律保护而丧失。

律师的辩论导向不仅可以影响到当事人,也可以甚至很大程度上影响陪审团对案情的判断。为什么要建立三审制度,无非是为了避免判决的不公正,绝对的公正在“事出有因”的前提下是很难让每一个知情人都心悦诚服的。法律只能对那些已经发生的行为性质进行事后判断,对其所产生损害性后果进行物质替代性、象征性或精神性的事后补偿。法律所设定的各种补偿、惩罚与救济手段,尽管在一定程度上可以恢复曾遭破坏的社会秩序,从某个角度说也能够给受害人以一定的物质补偿和心理慰藉,但它却不能彻底弥合违法犯罪行为给受害人所造成的创伤与痛苦,不能完全弥补已经遭到损害的受害人的全部损失并使其实现恢复原状,而只能尽可能使受害人的损失减少到最小。

法律作为一种事后惩罚或补救的手段,或许仍是实现社会正义和公道的最佳方式,这种形式正义的特征证明了法律并不是也不可能是万能的社会调控手段这样一个基本事实,因为法律只是在受到破坏时才成为实际的法律,因为法律只是在自由的无意识的自然规律变成有意识的国家法律时才起真正法律的作用。①它既不能事先阻止违法犯罪事件的发生,也不能控制人们内心的思想变化。只有事情真正发生以后,才能对其判断和裁定。

3. 行政执法人员的素质结构与自由裁量权行使的差异

从更有利于体现法律的本质和人文关怀的角度来看,每一法条都不会用到极限。法律有它柔性的一面,体现的是便民思想,道德是法律的底线,法律是道德的精神超越。不能任何事情都要有法律来规定,而且也不可能凡事都用法来规定。自然界的资源,法并没有完全规范,但并不是说可以为任何人所占有。凡事皆用法,使法走向了极端,就会出现极端法律化问题。

法律治理为社会成员规定明确的权利和义务以及权利的界限和义务的边际,

---

① 《马克思恩格斯全集》第1卷,人民出版社1956年版,第71~72页。

并用国家强制力去保护人们之间的权利义务关系,以防止和制止纷争。① 法律是一种普遍适用的规范,而普适性的规范与现实生活中纷繁复杂、千变万化的个案并不具有直接的一对一的推演关系。普遍的法律规范和个案处理之间总是存在一定的距离,这是法官自由裁量权存在的现实基础。虽然有些行政执法人员接受本专业的正规教育,但未接受系统法律知识教育和培训,同时每个人有不同的善恶标准、价值判断,再加上行政法律、法规条文的模糊性、不确定性,使得同一事件受这些因素的影响,从而产生偏差,甚至认定事实错误或适用法律错误。国家的行政自由裁量权是赋予行政主体的,而具体的操作人员一般都是国家公务员。在很大程度上,公务员实施自由裁量权的行政行为依赖于公务员自己本身对国家法律、政策和法规的理解。高考体育加分问题,由谁来认可和指定,哪一个层级的培训机构有这样的资格。经多方论证,教育和体育主管部门都没有授权给哪一个机构生产等级证书,考生只要获得了相应的等级证书就可以加分,法律上也没有明确的规定应该怎样加分。因为没有法律依据,所以也谈不上违法,属于法律的空白点,但起码违背了教育公平的原则,使之成为有钱人的一种游戏,给少数投机钻营者以可乘之机。

行政自由裁量权是指行政主体所享有的,在法律规定的范围内可以根据具体情况依合法目的和自己意志,自行选择最为合适的行为方式及其内容的一种权力。由于每个法官受教育程度不同,社会生活经验的差异,人际交往范围不同,逻辑思维方式的差异等因素,对同一案件事实的认定,很有可能出现不同的结果。如有些案例两级法院就会出现反差很大的判决结果,主要原因还是两级法院的法官对事实的认定和适用的法律的理解不一致,其中关键是由法官自由裁量权的行使行为差异所决定的。

法律制度与行业规则的缺失不仅容易引起混乱,更不利于社会保障。不管是采用封杀的手段,还是叫停的制止以及不管不问的推诿等,都是不科学、不客观、不负责任的态度。自由裁量权的适用在于对法律条文的适度解释,使复杂多变的社会生活与法律的权威性之间保持一定的张力,针对不同的问题、不同的人、不同的情况,由执法者基于对法律的理解而做出不同的决定,也可以在社会的变动性与法律的稳定性之间维护一定的平衡。法律固有的不足决定了行政自由裁量权

---

① 张文显:《法学基本范畴研究》,中国政法大学出版社 1993 年版,第 260 页。

是不可缺少的,也可以说,自由裁量权对于法律目的的实现具有一定的帮助作用,成文法文本的缺陷或局限性也需要自由裁量权对其进一步说明和补充。自由裁量权是由法官掌控的一种合法的权力,但如何运用却存在着许多值得商榷的余地。《法国民法典》是一部著名的成文法典,它也不得不承认,不可能存在完美而理性的法典,即使一部法典在制定时显得清楚、完备与连贯,也将随着时间的流逝而很快变得陈旧、残缺并与现实脱节。从这个意义上说,任何一部法律都会存在着这样或那样的缺陷和不足,这些缺陷和不足就是执法者行使自由裁量的空间。孟德斯鸠说过:“一切有权力的人都容易滥用权力,这是万古不易的一条经验。有权力的人们使用权力一直到遇有界限的地方才休止。”①在实行法律治理过程中,如果自由裁量权的权限过大,出于利益需要的驱使,就会给自由裁量权被滥用留下隐患。在现实生活中,必须规范权力运行机制,相应地约束行政自由裁量权。英国贵族法官丹宁勋爵形象地比喻:“一个法官绝不可以改变法律织物的编织材料,但是他可以,也应该把皱折熨平。”②这个比喻说明了法官的自由裁量权对于法律缺陷和不足的补充功能。

我们知道,执法犯法、罪加一等,但也只有懂法的执法者更知道如何找出法律的空隙和漏洞,甚至让你找不出任何破绽。执法者的综合素质既可以为严格执法提供条件和支持,也可以为违法者开脱找到更多的理由。自由裁量权的行使,不可避免地渗透了人为的非理性的不公正因素。如果法律不能公平执行,法律也只能是一纸空文,甚至造成百姓怨声载道,危害更大。法官在民事审判时,在证据不足时,法官可以从职业道德、职业素养出发,依照逻辑推理和日常生活经验,从而推断出结果,以确定案件中各方的责任。

法官作为一个法律人,职业道德和法律素养要求他按照法律人的眼光来看待每一位当事人,以合乎常理的推理要求符合法律的精神。对于那些介于是否违法或是否属于道德诉求的问题,全都交给法院来解决,事实上是混淆了法院的性质和基本职能。

正因为法律有盲区,执法者才不能理直气壮地面对新出现的问题,使我们的法律法规和公共监管对新生问题束手无策。法律制度也是一种不断自我完善、及

---

① [法]孟德斯鸠:《论法的精神》,商务印书馆 1961 年版,第 154 页。

② [英]丹宁勋爵:《法律的训诫》,杨百揆、刘庸安译,法律出版社 1999 年版,第 13 页。

时升级的程序，面对不断出现的新事物，有关部门要以此为契机，建立起完善的法律制度的检修机制，增强其超前性和预见性，弥补法律滞后露出的许多空白区域。

当前，我国正处在社会转型时期，与各种矛盾凸显不相适应的法律治理状况是法制的不健全，司法解决纠纷能力的不足。基于其他权力的干预和受中国传统法律文化影响的普通民众对法律的认知，法律适用常常难以按照其本来路径进行。如在审理案件、解决纠纷的过程中，在被西方社会称之为第四种权力的媒体法制、舆论监督的多重压力下，法官就不能仅仅依靠法律思维方法去判断案情，社会整体的价值判断和思维标准往往会影响裁判的结果，这种建立在道德、习惯及民间法之上的朴素的正义观基础上的社会习惯力量，在一定程度上违背了司法公正的原则而使法官失去了独立性。

（二）法律治理的可操作性与运行过程的阻却性分析

与其他社会控制手段相比，法律具有其无法与之相比的技术可操作性而成为理想的社会关系调整器，但法律在创制、运作以及对社会关系的作用等诸环节中也存在着固有的内在局限性。法律是通过法定程序来具体执行的，一项新的法律法规的出台，需要相当的人力来实施监管与执行，就会涉及司法与行政的执行成本和实际的可操作性问题。现实社会中，当出现危害社会的行为而又没有法律依据时，法律应该如何面对或给予追究。至于执法和司法实践，更受到执法者的法治观念、法律意识、法律文化素质的影响，这些问题都是值得我们深入探讨的。

1. 重实质正义而轻程序正义的价值取向

每一部合理适用的法律都是人类理性思维的集合体。判断法律治理是否合理的客观标准，一是看法律治理是否能够满足作为社会主体的人民群众的需要；二是看法律治理是否符合社会发展的客观规律和其自身的发展规律。程序是法律的心脏，一个国家的法治水平很大程度上取决于程序，程序应当成为中国法制建设乃至社会发展的一个真正的焦点。① 完善的法律程序对于做好执法工作，保证执法质量具有重要作用。法律规范通过法律条文的方式表现出来，词语表达的准确性至关重要，有时，一个标点符号的位置也能使语言产生歧义和多义，不排除

① 陈兴良：《错判还是错放：从实体正义到程序正义的正义选择》，《中国律师》2001 年第 8 期，第 72 页。

一个词语被误解甚至被曲解的可能性。就我国目前司法不公问题看,首先不是实体不公正,也不是制度不正义,而是程序不公平。① 长期以来,在我国的司法活动与司法行为中存在重实质正义而轻程序正义的价值取向,从主观上,人们难以对结果公正的实质正义进行评价和衡量,不同的人对于相同的结果会有不同的感受,在评价主体的法律认知能力与受主观期望的司法结果之间存在着一定程度的差异,程序公平对于司法公正的界定与维护尤为重要。

法律治理有利于维护实体权利,形式法治讲究法律的程序性,完善法律程序可以保障实体内容得以严格执行。法律的任务就是调整各种相互冲突的利益,减少人们之间的相互摩擦和不必要的牺牲,以期最大限度地满足人们的利益需要。② 法律的目的是维护现存的社会秩序,并依靠国家的强制力对破坏秩序的人和事进行惩治,以保证现存社会秩序的有效运转。

法律作为统一的行为尺度,力求对每一件事情都做到绝对公正、公平、准确无误。但是,面对复杂多变的现实情况,法律不可能对所有的问题都做出明确的规定。随着社会的发展和人类的进步,法律的制定必然不可能穷尽一切,也要适当保持一定的张力和余地,这表现为在法律后果中关于惩罚幅度的规定,也表现为诸如“情节严重”“情节特别严重”“适当”“正当”等模糊用词。如果不严格履行法律程序,任何执法机关都不能以“特殊情况”“特殊人群特殊对待”的理由擅自曲解法律,否则,随意性就会使法律的尊严荡然无存。只有建立起合理完备的法律机制,才能为现代法治社会提供可靠的制度保障。经济学家史蒂文·列维特指出,许多让人们自以为是的“常识”可能并不是真正的答案。“罚款主义”并不能消除违法犯罪,只会诱导以争利为目的的行为盛行,就会使一些违法犯罪分子在犯罪后交了罚款就能抵消罪过。原本严肃神圣的执法行为就会变成一种“商业游戏”。在利益回报的诱使下,原本用于制恶的执法权力变成了为恶的黑色权力。“罚款主义”已经不是罚款本身的最终价值的根本所在。当一种法制有了某种获取利益的机会后,其本身的寻租的冲动又得不到有效制约时,就有可能出现利用法律违法的悖论。

① 梁治平:《法·法律·法治一读龚祥瑞》,《比较宪法与行政法》,转引自 civet. berkeley. . edu wdluo reading. 1987, vol. 99.

② [美]罗·庞德:《通过法律的社会控制、法律的任务》,沈宗灵、童世忠译,商务印书馆 1984 年版,第 35 ~ 36 页。

2. 法治的秩序假设与公正要求难以在政治操作中兑现

按照中国现行法律以及相关条例规定,因为人们对法律知识掌握的欠缺,使很多人有可能在不知情的情况下,不知不觉地违反了法律。作为法律,如果一不小心就让很多人不以为然地违反了,却没有迅速执行到位,这就要考虑一下法律的普遍适用性问题了。法律可以调整的只能是人们的外部行为,建构的也只能是一种外在形式上的秩序,法律只要求人们的行为符合法律的规定,并不过问该行为的出发点,对那些形式上合乎法律要求而内心却并没有接受它的人,法律并不予以追究。

法治政治的实践也面临着越来越多的难题,法治的秩序假设与公正要求,难以在政治操作中兑现。以立法而言,每一种立法体制本身都体现了某种价值观。法律的权威性和严肃性并不在于法律条文的完美无缺,而在于法律的制定和修改都必须经过法定程序,这种程序上的公正性和严谨性才能体现法律的权威。

在不同法律中,在立法的不同程序中所作出每一项选择必然会为了某些人的利益而牺牲另一些人的利益。因此,法律秩序制定必须达成一种具有责任感的共识。这里的共识和责任感,其实是属于道德的范畴。如果没有在人们心中树立起认同法律规范、服从法律精神的自觉性,那么,法律也就不能很好地发挥作用。

修改法律、制定地方性法规的权力不在公检法机关,而在全国人民代表大会手中,如果这些司法机关在司法实践过程中,认为确有必要修改某一犯罪标准,那就应该通过法定的程序提请人大修改和制定相关标准,而不是擅自主张,由司法机关自已制定标准。

法律的过分注重程序问题,导致一些案件因程序的某一环节出现问题而难以继续进行,以至于当事人不得不利用其他比较灵活的方式把法律的程序通俗化为行政化的程序。有不少法官不是用法律思维,而是习惯于用政治思维的方式来审理案件,经常以为市场经济保驾护航、大局观念、稳定压倒一切等政治理念及其主观判断来思考问题,将法律问题变成政治问题,这种思维误区在今后一定时期仍然会有可能存在。

(三)社会环境和社会物质生活条件的制约

法律建立在一定的物质生活条件的基础上,经济基础对于社会发展归根到底起着决定性作用,一个国家的法治建设必然受经济发展状况的制约。历史已经充分证明,经济繁荣则法治兴,经济衰退则法治弱。由于历史的原因,我国生产力不发达,经济比较落后,这在很大程度上制约着我国依法治国的进程和实效。因此,必须在加强法制建设的同时,加强法制的外在运作环境建设,使已经建构起来的现代法制模式能够获得良性运行和实施的社会基础条件。

1. 社会物质生活条件和经济发展状况的制约

社会物质生活条件是进行法治活动最终的决定因素。法律本身是统治阶级意志的体现,但法律内容最终决定于统治阶级的物质生活条件,正如马克思指出的:“只有毫无历史知识的人不知道:君主们在任何时候都不得不服从经济条件,并且从来不能向经济条件发号施令。无论是政治的立法或市民的立法都只是表明和记载经济关系的要求而已。”①马克思恩格斯在创立唯物史观的过程中,看到了人类发展规律中一个简单而又被忽略的事实,“人们为了能够创造历史,必需能够生活。但是为了生活,首先就需要衣、食、住以及其他的东西,然后才能从事政治、科学、艺术、宗教等活动。”②因此,“物质生活的生产方式制约着整个社会生活、政治生活和精神生活过程”③。社会物质生产从根本上制约着人类的精神生活过程,也必然从根本上制约着社会政治心理的发展变化,人类只有在解决了吃、喝、住、穿以及其他一些东西的前提下,才有可能参与正常的社会政治活动,才有可能去追求政治上的发展。

社会生活的基础,就是劳动及其组合形式,即社会的生产方式,长期以来,小生产方式即以家庭为基本单位的生产方式在我国社会经济中占相当大的比重。马克思指出,小农的生产方式不是使他们互相交往,而是使他们互相隔离,他们不能代表自己,一定要别人来代表他们。他们的代表一定要同时是他们的主宰,是高高站在他们上面的权威,是不受限制的政府权力,这种权力保护他们不受其他阶级的侵犯。并从上面赐给他们雨水和阳光。归根到底,小农的政治影响表现为行政权力支配社会。④ 这种生产方式最大的特点就是因循守旧、墨守成规,造成劳动者在政治上本能地倾向于专制,民主要求、民主意识极为淡薄。然而,生产力发展的任何特定阶段必然地引起在社会生产过程中人们的一定结合,即一定的生

① 《马克思恩格斯全集》第4卷,人民出版社1958年版,第121~122页。

② 《马克思恩格斯选集》第1卷,人民出版社1995年版,第79页。

③ 《马克思恩格斯选集》第2卷,人民出版社1995年版,第32页。

④ 《马克思恩格斯选集》第1卷,人民出版社1995年版,第677~678页。

产关系,亦即整个社会的一定结构,它的性质将一般地反映于人们的全部心理之上,反映于他们的一切习惯、道德、感觉、观点、意图和理想之上。习惯、道德、观点、意图和理想必然地应该适应于人们的生活式样,适应于他们获得食料的方式。社会的心理永远地顺从于它的经济目的,永远适合于它,永远为它所决定。① 过去,我们在追究封建主义思想影响的根源时,过多地去注意我国封建传统思想统治的长期性,而忽视了它得以存在的经济基础,小生产方式的存在以及大生产中采取小生产的管理方式,通过自上而下的逐级指令和自下而上的逐级负责的办法来组织整个社会的经济生活,必然在经济形态中造成一种等级从属关系,反映到政治上则是权力过于集中,不但影响了政治民主化的进程,而且也影响了人们法律意识、法律观念的形成。

从我国社会转型时期的经济利益角度来讲,30 年来中国社会利益格局进行了深刻而频繁的调整,社会主义市场经济孕育了经济成分多元和利益主体分化的经济利益格局。市场经济是法制经济,是我国法律治理的第一推动力。按照马克思主义的观点,作为制度的法律局限性的外在影响因素首先是在当时社会中作为其物质基础的生产方式。作为制度的法律是社会"上层建筑"的一部分,而上层建筑则是建立在此社会的物质基础上的。正是社会生产力和生产方式的发展才推动了社会的发展与进步,在这种发展与进步中才逐渐产生了国家及作为国家派生物的法律制度。纵观整个社会历史及法律历史的发展,生产力及生产方式的落后必然会影响作为其上层建筑组成部分的法律制度的作用限度,同样的法律制度,在发达国家与发展中国家的实施却大相径庭,物质基础的差别不能不说是至关重要的原因。

2. 社会制度建设的制约与影响

在现代社会中,要使法治社会中的法律得以良性运作,就应当要注意法律与其他社会控制手段之间的协调配合,确保法律的权威性和效益性,最大限度地发挥法律的内在功能。

社会制度与社会结构密切联系在一起,社会结构就是在一定社会当中,各种社会群体用一种纽带联结在一起的结构,表现为这种纽带的形式就是社会制度。

① 《普列汉诺夫著作选集》第 1 卷,三联书店 1961 年版,第 715 页。

社会制度就是社会结构的组织形式,具体说就是社会组织及其管理形式。① 在马克思主义看来,两种生产,即物质生产和人类自身的生产决定社会制度。当物质生产水平低下的时候,人类自身生产、血缘关系决定社会制度;物质生产提高了,物质生产、人之间的经济关系对社会结构、社会制度起决定作用,人类社会从原始社会氏族制度进入到政治国家的历史就说明了这个规律。

作为上层建筑组成部分的法律制度,也会受到其他社会制度的影响与制约,其中最主要的是国家政治体制。洛克在《政府论》中详细而又不厌其烦地列举了各种政体对民主与法治的影响,美利坚的开国元勋们则更进一步地把分权理论付诸实践。因此,政治体制的模式与法律制度的作用之长短关系显而易见。同时,马克思所指的制度领域与精神领域的互动也说明法律作为一种制度化的设计或选择,必然受到一个国家文化历史传统及宗教道德的影响,对于这一问题的详细研究是历史学派开创的,对于我们目前学界提出的法律治理本土化也具有一定的借鉴意义。

随着中国社会主义市场经济的运行和发展,以及社会主义法治化进程的不断推进,法律在社会生活的方方面面发挥着越来越重要的作用。与此同时,法律的局限性也随之凸显和展开,不少法学家对此非常重视。2005 年《南方日报》报道,广东省司法厅废止实施两年的广东律师收费试行标准,出台新的收费标准。新标准规定,律师服务费的具体定价形式分为计时收费、计件收费和协商收费三种形式。按计时收费每小时的标准可达 200 ~ 300 元/小时,可上下浮动 20% 。要打一个刑事官司则根据侦察、起诉、审判三个不同阶段,费用在 2000 ~ 3000 元之间。这种高昂的律师费让很多人打消了打官司的念头,也有的人一头扎进去,想退都来不及了,给人的感觉如同到医院看病,钱不花光就甭想出院。

近现代以来的历史告诉我们,脱离社会现实基础和客观条件的法制变革是不可能取得成功的。对于法律与现实社会生活条件的内在关系,马克思指出:“社会不是以法律为基础的。那是法学家们的幻想。法律应该以社会为基础。法律应该是社会共同的、由一定物质生产方式所产生的利益和需要的表现,而不是单个的个人恣意横行。”②所以,尽管法制变革对社会发展和文明进步具有推动作用,

① 王惠岩:《当代政治学基本理论》,天津人民出版社 1998 年版,第 234 页。

② 《马克思恩格斯全集》第 7 卷,人民出版社 1959 年版,第 339 页。

但从根本上说,法律的内容和性质是由社会政治、经济、文化条件所决定的,法制变革能否成功也往往取决于后者。

3. 社会历史变革与人的思想认识水平的制约

在目前的市场经济条件下,利益呈现多元化趋势,集团利益、部门利益、地方利益都是客观存在的,正视这种存在,并在行政立法中予以客观、公正地反映,是行政立法应遵循的基本原则。但是在经济因素之外,诸如政治、思想、道德、文化、历史传统、民族、宗教等其他因素以及人们的思想认识程度对立法活动亦产生着强烈的影响。

人类对客观世界的认识能力既是无限的,也是有限的,由此而产生的矛盾无疑是造成法律局限性产生的认识论根源。只要这种矛盾存在,只要人类社会还在不断向前发展,法律局限性的主客观根据就会依然存在。在现代社会,社会关系的复杂程度已超过以往历史上任何时期,新事物层出不穷,法律虽然在现代社会中发挥了无可比拟的巨大作用,但它也不可能对社会生活的方方面面进行干预和调控。特别是在科学技术飞速发展的现代社会,法律既要真实地反映社会现实的需要,又要充分体现人类社会对主观事物的认识。法律治理也不是万能的,它有一定的局限性,因为人的不完善性和缺陷性决定了制度的不完善性和缺陷性,因为制度是由人来设计、创造、推动和操作的,制度(包括法制)的安排具有绝对的权威性、相对的稳定性、潜在的效应差异性和时空的滞后性。① 法律不能解决一切社会问题,正如毛泽东所指出的:“企图用行政命令的方法,用强制的方法解决思想问题,是非问题,不但没有效力,而且是有害的。”②法律是稳定的、抽象的,而社会生活是变动的、具体的,二者存在着一定差距。

据《北京日报》2005 年 12 月 30 日报道,由于争议很大,《邮政法》的修订工作持续了 18 年,《电信法》制定花费了 25 年,法律是社会的一种秩序状态,这 25 年要发生多少事情,这两个行业居然无法可依,谈何依法治国。按照相关历程,一部大法的出台,一般都要经过三次审议,太多空洞的道德谴责引发更多的是体制上的反思。从根本上讲,法的依据存在于文明因素互动的社会秩序状态,只有造就这种法律,才能使法律获得普遍性和权威性,建立法治国家才有可能。违反道德

① 尤俊意:《法治与德治相结合:治国方略的新探索》,《政治与法律》2001 年第 3 期。

② 《毛泽东著作选读》(下册),人民出版社 1986 年版,第 762 页。

的并不一定就是违反法律的，原因在于并非所有的违反道德的行为都能上升为法律问题，法律只对违法行为进行惩处，对违反道德、不违反法律的行为无法进行干涉。应该说，道德建设的削弱必然会导致法律调整任务的加重。而且有许多社会生活领域，如爱情关系、友谊关系、同志关系、社会组织内部成员之间的关系等，不适于或不完全适于法律调整，在这些领域加强道德的作用有助于形成良好的社会风气和社会环境，这不仅是对法律效用的补充，也有利于法律的贯彻实施。

党的十七大报告提出："要坚持科学立法、民主立法，完善中国特色社会主义法律体系。加强宪法和法律实施，坚持公民在法律面前一律平等，维护社会公平正义，维护社会主义法制的统一、尊严、权威，推进依法行政。"希望立法部门根据实际情况，修改能够反映民意，体现公平的法律。执法部门能够结合实际情况，公平执法，人性化执法，真正使法律能够体现维护正义的作用。按照法律治理运作的要求架构体系完备的现代法制模式，实现法律形式的合理性。在立法上建构概念科学、逻辑严密、内部结构相互和谐统一的法律体系；在司法上建立程序严格、运作规范、各司法机构相互制约、相互配合的司法机制；在执法上实行严格执法、依法办事，既保证国家公共权力的有效运作，又使这种权利能得到有效监督的执法体制等等。

对于法律局限性的关注和研究，对于在中国法治化进程中如何实现法律功能的最大化，实现社会主义法治国家的目标，具有不可估量的理论意义和现实意义。对此，我们必须理性地对待法律，冷静地思考法律，使之最大限度地发挥其效能。既不因法律具有其他社会控制手段所无可比拟的优越性而忽视法律的局限性，也不因法律存在诸多局限性而否定法律的权威性。

第五章

国家治理现代化中道德治理与法律治理的比较分析

在法律治理与道德治理的相互关系中，前者作为一种国家治理方略，后者作为一种国家治理方式，在其意义上还是有一定区别的，是理念和手段的不同，但它们之间又是互为前提、相互作用的。道德治理和法律治理作为治国方略，共同作用于国家的治理。法律和道德作为上层建筑的组成部分，二者的物质基础和目标是共同的，都是维护社会秩序，规范人们思想和行为的一种重要手段和调整社会关系的行为规则。对于一个国家的治理方式来说，道德治理与法律治理既有联系又有区别。可以说，在二者的关系中，道德治理是基础，法律治理是根本；道德治理是法律治理的前提，法律治理是道德治理的理性升华。只有将两者有机地结合起来，才能更好地保证国家治理的正确方向。

一、道德治理与法律治理相互关系分析

法律治理和道德治理是上层建筑中联系最紧密的两个部分。它们的共同性，决定了它们之间存在着紧密的配合和协调，它们之间的差异性也决定了它们之间的相互影响和补充。法律治理的内容中包含了道德治理的精神，而通过道德治理又促进了法律治理的发展和实施。

（一）法律治理与道德治理的相互关系

古今中外，如何正确认识和处理道德治理和法律治理的关系，一直都是一个争论不休的话题，也是人类不断探索的一项重大课题。一个社会单靠道德治理是不可能治理好的，但是单纯靠法律治理也是行不通的。应当说，道德治理和法律治理是人类社会规范体系中最为重要的两大部分，具有不可分割的内在联系，从阶级社会产生以来二者就紧密联系在一起，共同规范和引导人的社会行为。

1. 中国古代的德治与法治之争

法治与德治之间的关系早在先秦时期便引起思想家们的纷争，以儒家和法家为代表的我国古代治国理论就各持一方，儒家强调的是只有德礼教化才能让人安分守己，而刑罚只能使人暂时免于犯罪，还强调治理国家的人也必须要有高尚的品德。与儒家相对立的法家则认为法令高于君主，只要制定良好的法律并坚决执行就能治理好国家。

儒家认为德治能治心，能使人心服口服，是根本之治。法治只能治表，是一种外在的强制力量。在治理国家中，儒家强调道德的垂范作用。孔子说："道之以政，齐之以刑，民免而无耻；道之以德，齐之以礼，有耻且格。"①要实现"德治"，对君主要求必须贤明，"政者，正也。子帅以正，孰敢不正"。② 对民众要进行道德教化，孔子说："君子之德风也，小人之德草也。草上之风必偃。"③君子以崇高的德行感化民众，教化民众。在礼法上强调"礼制"，所谓"礼"就是浸透了伦理道德精神，规范人们日常行为的仪规典章。

与儒家的德治相对立，法家主张"不务德而务法"。④ "故治民无常，唯治为法。"⑤管子给"法治"下了一个较为完整的定义："有生法，有守法，有法于法。夫生法者君也；守法者臣也；法于法者民也；君臣上下贵贱皆从法，此之谓大治。"⑥"以法治国，则举措而已。"⑦法家思想之集大成者韩非则认为君主必须"以法为本"，使"法""势""术"紧密结合才能实现法治，并构建起一套封建专制主义中央集权的治国范式。

如前所述，道德治理思想，是由我国古代先秦儒家提出的，其治理特征表现在不仅要求民众要遵守仁义道德等社会规范，更重要的是它认为民众是否遵守道德规范，要靠官吏的榜样和感化，儒家的德治思想后经融合法家思想几乎统治了封建中国两千多年。可以说，德治与法治共同作为治国方略，并不是新鲜事物，它是对我国政治传统的继承与发展。作为一种治国策略，荀子将孔子以"仁"为核心的

① 《论语·为政》。
② 《论语·颜渊》。
③ 《论语·八佾》。
④ 《韩非子·显学》。
⑤ 《管子·心度》。
⑥ 《管子·任法》。
⑦ 《管子·明法》。

“礼”的思想观念发展为一套“礼制”系统，纳“仁”于“礼”，引“礼”入“法”，“德主刑辅”、德法并重的治国方案，也就是荀子所主张的“隆礼重法”。庄子在《天下篇》中概括了儒家的德治精神，即所谓“内圣外王”之道。儒家的治国思想一直居于主导地位，德法并举仍然停留在理论层面。德治与法治共同作为一种治国方略和一种政治实践始于汉朝初期，汉朝建立以后，为了吸取秦灭亡的教训，汉朝的统治者最初把儒家思想与法家思想融合起来，但是，由于儒家思想过于消极，不利于当时的封建统治。汉武帝接受了董仲舒的建议，实行了以儒家思想为主、儒法结合的治国策略。由此，儒法并用的治国方式几乎贯穿于整个封建社会。由于长期得到统治者自上而下的积极宣扬以及董仲舒、二程、朱熹、陆九渊等历代名儒不断改造和完善，儒家的道德治理思想深入人心，对中国的社会政治生活产生了深远的影响。

2. 东西方国家关于法律治理与道德治理之间关系的讨论

在东方，德治和法治都是古代先秦思想家提出来的主张。在中国漫长的封建社会里，历代统治者无论采用儒家学说还是法家学说，都不是完全意义上的道德治理或法律治理，都带有人治的痕迹。封建统治阶级为了论证其统治的合法性和永恒性，编造“君权神授”的理论。凡事都必须以皇帝的金口玉言为标准，位于这一整套封建制度的权力顶端的是高高在上的天子，即皇帝，皇帝的意志就是法律，朕即国家，朕即法。因此，封建统治实行的实质上是“人治”，封建社会的统治处处都体现了人治的实质。

尽管各个朝代也都制定了法律规则，但由于封建社会的专制性，法律规则只为人口占少数的统治阶级服务，不管是儒家还是法家，或者其他学派，其维护的都是地主阶级的统治，都深深地烙上了封建主义色彩的烙印，代表的是剥削阶级的利益，因此不可能得到占绝大多数的劳动人民的支持。我国古代治国伦理，不能充分认识和处理好“德治”和“法治”的关系，或者过分强调德治的作用而忽视法治的作用；或者极力主张法治，反对德治，认为治理社会和国家要认法不认人，必须用严刑峻法，这显然都是形而上学的治国之道。制定和执行法律的不公正，使得法律无法拥有绝对权威。

封建社会的经济基础是自给自足封闭式的小农经济，政治上层建筑以“家天下”式的封建专制为核心，在这样人治盛行的时代，法律及其规则不能也没有理由作为统治的主要工具，而道德规范以其易接受、易推行、涵盖广、影响大的特征，成为统治阶级治国的首选方式。儒家提倡的道德观念，具有温情的一面，百姓乐于接受，也为统治阶级所认同，如维护封建等级制度的“三纲五常”之说，维护封建专制的“忠君”思想。儒家的道德观念深入浅出，不带强制性，客观上确实能起到协调人际关系、缓和阶级矛盾的作用，因而很容易被人们所接受。

西方法学家也在国家治理中争论过道德治理和法律治理哪种方式为主的问题。如美国著名法学家庞德就认为，16 世纪以前的西方社会主要依靠宗教和道德手段，但以后（即在资本主义社会中）主要依靠法律。其实，只强调道德治理或法律治理其中的任何一个方面的作用，对于国家治理来说都是不完整的、片面的。在西方，哲学家尼采对道德治理和法律治理的解释另有看法，他认为道德和法律都是强人意志的表现，也就是超人意志。普遍的说法是，道德和法律是人类大众的意志。亚里士多德是法治论的代表，他继承发展了他的老师柏拉图的“理念论”，认为世界虽然是由理念构成的并且存在着，但是一般是不能脱离个别而存在的。因此，他认为一个人只能认识真理的一部分，只有集体的认识才最接近真理，即“理性有限论”。正是基于这种对世界和人性的理解，亚里士多德主张，一是要让民众参与政治决策，实行民主统治；二是要让法律取代人的统治，因为法律具有任何统治者所不具备的品质。也即是“一人或几人之治不如法治”。

西方国家在向现代化迈进的历史过程中，在坚持法治的前提下，逐步使以德治政、以德治吏走上法制化、规范化的道路，即以制度建设为契机促进道德建设与法制建设的结合。在我国历史上，道德规范重于法律规则，法律规则只是作为道德规范的补充而存在。事实上，德治与法治都是国家意识形态的重要范畴，是治理国家的两种根本手段，调整社会关系、维护社会秩序和凝聚人心具有重要的作用。

在马克思主义看来，无论是古代中国以儒家为主的国家治理思想，还是西方以法律为主的国家治理观点，都不是科学的国家治理观。只有马克思主义把人与历史现实结合起来，把人看成是历史的、发展的和社会的产物，那么，由此决定了作为保护人的利益的法律和道德，也必然都是统治阶级利益的反映，都是维护和调整国家利益与秩序的手段。马克思在批判资产阶级法的本质时说道：“你们的法不过是被奉为法律的你们这个阶级的意志一样，而这种意志的内容是由你们这个阶级的物质生活条件来决定的。"①因此说,国家的本质是由其阶级性所决定的,道德和法律都是维护统治阶级利益的一种控制方式,必须要把二者结合起来,才能发挥更好的社会效果。

(二)法律治理与道德治理之间的相互区别

从道德和法律的关系看,道德规范和法律规范作为行为规范是有区别的:法律是强制性的、外在的他律;而道德是内在的、非强制性的自律。它们之间又有着深层的内在的关联性。这种关联性在于,法的合理性的依据在于道德,即法律除了以权力作为后盾外,还应体现社会发展规律、人类进步与发展方向以及先进阶级的利益或社会的共同利益。

1. 法律治理与道德治理产生的背景不同

道德治理是通过道德规范治理国家,法律治理是靠法律来规范人们的行为,靠国家的强制力保证实施。法律治理与道德治理在不同历史时期涵盖的内容不同。

原始社会没有现代意义上的法律,只有道德规范或宗教禁忌,或者氏族习惯。法律是在原始社会末期,随着氏族制度的解体以及私有制、阶级的出现,随着国家的产生而产生的,而道德的产生则与人类社会的形成同步,道德是维系一个社会的最基本的规范体系,没有道德规范,整个国家就会分崩离析。

在中国历史上,曾经出现过两种不同的观点。古代学家明确提出"以法治国"的主张,他们认为"圣人之治国,不恃人之为吾善也,而用其不得为非也"②。因而应"不务德而务法"。在中国古代,"法者,刑也"③。法家所主张的法治,实际上就是实行严刑峻法以维护君主专制。儒家则认为,国家主要应由具有高尚道德的圣君通过道德手段来治理。"道之以政,齐之以刑,民免而无耻。道之以德,齐之以礼,有耻且格。"④"君仁莫不仁,君义莫不义,君正莫不正,一正君而国定矣。"⑤这就是儒家所推崇的德治。我们现在强调依法治国,与古代法家倡导的"法治"是有

---

① 《马克思恩格斯选集》第1卷,人民出版社1995年版,第289页。

② 《韩非子·显学》。

③ 《说文解字》。

④ 《论语·学政》。

⑤ 《孟子·离娄下》。

本质的区别，社会主义的“法治”原则是法律面前人人平等，而非“礼不下庶人，刑不上大夫”；我们提出以德治国，与古代儒家提倡的“德治”也有根本不同，社会主义的“德治”强调以为人民服务为核心，以集体主义为原则，而古代儒家所讲的“德治”实际上指的是人治。

2. 法律治理与道德治理是两种不同的治理国家和社会的方式

法律和道德是两种不同的社会规范，一个靠国家机器的威严和强制来起作用，一个靠人们的内心信念和社会舆论来起作用，二者殊途同归，目的都是调节社会关系、维护社会稳定。对于一个健康运行的社会来说，法律和道德各自起着独特的、不可替代的作用。不可否认，在国家治理问题上，二者之间仍然存在着一定的差别。法治强调的是运用法律治理国家，德治强调是运用道德治理国家。法治以其权威性和强制性手段规范社会成员的行为，管理国家事务和经济文化事业；德治以其说服力和劝导力提高社会成员内在的自律意识和道德觉悟，从而达到规范行为的目的。因而可以说，二者在国家治理实现方式上是不同的。道德治理的实现主要依靠社会舆论和教育的力量，依靠社会成员的思想觉悟、良好的道德修养，也就是依靠非强制力的手段去实现。即以其说服力和劝导力提高社会成员的思想认识和道德觉悟。而法治的实现，虽然也有社会舆论和教育的力量，也要依靠广大人民群众自觉维护和遵守，但最主要的是以其权威性和强制手段规范社会成员的行为，通过国家强制力，通过对违法者予以应有的法律制裁来保证法律治理的实现。“法律规定一般来说总是避免涉及良心的问题，不过问其意图如何，而只考虑其行为和态度；与此截然相反，道德所选定的范围则是意图。对法律来说，‘所有未禁止的都是允许的’。然而，反过来人们可以说在制裁方面，法律比道德更有强制性。违反一项道德规范可以招致指责，这是不可忽视的，因为指责，或者哪怕是嘲笑，都可能导致严重的后果，如造成精神失常，毁了前程，甚至引起自杀。但是，它毕竟不如公众权力的行为，如刑事判决那样在有关人员的身上打上烙印。”①

3. 法律治理与道德治理包含的内容和表现的形式也不尽相同

道德治理包含的内容要远远大于法律治理的内容。道德治理所涉及的内容，

---

① [法]亨利·莱维·布律尔：《法律社会学》，许钧译，上海人民出版社 1987 年版，第 33 ~ 34 页。

几乎涵盖了社会成员一切社会生活、社会活动，既包括了法律规范所调整的范围，也包括了法律规范所无法触及到的范围。道德治理对社会和社会成员提出的要求，要比法律治理的要求高得多、广泛得多，也深刻得多。法律是国家制定或认可的一种行为规范，它具有明确的内容，通常要以各种法律渊源的形式表现出来，如国家制定法、习惯法、判例法等。而道德规范的内容存在于人们的意识之中，并通过人们的言行表现出来。它一般不诉诸文字，内容比较原则、抽象、模糊。

道德治理是存在于人们的意识和社会舆论之中的，是人们在日常生活、工作、交往中应遵循的价值取向和行为规则。道德原则、道德规范没有严格的界限，道德规范的要求也往往是概括、笼统和比较抽象的，大多是不成文的，它通过各种形式的教育和社会舆论的力量，使人们形成一定的信念、习惯，并通过这些信念、习惯来约束自己的行为，形成一种自我的心理约束机制，抑制各种不道德行为的产生。而法治是通过明确的法律条文、规范性文件来约束社会成员，法人的行为，明确告诉人们可以做什么，应该做什么、不能做什么，它对社会成员具有普遍的约束力，法律规范通常表现为国家制定或认可的法律、法令、条例等规范性文件。法律治理与道德治理表现形式不同，因而实施的方式和调整的范围不同。“法律与道德的区别非常明显：法律由国家制定和实施，道德则通过人的内心信念、信仰及社会舆论来实现；法律具有确定的、强制性的制裁力，道德的惩罚方式则主要依据公共舆论、不赞成、嘲笑和摒弃于某一特定的社会团体之外……法律与道德在客观性及执行方面的区别表现在：法律着眼于行为，而道德着眼于意志和感情；法律规则的效力具有普遍性和绝对性，道德准则则因人、因环境而异。”①从深度上看，道德不仅调整人们的外部行为，还调整人们的动机和内心活动，它要求人们根据高尚的意图而行为，要求人们为了善而去追求善。法律尽管也考虑人们的主观过错，但如果没有违法行为存在，法律并不惩罚主观过错本身。从广度上看，由法律调整的，一般也由道德调整。

法制作为一种制度文明，它的边界和功能则是可以限定的，这样，法治的范围就是有限的，由此，一些社会问题可以通过其他渠道得到解决，并不一定非得转化为法律问题来解决，也可以达到社会治理的目的。例如行政问责制，它的核心思想是有错要问责，无为也是过。对工作上难以用纪律、法律来约束的行为采用组

---

① ［英］戴维·M. 沃克：《牛津法律大词典》，光明日报出版社 1988 年版，第 521 页。

织措施进行约束，这与以往偏重追究违纪违法的做法相比，就可以把纪律、法律管不到的地方用制度规范起来。再如考试立法问题，原本被认为是最为公平的考试制度，因为一再出现违纪作弊、徇私舞弊的问题，已经达到了危害他人利益和国家利益的程度，就不得不靠立法来解决了。

预防和避免犯罪事实的发生要重于对犯罪分子的惩戒，人生而是平等的，并没有什么高低贵贱之分，哪一个婴儿出生时不是招人喜爱的，而后来被判处刑罚的人是怎么走向堕落、走进监狱和死亡的，其重要的原因是后天的环境所造成的。

在我国现阶段，道德治理强调以为人民服务为核心，以集体主义为原则；而法律治理则强调公民意识，公民在法律面前人人平等，法律兼顾国家、集体和个人的利益，当公民个人和组织的合法权益受到国家机关及其工作人员侵犯而遭受损失时，有权提起行政诉讼和要求国家赔偿。法律是以权利义务为内容的，一般要求权利义务对等，没有无权利的义务，也没有无义务的权利。而道德一般只规定了义务，并不要求对等的权利。道德要求人们多尽义务、多奉献；法治则要求人权保障，公民在享有权利的同时，要履行法律规定的义务，权利和义务是一致的。道德是通过内在的自我约束力和外在的社会舆论的压力作用于人的心理活动，侧重于调整人们的思想活动。因此，道德治理从治心的角度来规范人们的内心活动和思想，执行的标准有些务虚，而法律治理从人的行为的角度来规范人们的行为，执行的标准就是法律。因而，法律是通过外在的强制力对人的行为上的管束，侧重于调整人们的外部活动，依靠国家的强制力量确保法律实施的效力。

（三）法律治理与道德治理之间的相互联系

法律治理和道德治理虽然范畴不同，但其地位和功能都是同等重要的。如果缺乏道德支持，法律就会失去社会认同感；如果缺乏法律支持，道德就会失去国家权力的后盾。现代社会，如果没有法律治理，社会秩序就无法得以确立。如果没有道德治理，社会秩序同样无法实现和谐。

1. 道德治理与法律治理在国家治理中的相互补充与协调

在秩序与效率的视野中，道德治理与法律治理都有其独特的功能，也都有其局限性。过分强调一方的功能，都会忽视另一方的作用。道德治理与法律治理并举的重要意义就在于通过建立二者之间的良性关系，实现功能互补，发挥各自的优势。法律治理和道德治理各自的局限性要求它们在国家治理过程中强调互补性和协调性,具体表现在以下几个方面。

第一,法律治理具有在法律直接控制范围以外进行补充规范的作用。按照马克思主义的观点,法律是统治阶级用以统治的一种工具,但它必须同经济、政治、道德等诸因素紧密联系在一起并相互适应。社会是处于不断发展变化之中的,暂时无法可依、无章可循的现象总是难免的。法律对于社会发展而言永远是滞后的,制定的法律即使考虑的再周全也不可能完备无缺,而只能是不断修订、不断完善。法律所调整的只限于必须用国家强制力来保护的范围,涉及人们思想领域或一般生活方面的问题并不是都需要法律来调整。也就是说,道德能够担负起调整法律尚无明文规定的某些社会关系的任务。有时,道德舆论的压力也可以产生强有力的社会力量以遏止恶性事件的发生,排除潜在犯罪因素的可能,这就是道德治理对法律所不能及的补充作用。

第二,法律是以强制性来补充和保障道德规范的软约束手段。历史发展到今天,遵纪守法成了人们社会生活的基本道德要求,法律规范以道德为准则。法律对道德中重要问题的调整是对道德力量的强化,把人类的理念铸化为法律。法律是传播道德的有效手段,法律肩负着维护社会共同道德的任务。① 法律的最终目标是使人们在道德上善良。为了求得众人所能达到的最大的善良,世俗法律使自己适应各种道德信条所认可的各种生活方式,但它应该抗拒那些由于道德观念的真正松弛和堕落的风尚而为人们所要求的变更。它应该始终保持走向有道德生活的总方向,并使共同的行为在第一个标准上面倾向于道德法则的充分实现。②事实证明,道德行为规范已经离不开良好的法律环境,尤其是在道德的约束力无法产生效力的时候,再好的道德规范人们也可以不去遵守。但法律却因其具有国家强制力而强迫人们遵守,法律通过此种方式,把道德准则变为社会共识,使道德准则这种非强制性的规范变为具有强制力的法律规范,反之,社会道德水平的提高又必然会促进法律的制定和实现。

第三,道德治理与法律治理在实施过程中的相互借鉴。法律的产生是以道德为基础的,它是道德的延续。这种延续不仅是功能上的延续,也是指导思想上的延续,它不仅要承担起维护社会秩序的功能,而且还要承载道德以正义和善为价

① [英]罗杰·科特威尔:《法律社会学导论》,华夏出版社 1989 年版,第 118 页。

② [法]马里旦:《人和国家》。《西方法律思想史料选编》,北京大学出版社 1983 年版,第 686 页。

值依托和最终归宿的本质特征。法律规范和道德规范都是对人们行为的约束力量,并且通过对人们行为的约束而具有引导人们如何调整自己行为的功能,促使它为一定的社会经济基础和一定的阶级利益服务,进而对社会的发展起推动作用。法律具有强制性,要求人们必须遵守;道德强调自觉性,倡导人们应当遵守;道德可以引导人们尊重和信守法律,法律则可以作为维护道德的威慑力量;道德可以用来防范尚未发生的违法行为,法律则可以用来制止已经发生的严重不道德的行为。法律的规范性能起到的作用范围是有限的,它的最大特点就是无法直接渗透于人的思想。法律的正确贯彻和公正实施不仅要求法律规范实现合法性和道德性的统一,而且在很大程度上取决于法律的正义与否和执法、司法活动的公正与否,取决于立法者的道德价值取向和道德水准。就道德治理与法律治理的功能而言,法治与德治是可以相互依托的,道德和法律的根本目的在于都期望把人们的行为纳入一定的秩序范围内,法律的主要功能是惩恶,道德的主要功能是扬善。在现实生活中,人们经常、大量发生的行为是靠道德来规范的。当这些行为无法用道德来规范时,就要以法律来裁决。

2. 道德治理与法律治理在实施中互为前提和相互支撑

道德治理与法律治理以及与其他社会控制手段之间存在着相互依赖与相互促进的关系,法律只有与包括道德在内的各种社会调整手段有机结合,形成彼此协调互动的运行机制时,才能真正有效地发挥其内在功能。

道德治理既是对法律治理内容的内化,把法律内化为人们的品质,同时也是对法律治理的重要补充,把法律之外的社会关系纳入自己的管辖范围。道德治理与法律治理在人类社会发展中是一个交互演进的过程。道德是法律评价标准和推动力量,是法律的有益补充,二者在某些情况下可以相互转化。道德和法律是不可分的,没有道德的支持,法律就不成其为社会组成部门,而仅仅是写在官方文件上的词句,只显得空洞且与社会无关。① 二者互相配合,实现对社会关系的调整。马克思主义认为,法律是统治阶级意志的体现。在阶级社会里,法律作为权威的规范体系和价值体系,总是根据统治阶级的意志,以占统治地位的、绝大多数人认同的思想道德为基础,对公民提出应该做什么、不应该做什么的要求,表明支持什么、反对什么的价值取向。正如洛克所说:“所有的法律都是判断善恶的标准

① [英]罗杰・科特威尔:《法律社会学导论》,华夏出版社1989年版,第88页。

和根据，法律的规定都具有道德的意义。”①这就是说，任何一种法律体系的建立，都需要一定的思想道德基础，都必须获得道德的支持。法律能否正确制定并顺利实施，在很大程度上取决于立法者和执法者的道德素质高低与否。要想确保立法者和执法者不滥用权力、廉洁奉公，必须建立健全依法行使权力的制约机制和权力运行的监督机制。

现代资本主义德治与法治的实践证明，道德的实施主要依靠社会舆论的力量，法律则主要依靠国家强制力保证实施，但二者殊途同归，目的都是提高民族素质和促进社会进步。一个民族素质的提高，单靠国家和社会力量的推动是不够的，只有二者结合形成合力，才最为有效。就法治对德治的作用而言，厉行法治为推行德治提供了方向性保证、制度规范和秩序保障，正是由于法治的强制力做后盾，才为社会确立了符合道德要求的制度规范，为道德建设指明了方向。

3. 法律和道德在内容上相互吸收，在功能上相辅相成

道德规范是法律条文的重要来源。20 世纪以来，为了形成完整的社会控制体系，一些发达国家就已经注意到了法律体系和道德体系在内容上的相互吸收，许多道德规范通过立法程序已转变为法律规范，通过法律形成的历史过程。我们可以发现，无论哪个国家、哪个朝代的统治者在制定法律时，首先要把当时社会上被民众普遍认可的、最为基本的、最为重要的道德规范考虑进来，这样有利于使这些规范演变为法律条文时易于被社会所接受。由此看来，统治阶级在立法时，首先要考虑他们制定的法律的适用性，这样就使一些道德规范上升到法律规定上来，使道德成为立法的基本前提和基本原则。美国学者博登海默说得好：“当一条规则或一套规则的功效受到道德上的抵制、威胁时，它的效力就可能变成一个毫无意义的外壳。”②也就是说，“如果一个国家制定的法律不能够与现有的道德规范保持高度的一致，就有可能不被人们所接受，不能执行下去，这样的法律起码是不完备的或不完善的。从某种意义上讲，在一个法制完善和健全的国家中，法律几乎已成了一部道德规则的汇编”③。因此，没有以道德作为基础的法律就不会得到道德的支持，这样的法律也不会被人们从内心里所接受。所以，必须使道德精

---

① ［英］洛克：《政府论》，叶启芳、瞿菊农译，商务印书馆 1964 年版。

② ［美］埃德加·博登海默：《法理学——法哲学及其方法》，邓正来译，华夏出版社 1987 年版，第 361～365 页。

③ 王一多：《道德建设的基本途径》，《哲学研究》1997 年第 1 期。

神和法律精神相互融合建立起来的法律，才能成为全社会共同的价值观念，这样，法律才能使获得普遍性和权威性。建立法治国家不仅仅靠冰冷的法律条文，还需要带有人性化的道德的支撑，造就这样的法律是摆在我们面前的艰巨的任务。

“不言而喻，法律必须被信仰，否则它将形同虚设。”①根本得不到积极的实施和众人的遵守的法是毫无意义的、没有生命力的。从法律与道德的逻辑关系看，诸多法律原则、规范就是由道德规范提升而来的，并且成为支撑法律的灵魂。人类社会最早的不成文法以及较早的成文法都是经过国家认可的，赋予法律效力的道德规范的情形姑且不说，即使在现在，法律也要从道德规范中吸纳适合自身发展的养分。有效的道德规范依赖于有序的法律保障，没有法律保障的道德规范靠不住，没有法律保障的权利义务就会走向空泛。法治的目标不是让人们迫于法律的威慑力量而遵守法律，而是让人们从内心深处自觉地接受法律并主动地追求法律所保护的秩序和正义。

宪法和法律是执政党执政地位合法性的依据。就我国的情况而言，中国共产党的执政党地位是由宪法和其他一些相关的法律明文规定的，而它之所以能够获得并保持这种执政地位，就是因为它坚持全心全意为人民服务的根本宗旨，这是它的道德观的集中体现，这一宗旨是中国共产党取得并巩固执政地位的道德前提。正是由于这一点，使党赢得了人民群众的广泛拥护，从而使它获得并保证了执政的政治合法性。

法治是依靠法律的强制力来约束人们的行为，促成良好社会秩序的形成。法治社会追求的是“有序”，是社会有序化要求的道德，即一社会要维系下去所必不可少的“最低限度的道德”，如不得暴力伤害他人、不得用欺诈手段谋取权益、不得危害公共安全等；道德通常会通过制裁的方法得以推行并上升为法律，而具有较高要求的道德，一般不宜转化为法律，否则就会混淆法律与道德的界限，结果是“法将不法，德将不德”。② 法律的实施，本身就是一个惩恶扬善的过程，不但有助于人们法律意识的形成，而且还有助于人们道德的培养。法律是稳定的，但不是一成不变的。一个法律制度不应该抱残守缺，而应该随着时代的发展不断创新并使其满足时代的需要。

---

① ［美］哈罗德·J. 伯尔曼：《法律与宗教》，梁治平译，三联书店 1991 年版，第 28 页。

② ［美］埃德加·博登海默：《法理学——法哲学及其方法》邓正来译，华夏出版社 1987 年版，第 361 ~ 365 页。

法律治理与道德治理作为治国方略,二者的共同点主要表现在法律治理与道德治理同属上层建筑,法律治理属于政治文明范畴,道德治理属于精神文明范畴。在社会主义制度下,法律和道德作为上层建筑的组成部分,二者的物质基础是共同的,都是维护社会秩序的重要手段和调整社会关系的行为准则。

二、道德治理与法律治理在国家治理方式中的权重

依法治国可以理解为"rule of law",而道德治理就不能简单地理解为"rule of moral"。它们之间的地位不是平等的或不在同一个起始线上,道德治理可以理解为"rule by moral",这样,道德治理就成为国家治理形式的诸多手段中的一种。马克思主义认为,道德和法律同属于为经济基础所决定的上层建筑,作为具有相对独立性的思想的存在,两者都发挥着对经济基础的反作用。而在道德和法律之间,由于法律居于上层建筑的核心位置,道德受到以国家权力为核心的政治的制约,这就是道德治理得以发生的根本性内在依据,这些思想是我们研究治理问题的理论基础所在。

(一)道德治理与法律治理两种治国方式的历史考量与现实选择

道德规范与法律法规同为社会规范,顺应不同的历史要求而生,具有不同的约束作用。虽然道德不具有强制性,但道德作为集体、社会利益的维护规范,一直得到绝大多数社会主体的认可,因而道德的作用仍然是不可忽视的。法律秩序的最终实现要靠社会个体自觉自愿的遵循,而自律、克己的品质是由道德规范实现的。

1. 法律治理与道德治理是历代国家治理活动中的主要手段和方式

没有法治的社会是不可想象的,缺少法治的社会将导致社会的无序状态。在治国方略中,法律治理是基本的和主要的手段,道德治理是有益的补充方式。提出道德治理不是在法律治理的框架之外另起炉灶,而是在法律治理的制约前提下,为建设法治国家服务。二者在推进法治国家建设这一历史进程中统一起来,它们是"建设法治国家"的两种不可或缺的重要手段。

尽管当政权在不同阶级手中更替的过程当中,对立阶级的不同道德仍然对社会发挥着方向相反的规范作用,但是革命阶级自觉地以强制性的法律确定统治秩序的治理活动是先发于道德治理活动的。而一旦社会和国家的政治秩序和法制

系统确立,则同样作为社会政治理想之基本规范方式的法律治理和道德治理就没有社会价值意义上的轻重先后之分。

考察人类政治生活的历史,我们可以发现,任何一种类型国家的政治活动都内在蕴藏着一定的价值诉求。法律治理和道德治理在这种价值诉求中的地位各有侧重,二者是某种特定公共权力政治价值在不同社会规范系统中的表现。所以,法律治理在实践意义上的优先性也不意味着法律治理本身价值意义的优先性。政治与道德或法律与伦理都是社会的基本价值元素,共同构成社会和国家生存与生长的规范基础和理想目标。例如中国封建社会大同社会的理想,古希腊柏拉图的实现了正义的理想国,近代资产阶级提出的自由、平等、博爱,以及马克思主义揭示出来的人的全面发展,这些都是人类在一定历史阶段上对政治生活和人类发展趋势的认识成果。在实行民主政治的现代社会,价值取向分别呈现在公共权力的道德治理活动和法律治理活动当中。所以,在价值层面上,道德治理与法律治理是没有先后之分的。道德与法律同时都是人类社会组成其国家形式所不可缺少的价值维度和政治文化资源。但是,法律是以国家意志和全民必须遵守的姿态出现的,它直接干预人们的行为,它只要求对人们的行为是否违法、是否构成犯罪以及违法或犯罪的程度做出相应的评判;道德属于思想范畴,而思想问题是不能靠国家权力的强制来解决的,它通过干预人们的思想和精神来实现干预人们的行为,道德规范的评判要求比法律制裁要广泛得多。

在社会主义国家里,作为价值目标的人的全面发展表现在法律治理活动中,就是人民主权,法律面前人人平等,表现在道德治理活动中,就是公共权力行使者全心全意为人民服务的公仆意识,集体利益与个人利益相统一的集体主义精神。

2. 现代国家是以法律治理为主和以道德治理为辅的最佳结构

自从人类社会形成以来,人类关于构建理想的和谐社会的努力,始终没有停止过。柏拉图早期坚持认为那种依靠高明智慧的统治者自由地、不受法律约束的治理国家的形式,是第一等的或最优型的政治关系,并对此种治国模式进行了试验。柏拉图通过对这种“理想国”的模式与统治者的自由裁量权受到法律限制的国家形式进行比较分析,发现现实的国家只能接近他所描绘的理想国,而不能完全做到。① 所以,他提出法律国家才是人类社会进行统治的次优选择。后来,许

① [美]C. H. 麦基文:《宪政古今》,贵州人民出版社 2004 年版。

多思想家和政治家对理想的治国模式都进行了有益的探索和实践,最终绝大多数国家选择了以法治精神作为主流治国理念的法治国家模式。

作为现代民主社会条件下的政治规范活动方式,法律治理具有实践上的政治优先性,在实践的逻辑上先于道德治理。法律治理的本质,在于揭示了治理国家的根本方法是运用法律,是崇尚体现大多数人意志的法律在国家政治、经济和社会生活中的权威。那么,只有某一个特定的社会群体掌握了公共权力之后,才有可能进行道德治理活动。社会和国家的法制秩序建构是其合法治理的政治基础和前提,国家是公民公共意志的政治产物,而国家法律则是公民公共意志最直接最明确的具体体现。在无产阶级从资产阶级手中夺得政权建立属于自己阶级的国家政权,进而成为新的统治阶级的过程当中,首先要选择法律手段,建立强制性的法律秩序。法律治理之所以具有基础地位,是因为没有秩序,便谈不上公共权力的治理,而秩序首先只能通过社会法制的方式确立下来。在这一点上,道德治理的实践功能远不及法律治理。

中国在以自然经济为基础、以宗法关系为纽带的传统社会历史演进中,逐渐形成了一套庞大而严密的统治体系,但对宗法家庭伦理的推崇导致了对个人权利自由的压制,道德精神的偏差导致人们民主、法制观念的淡薄,道德规范的固有弹性导致整个社会生活效率低下。在漫长的历史岁月里,人们在认识和改造自然的同时,也不断认识和改造自身,认识和调节人与人之间、个人与社会之间的各种关系,形成了中华民族优秀的道德传统。只要我们站在马克思主义的立场上,用辩证唯物主义和历史唯物主义的观点加以科学分析,就不难发现其中包含着一些合理成分。中国古代治国传统的一个积极内涵,就是强调法治与德治的并重。因此,我们应该注意批判地继承我国古代优秀的治国传统,在建设社会主义法治国家中,寻求法律治理与道德治理的最佳结合。

3. 古代治国传统的积极内涵强调法治与德治的并重

从世界范围来看,中国古代社会是自觉发挥道德政治作用的典范,儒家“为政以德”的思想是古代中国长期的官方意识形态。而中国古代社会是封建专制的政治,但这不等于只有人治的社会才需要依靠道德的力量,现代法治社会的政治生活与道德并没有太多的联系,只有人治才需要仰仗道德的力量,现代法治社会的政治生活无需道德的介入,只是人们的误解。事实上,作为上层建筑的组成部分,道德与以国家权力为核心的政治存在着密切的联系,与法治或人治无涉。

道德不是先验的主观或者客观意志的产物，而是人类社会经济发展到一定阶段的产物。人类只有在群体的生产活动当中才能存在，而群体生活只有通过一定的规则协调成员的行为才能维系，而道德正是适应这一群体秩序需要而产生的社会规范系统之一。恩格斯指出："在社会发展某个很早的阶段，产生了这样一种需要：把每天重复着的产品生产、分配和交换用一个共同规则约束起来，借以使个人服从生产和交换的共同条件。这个规则首先表现为习惯，不久便成了法律。"①这段话直接说明了法律产生的过程，同时也适用于道德产生的过程。

（二）根本治国方式决定了国家治理多种手段并用的可能性

根本治国方式，是指一个国家在一定时期在多种治国手段中选择某种手段为主以作为社会控制的根本手段，如果道德治理也是一种治国方略的话，那么，法律治理就是一种根本性的治国方略。作为根本治国方式的法律，在西方法律思想体系中，从被使用时开始，主要被作为一种根本性治国方略来理解，即法的治理或法的统治。因此，法律治理作为根本治国方略的界定，就是指一个国家在多种手段面前，选择以法律治理为主，道德治理为辅的社会控制手段。

1. 法律治理作为根本治国方式仍需借助道德手段实现其实效性

道德治理是在以建设法治国家为目标模式的前提下，作为治国方略的一种形式发挥作用，与法律治理的根本方式比起来，具有从属地位。因为在法律治理作为现代国家的根本治国方式的前提下，两者的地位显然不同。

法治是以国家的强制力为后盾，要求全体社会成员共同遵守，具有规范性和权威性；法治具有强制性，它可以限制人的行为而不能改变人的内心世界。道德具有调整人的行为的作用，是维持社会秩序的有效手段，通过发挥道德的作用，有助于社会秩序的稳定。道德在维护和巩固社会秩序方面有着法律所不具有的特殊功能，但这不完全等于政府以道德为手段治理国家，否则，就陷入了工具主义德治观的思维定式。道德因素可能限制但不会消除不断产生的社会竞争和冲突，必须将强制的手段和理性的道德说教结合起来才有成效。② 一个社会共同体没有共同的道德规范，没有共同的道德精神，也就没有了共同体的内在凝聚力。

---

① 《马克思恩格斯选集》第 3 卷，人民出版社 1995 年版，第 211 页。

② ［美］莱茵霍尔德·尼布尔：《道德的人与不道德的社会》，贵州人民出版社 1998 年版，第 202、213 页。

道德是建立在人们对权利与义务共识的基础之上的，当人们缺乏共识时，道德的那种依靠社会舆论、人们的信念和习惯、传统和教育等来调整人与人之间、个人与社会之间关系的方式；以榜样垂范来感化人，借以对国家、社会实现治理的方式，其威慑力就远不及法治功用的威慑力。而且道德与法律相比，其弱点表现在道德既缺乏明确性、统一性，又缺乏强制性。相反，法律的优点正在于其明确性、统一性和强制性，而且现实社会又具有法治实现其威慑力的政治、经济和文化基础。因此，单纯依靠法治或德治，其结果并非理想。这些特征决定了法治是民主政治的基本内容，是治理国家的根本方法。道德治理则是通过良好道德而实施合理管理的一种治理国家生活的方式。因此，保持社会稳定必须以法治作为根本治国方式。

2. 法律治理和道德治理都是基本的社会规范系统

人类不可能有只有法治而没有德治的治理之道，作为政治规范方式，法律治理和道德治理彼此支撑和互补，构成公共权力治理活动不可或缺的内容。法律或者道德本身都无法单独承担人类政治行为的规范和调节职能，反之亦然。公共权力的职能是维护社会共同体的运行秩序，秩序的实现依赖于社会规范系统的作用，法律和道德是基本的社会规范系统，公共权力只有采用这两种规范从事治理活动，才可以实现其控制社会冲突，维护社会秩序的职能，这是因为法律和道德具有不同的规范功能和特点。

道德以说服力和劝导力来影响社会成员的道德觉悟，自觉规范自己的行为，以实现社会生活的有序状态；法律则以国家机器为依托，以刚性的方式实现对合法权利的保护，以强制的方式制裁破坏社会秩序的行为者。如果公共权力恰当地运用二者，可以使法律和道德实现功能互补。要实现二者的相互支撑，必须明确道德治理与法律治理的内在价值关系应当是相互配合和相互支持的价值互补关系，而不是孰先孰后的价值排序关系。选择既符合民主政治合法性又合乎社会伦理正当性的社会政治治理原则，是现代民主政体应当坚持的政治伦理理念。这种政治伦理理念应当成为现代民主政治条件下道德治理的基本目标，二者这样的统一治理活动，必定是一种能够较为充分地同时体现其政治合法性与道德正当性的国家政治治理，这是一种兼顾政治行为的政治合法性和道德正当性的“现代民主的政治伦理”①。

(三)道德治理与法律治理相结合的历史必然性

法律与道德是调整社会关系的两种手段,法律规范行为,道德净化灵魂。法律实效的发挥离不开与之相协调的道德的力量。建设法治国家是人类社会追求文明进步的标志和历史发展的必然趋势。建设法治国家离不开道德治理,也离不开法律治理,组织和动员人民群众开展形式多样的法治与德治相结合的自我教育和实践活动,在全社会形成尊重法律、依法办事的氛围,才是历史的必然选择,才是道德治理与法律治理相结合的有效途径。

1. 道德治理与法律治理结合的社会基础

在治理国家中,法律是主要的,道德治理社会也不失为一种理想,是一种很有效的辅助手段。法律是以外在的强制方式发挥作用,道德是一种内在引导的方式发挥作用,在这个意义上依法治国与以德治国是不矛盾的。道德治理与法律治理结合不仅具有理论上的可能性与合理性,同时还具有坚实的社会基础。在强调法律治理前提下的道德治理,要求人们的行为不得违反法律的规定,道德治理所具有的内在的、自律的、全面的、预示性和主动性的特点,决定了通过道德治理能够培育人们自觉履行义务的理念和遵守规则的品质,这是法律得以遵守和执行的基础性支撑条件。因此,道德治理与法律治理是互为基础的,而不是相互排斥的。需要说明的是,现代道德治理的性质根本不同于古代儒家的德治,由于历史上道德所显示出的巨大的精神力量对现代社会产生的巨大影响,在运用道德治理的过程中,要在取其精华、去其糟粕的基础上,古为今用、推陈出新,道德治理就会理所当然地成为治国方式的一个重要选择。

从上述意义上说,道德治理是法律实现的内在伦理基础,是法律的公正属性得以维护和法律的民主属性得以实现的必要条件。只有当法律反映并且服从一定社会条件所认同的道德价值取向时,法律才具备了存在并且产生实际效力的必要条件。如果说法律治理的价值取向和占统治地位的道德观念的价值取向完全一致,法律治理就会获得道德治理的支撑,产生实际的效力。从这个意义上来看,道德治理与法律治理在国家治理上能够共同发挥作用,不但需要有一套具有权威

---

① 万俊人:《“德治”的政治伦理视角》,《学术研究》2001 年第 4 期。

性的法律规则提供保障,而且需要有一套能够有效监督和实施这些规则的机构和制度,由此构成法律治理与道德治理在治理国家和管理社会中不同的运作方式和作用机理,并整合而成为法治社会中法律治理与道德治理相互配合的、共同促进的社会调控体系。

2. 法律治理与道德治理相辅相成的结合点

由法律治理和道德治理在国家治理中的地位和作用决定了二者既有分工又有合作。它们的结合点是由法律和道德在调整社会关系、维护社会秩序和规范社会主体行为中的不同地位和作用所决定的。在一定意义上和一定范围内,道德治理是法律治理的价值基础和内在精神,而法律治理则是道德治理的表现形式和实现工具。法律治理和道德治理的关系是同构的,它们之间有十分密切的内在联系。法律治理侧重于行为规范层面,道德治理关注于精神价值层面。道德治理与法律治理的结合路径与方式为道德治理与法律治理各自价值的实现创造了条件。法律治理讲求合理性、合法性、正义性,以规范政府权力、维持社会秩序为宗旨,道德治理可以为人的精神提供情感皈依以及为法律治理提供文化环境,两者都以人的自由全面发展为最终价值指向。道德治理与法律治理的价值互补或重叠在价值指向和根本目标上的趋同,为两者结合渗透提供了可能性与必然性。

道德规范作为一种非正式制度约束,其自身不能作为单独的或者主导的国家治理方式而起作用。法律治理要求将法律置于国家治理的至上地位,要求任何个人和组织都不能有超越于法律之上的权力,法律必须服从和体现一定社会的伦理道德精神,这是制定、修改、完善甚至废除法律的根本依据,也是法律在秩序层面上发挥社会调控功能和作用的前提和基础。伦理道德既包括价值观念又包括行为规则,既规范行为又约束意识;而法律规范仅仅作用于人的行为,是行为规范,调整的是有意识支配的行为,而不是无行为载体的意识。而法律的调整范围不仅限于行为领域,而且存在一定的限度,调整的是人的基本行为,即伦理道德最低层次所规范的行为。法律秩序的建立和实施又绝对离不开伦理精神和道德秩序的支撑和基础性作用。因为法律是外在的、有限的,具有滞后性、非自觉性等特点,这就决定了法律并不能直接造就人们自觉服从规则的品格,而仅靠法律迫使人们服从规则的高昂成本也是任何社会所不能承担的。在规范调整范围上,道德显然大于法律。上述道德治理与法律治理的差异互补性构成了两者结合的逻辑前提,它们之间的差异性不仅仅是法律与道德的不同,而是观念、规范或制度以及秩序的不同。

三、道德治理与法律治理在国家治理方式中的合理运用

在现代社会里，道德治理离不开法律的保障，只有将道德治理和法律治理有机结合起来，才能实现符合统治阶级根本利益的社会秩序。与道德在价值和功能方面的一致性是公共权力实施道德治理的主要原因。道德治理活动是统治阶级通过公共权力自觉发挥道德在实现缓和社会冲突、维护社会秩序方面的作用，道德治理的这一价值功能表明道德治理这一治国手段被社会认为是正当的。在传统德治社会向现代法治社会的演进中，发挥道德治理对法律治理的辅助作用有其现实的价值功能。

如何把治国理念变为治理实践，是我们探寻国家治理方式的最终落脚点。道德治理不仅仅是国家治理的一种治理模式，而且是一种以价值理性和社会信仰广泛而深刻地影响人们精神世界和生存方式的社会管理模式。使道德治理与法律治理的结合具有现实的可操作性，是我们推动现代民主政治发展，实现法治国家的最终目标。

（一）道德治理与法律治理并举是对我国政治传统的继承与发展

中国封建社会的历史告诉我们，无论是以道德治理还是以法律治理为单一治理模式的历代王朝，都走向了衰落和灭亡。我国实行法律治理与道德治理并举的根本目的就是为了真正实现人民当家作主，这充分体现了法律治理与道德治理的根本目的和使命的一致性。

1. 法律治理与道德治理关系上的创新是社会主义民主政治的鲜明特色

道德治理与法律治理不同，它不是一种治国的政治模式，而仅仅是一种手段或方法而已。现代意义上的道德治理与古代的德治也有着本质的不同，这里所讲的道德治理是社会主义民主政治建设的一个有机组成部分，是一项重要的治国方略，而不是古代人治框架下的德治。当代中国关于“法治国家”模式的选择是上层建筑适应经济基础，顺应时代潮流，汲取古今中外政治文明成果的必然结果。既然选择了法治国家，就要为其实现而付出艰辛的努力。

尽管长期以来，人们借助法律来保护自己的意识有所增强，但一想到打官司的繁琐，很多人毅然选择忍了算了，高昂的律师费也使很多人望而却步。打官司

要付出金钱，耗时又耗力，还不知能否打赢，得不偿失。除了非打官司不可的话，否则，宁愿选择调解，能和解的尽量和解；实在和解不了就采取退却和忍让的妥协办法。如果不是什么大不了的事情，绝大多数人采取了“忍了算了”的做法。由此可以看出，社会主义法治国家的建设是一个复杂和长期的过程。在我国现阶段，市场经济尚不发达，法律制度尚不健全，法治的基础还很薄弱，整个社会还缺少法律意识、权利意识，许多不利因素在影响和阻碍着我国社会主义法治国家的建设进程。

就这个意义而言，必须探寻建设社会主义法治国家的途径和方法，法律治理和道德治理关系上的创新正是从治国方略的角度，为社会主义法治国家的建设提供了一个新的方法论，以此推进社会主义法治国家建设的进程。因此，基于上述分析，我们认识到，二者在关系上不是平行的，而是有主次之分的。归根结底，在建设社会主义法治国家的过程中，道德治理要服务于法律治理，为法律治理创造前提条件和提供基础性的保障。

法律治理就是以中国共产党领导的国家权力机关、行政机关、司法机关和其他社会组织，按照体现人民的意志和根本利益的法律和制度来治理国家。道德治理就是要以马列主义、毛泽东思想和中国特色社会主义理论体系为指导，积极建立适应社会主义市场经济发展的社会主义思想道德体系，发展社会主义精神文明，并以为人民服务为核心，培养全体社会成员具有良好的社会公德、职业道德和家庭美德，从而在全体人民中形成普遍认同和自觉遵守的行为规范，在全社会形成团结互助、平等友爱、共同进步的人际关系。

2. 道德治理与法律治理并举是社会主义治国理论的重大发展

传统的德治建立在少数人对大多数人统治基础上的，是作为统治阶级御民的手段出现的，一整套封建道德规范本质上是封建统治阶级维护其统治地位而采用的具有欺骗性的工具。同样作为法，在专制国家和法治国家，也有着本质的不同。在专制国家，法律主要是统治者镇压人民、维护其统治秩序的一种工具，其本质是“以法治民”，法律是用来约束老百姓的，统治者凌驾于法律之上，言出即法，率兴而为。在现代法治国家，法治的核心内容则是基于保障个人自由和权利的需要，而对国家权力本身也必须施加必要的限制，即“以权利限制权力”。我国宪法规定：一切国家机关和武装力量、各政党和各社会团体、各企事业组织都必须遵守宪法和法律。任何组织和个人都不得有超越宪法和法律的特权。①

在马克思主义看来,道德和法律都属于上层建筑,尽管二者在国家治理中所表现的形式以及所发挥的作用不同,但是,他们在本质上都是由共同的经济基础决定并反作用于经济基础。社会主义道德和法律是由社会主义经济基础决定的,共同服务于社会主义社会的经济基础。法律以国家强制力为后盾保证实施,是保证社会主义建设得以顺利进行的强制性手段,社会主义道德虽然是靠社会成员的道德自律实现的,但它却是社会稳定和发展的不可或缺的手段。因此,我们在强调法律治理的同时,不能忽视道德治理的调控作用,法治与德治并举的提出,既有深厚的理论基础又是当前社会主义建设的需要。

(二)社会主义为法律治理和道德治理提供了政治和思想的保障

在社会主义社会里,因为消灭了剥削阶级和剥削制度,建立了以生产资料公有制为主体、多种经济成分并存的经济制度,人与人之间的关系不再是阶级对立关系,中国共产党代表并维护最广大人民的根本利益。只有在社会主义条件下,才可能将法律治理和道德治理高度统一于社会主义现代化建设事业中,统一于人的全面而自由发展的历史进程之中。

1. 道德治理为法律治理提供坚实的思想政治保证

法律包含了统治阶级对是非、善恶的价值判断和价值取向。在我国,社会主义道德的价值标准始终贯穿于社会主义法治之中,社会主义道德是社会主义法治建设的重要推动力量和政治保证。社会主义道德以马克思主义为指导思想和理论基础,它是人类改造主观世界的精神成果,代表着人类精神文明发展的根本方向,它为依法治国指明了发展方向和前进目标。社会主义法治功能和作用的发挥,最终都要体现在广大人民群众对法律的遵守和服从上,社会主义法治只有切实反映广大人民群众的根本利益,才能得到人们的普遍遵守,形成良好的社会秩序和社会风尚。

社会主义道德为社会主义法治提供了思想保障。社会主义法治的最基本要求体现两个方面:一是公民的守法,二是国家公职人员的守法和依法办事。普遍而持久的社会主义道德教育,可以提高社会成员遵纪守法的自觉性,增强维护法

① 《国家司法考试法律法规汇编》,中国政法大学出版社2004年版。

律尊严的责任感，自觉地同违法犯罪现象作斗争；良好的思想品德、较好的职业道德可以保证国家公职人员秉公办事、执法严明。当前社会上出现的一些违法犯罪现象，除了因为有些人自身不懂法外，其根本原因还在于私欲膨胀、重利轻义，缺乏良好的道德观念。从这个意义上说，加强道德治理才是治本之策。因此，加强思想品德教育，提高人的思想认识和道德觉悟，特别是解决好世界观、人生观、价值观的问题，对于增强人们的遵纪守法意识，促进社会主义法治的健康发展极为重要。社会主义道德可以弥补社会主义法治的不足，社会主义法治是调整社会关系的重要手段，但不是唯一手段。对于法律不能调整或法律还没有作出规定的问题，就需要用社会主义道德进行调整，包括用思想政治教育的方法加以解决，用外在的强制力解决内在的思想问题，效果往往不好。采用法律的手段解决问题时，还要受物质条件的制约，要有法律专门人才、一定的技术装备和基础设施等，还要考虑解决问题的成本和效益。法治讲究程序，包括立法程序和法律实施程序，因此，有时不能迅速、及时地解决问题，就需要进行道德教育，做思想工作的方法比较简便、灵活，见效快，成本也较低。

社会主义法治与社会主义道德在现代社会发展中都具有重要的作用，只有两者紧密结合起来，才会发挥更大的作用。社会主义道德的价值观念应当更多地融于法律法规之中，融于社会各项管理之中，在进行道德教育和思想工作时，要学会更多地利用法治的资源，在开展法治建设的工作中，也要注意增强道德教育的效果。法治与德治要双管齐下，互相配合，共同促进社会主义现代化建设的健康发展。

2. 法律治理的实施对道德治理的实现起着积极的促进作用

道德治理的内容中包含了对社会成员的法律教育和守法要求，如果人们都能够自觉地实践道德治理的要求，就可以达到法律治理所期盼的目标。

社会主义法治以其权威性和强制手段规范人们的行为，促进社会主义道德建设的健康发展。改革开放30多年来，我们党在抓经济建设的同时，十分注重思想道德建设，“两个文明”建设都取得了很大的成绩，尤其是人民的物质文化生活水平有了较大的提高，但是，在思想道德建设中，尤其是思想教育工作还有许多亟待改进的地方，更主要的是对既违反法律又违背社会主义道德规范的腐败行为惩治不力，广大人民群众由对某些领导机关和领导干部腐败现象的严重不满，发展到对党、对社会主义信任感有所降低，为社会主义现代化建设而奋斗的热情被冲淡了。实践证明，思想道德建设滑坡的问题，仅仅靠思想政治教育，靠做决议、发号召，是无法从根本上扭转和解决的。因为一些人肆无忌惮地搞腐败，并不是他们思想认识不高和观念陈旧，而是他们的腐败问题并没有得到应有的制约和惩罚。因此，要想从根本上惩治腐败还需要靠制度的约束，使少数腐败分子无机可乘。可见，没有法治保障的道德是虚幻的道德，只靠思想教育的“一手”，没有法治的“一手”，道德建设是不可能真正发挥其应有的作用的。

社会主义法治通过对国家权力的优化，促进社会主义道德建设的健康发展。社会主义道德的核心是为人民服务，它要求人民的公仆——国家机构和官员廉洁奉公，全心全意为国家的主人——广大人民群众谋利益。但是，这些公仆一旦执掌政权，他们便有了自己作为官员的相对独立的利益，同时他们也拥有了实现自身利益的便利——人民赋予他们的权力。实践证明，在社会主义初级阶段，只靠道德教育，不能使所有的国家机构和官员廉洁奉公，正确使用手中的权力的。必须依靠法治的手段，建立国家机构之间的权力制约机制和人民监督机制。通过法治的手段，使全体社会成员明确认识到，社会主义法治国家中正在行使国家权力的机构和官员并不是权力主体，它不过是权力主体——人民实现自身利益的工具。社会主义法治建设应达到的目标是，国家权力的高效行使与权力监督制约的有机统一。

从法治上保障人民当家作主原则的落实，让广大人民群众从内心感到社会主义法治的优越，感到社会主义制度的优越，能点燃人们心中共产主义理想的火种。社会主义法治是传播社会主义道德的有效手段，我国宪法对社会主义道德建设做出了系统的规定。宪法规定了精神文明建设的共同理想，即把我国建设成为富强、民主、文明的社会主义国家，规定了国家通过普及理想教育、道德教育、文化、纪律和法制教育，通过在城乡不同范围的群众中制定和执行各种守则、公约，加强社会主义精神文明建设，等等。在普通法律中也为社会主义道德建设提供了直接的法律依据。在保护特殊群体方面出台了《未成年人权益保护法》《妇女保护法》《残疾人保护法》《老年人权益保障法》等，既弘扬了中华民族的传统美德，也保护了集体人权。《合同法》《民法通则》《反不正当竞争法》等，要求遵守公德良俗、商业道德、诚实信用等等。在《国家公务员暂行条例》《人民警察法》《法官法》《检察官法》《律师法》等法律中，都规定有思想道德和职业道德方面的内容。这些法律规定，以国家强制力为后盾，对于促进社会主义道德建设具有特殊的作用。社会主义法治通过对违法犯罪行为的制裁和对合法行为的保护，提高人们的道德观念。随着社会主义市场经济的发展，社会成员之间的纵向、横向联系扩大，人们之间的关系也复杂多样，不同阶层和不同集团之间存在着不同利益要求的矛盾。市场经济的一些负面因素对社会主义道德建设也带来了一定的消极影响，如制卖假冒伪劣产品、偷税漏税、利用合同诈骗钱财、贪污受贿，等等。社会主义法治通过制裁破坏社会主义经济秩序的经济、民事违法行为，严厉打击严重破坏社会秩序的刑事犯罪，不仅惩治、教育违法者，还能起到教育和警戒其他社会成员的作用，使广大人民群众明辨是非，提高遵纪守法的自觉性，提高他们的道德观念。

在今天的社会主义市场经济进程中，各种法规本身也是一种道德规则。道德上升到法律的过程是把内在的“应当如此”转化为外在的“必须如此”的过程，这是逻辑发展的必然结果，也是社会转型时期市场经济发展的需要。在社会主义市场经济中，道德与利益关系的界限通过法律制度可以明确，即通过法律规则来约束人们的行为。只有当道德内化成为个人的信念和习惯时，才能转化为个人行为的内在控制力。道德通过制度化的形式外化为社会规则，并逐渐形成良好的社会风气。法律是将道德中最基本最普遍的要求转变成刚性规则，并通过强制力量确保这些规则的正常运用，也就是把部分道德规范外在化。实践证明，如果法律离开道德，常常是脱离实际的。只有道德的法治，才能给社会带来真正的秩序。从根本上说，这是社会主义市场经济发展的客观要求。在自然经济和计划经济条件下，法律再多再完备，也很难实现法治。市场经济是使市场在国家宏观调控下对资源配置起基础性作用的经济体制，市场经济的自主、平等、诚信等属性，必然要求法制的引导、规范、保障和约束，而市场经济需要的是以权利为核心的、具有极大权威和独立运行机制的法律制度，这集中反映了法治形成和发展的经济动因。

3. 法律治理与社会主义道德体系建设的相溶性

重视对社会成员道德感的培养与提升，最大限度地激发社会成员自觉维护公共秩序的责任感和光荣感，加之各种激励机制的建立，将大大地缓解法律或道德的压力。强大的道德驱动力最终也能够修补完善法律法规链条中的缺陷，使法律效力和道德力量在寻求平衡中实现良性循环。

法律法规可以约束人的行为，但却不能控制人的思想意识。一个良好的规范规则概念在人的思想意识中的形成需要一个相当长的时间过程。法规作为条文化的东西在它制定出来以后，人们如何理解和接受它，并按照它的要求去做，这是一个思想和行为相结合的过程。我们不可能在做每一件事的时候先去思考一下，自己的行为是否符合哪一条规则，更多的时候是按照自身长期形成的行为习惯而习惯于做什么事，虽然我国已进行了几次普法教育，收到了一定的效果，人们的法律意识在逐步提高，可是具体到每一个法条的时候，仍然是十分模糊的。不要说普通的老百姓，就是具有一定文化知识的知识分子、国家公务员、党政机关工作人员等高素质人才也很少有人准确掌握具体的法律条文。人们大都停留在法律面前人人平等、杀人偿命、欠债还钱、不要做违法的事等基本法律常识层面上。因而，人们的行为就只能靠习惯或习俗来约束了，而这种习惯与习俗包含了人们的内心信念、社会舆论，其中也不乏法的概念。

党的十一届三中全会以来，我国的改革开放和现代化建设沿着邓小平开辟的建设中国特色社会主义道路前进，取得了举世瞩目的巨大成就。党的十三届四中全会和党的十四大以后，以江泽民同志为核心的党中央采取一系列重大举措，从多方面加强了社会主义精神文明建设和民主法制建设。不仅物质文明建设辉煌，社会生产力、综合国力和人民生活水平都上了一个大台阶，而且社会成员的思想道德素质和民主法制意识显著提高，社会道德风尚和社会秩序发生了可喜的变化。

同时，我们必须清醒地看到，目前我国经济和社会生活中还存在种种干部和群众反映强烈的突出问题。诸如我国社会经济成分、组织形式、物质利益和就业方式日益多元化，给人们的思想观念、价值取向、文化生活带来巨大的影响，随着市场经济的发展，商品交换原则容易侵蚀到社会政治生活和人们的精神领域，引发见利忘义、权钱交易，甚至导致国家意识、集体意识和奉献精神的减弱；一些领域道德失范、秩序混乱，行业不正之风屡禁不止，假冒伪劣、欺诈活动成为社会公害；一些干部欺上压下、弄虚作假、贪污受贿、腐化堕落，使党风、政风受到严重损害；一些地方社会治安不好，各种犯罪活动猖獗，邪教、封建迷信活动和黄赌毒等丑恶现象沉渣泛起；一部分人理想理念动摇，思想道德扭曲，对社会主义前途丧失信心，对腐朽生活方式趋之若鹜，等等。尤其应该看到，在复杂的国际国内形势下，我们在前进的道路上还面临着许多新的巨大挑战。面对这种形势，指望仅仅依靠某种单一的社会调整手段去解决我国经济和社会生活中所面临的种种复杂矛盾和问题，是根本不可能的。

（三）法律治理与道德治理辩证关系的正确反映和科学运用

作为上层建筑的重要组成部分，法律治理与道德治理两者范畴不同、作用的领域和方式也有所区别。它们是维护社会秩序、规范人们的思想和行为的重要手段。从治国方略的角度来看，依法治国与以德治国是一个紧密结合的整体。强调法制建设并非排斥道德建设，强调道德建设也并非排斥法制建设，重要的是使两者紧密结合起来，相互配合，有机统一于建设中国特色社会主义的伟大实践中。重视依法治国而忽视道德建设，或者重视以德治国而忽视法制建设，这样的想法和做法都是片面的。因此，建设社会主义法治国家必须高度重视法律治理与道德治理的相互关系，合理运用法律治理与道德治理的治国手段。

1. 法律治理必须以道德治理为基础，体现社会基本道德的要求

道德是人们心中衡量善恶、是非的准则，内在地制约和自觉地引导人们的行为，是使社会和谐有序的第一道屏障，道德的沦丧带来的必然是人格的堕落。就道德对法律的影响而言，社会需要法律作为人们利益的调节器、行为的规范和指南，但并不是无论什么样的法律都可以适用于任何社会的。我们需要的是符合社会发展规律、体现公平、正义的道德准则的"良法"，是社会公众能够接受并在内心产生共鸣的法律。失去了道德支持的法律，必然会演变为立法者和执法者的任意妄为。从这个意义上讲，不但立法，而且执法以及守法也都要受道德因素的影响和制约。有法不依、执法不严、贪赃枉法、司法腐败等都是道德沦丧的必然结果。一个社会如果没有道德基础，制定出的法律不为多数人认同和遵守，那么即使再健全、再强有力的法律也只能是一纸空文，无法调控社会秩序。因为法律毕竟是一种外在的东西，它不可能是万能的，它总需要靠人们内在自律的道德来配合。因此，从根本上讲，法律是不可能脱离道德而孤立存在的，在一个缺少道德的社会里要产生公正而严明的法律是难以想象的。

法治的渐进与社会成员道德法律意识的觉醒成熟是两条并行的曲线。过分依赖强制手段推进道德目标结果会适得其反。让行政的归于行政，法律的归于法律，道德的归于道德。在以上的每一方面都有其特有的规则与制度，在什么情况下适用哪一种，需要建立一个充分协调的机制。各种手段的选择得当、运用准确，充分发挥各种规章制度"各就各位"的制度驱动力，其现实价值远在条例文本的效力之外。

道德是法律的精神基础，法律是道德的升华和保障。道德培养是逐渐积累的过程，需要进行一系列的宣传、教育、感化和引导，但要使它的建设富有成效，还必须有章可循。我们提倡培养人们高尚的道德，但对不道德却未违反法律的行为，却只能是在道德的范围内解决；对不道德的人和不道德的事的惩处，也必须在法律规定的范围内进行；而一个社会基本道德观念的形成和弘扬也离不开法律强制力的保障。因此，国家在制定法律时，必须考虑道德因素对人的影响。

2. 社会主义道德对社会主义法律的制定和实施具有指导和补充作用

只有社会主义道德中的许多内容和要求需要在通过特定程序上升为社会主义的法律之后，才能获得更大范围的普及，才会具有更强的约束力，只靠道德的力量显然是不行的。所以，必须通过法律惩治严重的不道德的行为，弘扬社会主义的道德，引导社会成员道德生活的健康发展。

在倡导以人为本和谐发展的思想观念下，人性化的措施往往能够达到红头文件和法律法规所达不到的效果，关键的问题是国家治理模式的转变。凡事皆用法来衡量就容易使法这根链条过于紧张而绷断或走向极端化。凡事皆有度，过分地使用就会走向极端，就会物极必反。无论是法律、道德还是行政等，既要各自发挥作用，也要协调其中的相互关系，规范人们的思想行为，使之从被迫接受走向自觉认同。

道德治理可以弥补法律治理的不足，由于道德治理的外延大于法律治理，它涉及社会的方方面面，对于法律条文暂时未能涉足的部分，道德治理可以弥补并使其更加完善。因为法律不能也不可能解决所有的社会问题，法律的调整领域是有限的，它注重的是人们的外部行为的合法性，它不会脱离人们的法律行为而去过问人们行为的动机并窥察人们的内心世界。因此，在许多不适于或不完全适于用法律调整的领域，法律则鞭长莫及。即使在许多法律所调整的领域，如果没有道德治理的支持与配合，法律调整的效果也会不尽如人意。

社会主义道德反映了人民群众的根本利益和他们对善恶是非的基本态度，社会主义法律必须体现社会主义道德的内在要求。只有如此，社会主义法律才能在根本上具有合法性和正义性；也只有如此，社会主义法律才能得到人们广泛自觉的遵守，才能发挥积极的作用。法律的实施和实现主要依靠一般社会成员的自觉遵守和国家机关公职人员的严格执法两种基本方式。从表面上看，守法是一种外在的行为，但实际上却是人的内心思想和外在行为的统一。人的许多外在行为很可能要受到内在的思想、感情等主观因素的影响和制约，其中道德因素在很大程度上影响到人的外在行为。一般来说，在社会占主导地位的道德规范的要求和法律规范的要求往往是一致的，一个道德意识很强的人比一个道德意识淡薄的人违法的可能性要小得多。对于执法人员来说，道德的作用更为重要，在我国不少地方和部门，执法人员滥用权力的现象仍十分突出，其中一个重要的原因就是他们的道德意识淡薄。正如前面所述，社会主义法律的调整范围较小，而社会主义道德的调整范围则广泛得多，不仅包括人们的外在行为，也包括人们的内心思想。所以，社会主义道德在很多领域都会起到弥补法律空白的作用。

法律不能也不可能解决所有的社会问题。因为法律的调整领域是有限的，它注重的是人们的外部行为的合法性，它不会脱离人们的法律行为而去过问人们行为的动机和内心世界。因此，在许许多多不适于或不完全适于用法律调整的领域，如克服享乐主义、腐朽思想的影响，杜绝不讲社会公德、职业道德和家庭美德等现象，法律的作用是有限的。即使在许多法律所调整的领域，如果道德建设被削弱了，法律调整的效果也会不尽如人意，甚至会出现“防不胜防”、“罚不胜罚”的局面。所以，在社会主义现代化建设进程中，加强道德建设，不仅符合我国社会主义精神文明和培养“四有”新人的目标，而且可以唤起人们内心的良知、正义感、荣誉感和羞耻心，充分发掘出人们内心世界里“性善”的部分，从而使人们能自觉主动地约束自己的行为，做到自觉守法，自觉依法办事，崇尚法治，主动与一切违法犯罪及其他社会丑陋现象进行斗争。

第六章

国家治理现代化中道德治理的实施策略

在实行民主政治的社会主义初级阶段，实施道德治理的基本前提就是建立与社会主义民主政治相适应的、符合人的全面而自由发展这一价值理想的社会主义道德体系。社会主义民主政治意味着全体人民对政治活动的广泛参与，促进人的全面发展的实现是社会主义国家道德治理活动的价值取向，道德治理活动的实现离不开道德治理的保障体系的建设。在这一意义上，社会主义市场经济体制建设、法制建设和文化建设就构成道德治理得以实现的保障体系。因此，为了保证在社会主义民主政治条件下道德治理的实现，还必须不断拓展道德治理的新途径、研究道德治理的新方法，推动中国特色社会主义建设事业的进程。

一、道德治理的法治前提与民主政治

政治的最终目的是用道德治理国家，最后人们都有了道德，即没有了法律的约束人们也能自己约束自己，最终形成不受法律约束的道德自律。作为对于社会发展具有能动作用的社会主义民主政治，其政治理想或价值追求，就是促进人的全面而自由的发展。道德治理的实现需要民主程序的完善作为必然的前提条件，民主和政治是道德治理与法律治理结合的政治基础，以建设法治国家为政治取向的治国方略在注重法律治理的同时，也不可忽视道德治理与民主政治之间的内在联系。

（一）民主政治与法律治理和道德治理

民主既是法治存在的前提也是法治的精神品质。民主是我们全人类共同追求的一个理想、一个目标。特别是在今天，民主已经越来越成为我们人类生活的一个最基本的组成部分，越来越成为衡量一个国家、一个民族文明进步的最基本的尺度。根据社会主义国家人民主权原则,在社会主义国家,人民是国家的主人,道德治理是占人口绝大多数的人民群众在民主政治前提下的自我管理。

1. 现代社会中的民主政治与法治

现代民主法治首先是在西方资本主义国家产生的,资本主义民主法治出现之初是具有一定的历史进步意义的,但与现代社会中的民主法治仍有本质上的区别。

尽管民主制度本身并非完美无缺,但民主却是道德的政治制度。"如果我们不逐渐采用并最后建立民主制度,不向全体公民灌输那些使他们首先懂得自由和随后享用自由的思想和感情,那么,不论是有产者还是贵族,不论是穷人还是富人,谁都不能独立自主,而暴政则将统治所有的人。"①相对于专制制度而言,只有民主与法治,才是人民实现自由平等权利的最佳途径。

民主的经典含义,是"人民的权力"或"多数人的统治"。但是,在现实的政治实践模式中,不管是在西方还是在我国,都无法实现使人民中的多数亲自掌握和使用公共权力。民主的实质和核心是承认人民是国家的主人,享有管理国家和社会事务的一切权力,享有掌握决定国家政治生活、决定自己命运的至上权力。

民主政治的一个特殊功能,就是以其特有的机制,为不同利益群体反映自己的要求、表达自己的愿望和不满,提供不同而有效的途径、方式、方法。民主政治还是一种人民参与和自我管理的政治制度。"民主是一种社会管理体制,在该体制中社会成员大体上能直接或间接地参与或可以参与影响全体成员的决策。"②参政议政是人民民主权力的最高表现形式,是人民当家作主的基本实现途径。相应的,民主机制也将约束执政党和政府,依法公正负责地解决这些问题。作为一种道德的政治制度,作为一种代表人民利益的政治制度,民主就应当保障人民对社会权力分配的民主决策、民主监督等权力的实现。政治制度体系的建立和调整,都必须依照人民的意志进行,并以有利于维护和实现人民利益为根本标准,把人民的利益和意志置于至高无上的地位。

2. 社会主义社会中的民主政治与道德治理

民主是一种由人民自己组织起来管理社会,而非少数人专制独裁的社会生活

---

① [法]托克维尔:《论美国的民主》(上),董果良译,商务印书馆 1988 年版,第 367 页。

② [美]卡尔·科恩:《论民主》,聂崇信、朱秀贤译,商务印书馆 1988 年版,第 10 页。

组织方式。“民主制独有的特点，就是国家制度无论如何只是人民存在的环节，政治制度本身在这里不能组成国家。”①民主“承认少数服从多数”的原则，它既否定少数人或个别人的专断，也反对多数人对少数人基本权利的剥夺，要求少数服从多数、多数尊重和保护少数。

在社会主义社会里，享有权利的主体不是少数人，也不是某个阶层的一部分人，而是绝大多数人；由于废除了剥削制度，人民获得了具有真正意义上的平等地位。人民是国家的主人，人民代表大会制度是国家的根本制度，人民代表大会是人民表达自己意愿，行使自己权力的重要机关。人民代表代表人民参与管理国家事务，管理经济和文化事业，管理社会事务。人民一方面可以通过自己的代表参与国家法律的制定、国家公职人员的任免、国家事务的决策、政府行为的监督；另一方面可以凭借自己的权力议政、参政、督政，从而保证国家的各项权力的行使都能充分代表和实现社会绝大多数人的真实意志，能够以民主的方式和机制来统治社会、管理社会。当然，现阶段的社会主义民主还不够完善与健全，因而在建设社会主义政治文明的进程中，政治道德建设就应当秉承民主的根本理念，充分保障人民的尊严和各项权利，优化人民的生存环境，提高人民的生活质量，提供人们全面、健康发展的空间，逐步实现社会公平。

在社会主义社会里，道德治理活动成功与否，社会主义道德建设成功与否，归根结底取决于人民群众积极性、自觉性的发挥。人民群众是社会主义国家道德治理和道德建设的实践者，是社会主义国家道德治理和道德建设成果的受益者和维护者。正因如此，《公民道德建设实施纲要》提出：“公民道德建设的过程，是教育和实践相结合的过程。以活动为载体，吸引群众普遍参与，是新形势下加强公民道德建设的重要途径。每个公民既是道德建设过程的参与者，也是道德建设成果的受益者，要坚持在各种类型的群众性精神文明创建活动中突出思想内涵，强化道德要求，使人们在自觉参与中思想感情得到熏陶，精神生活得到充实，道德境界得到升华。”②对广大人民群众在社会主义国家道德治理活动、道德建设活动中主体地位的认定，不仅有利于强化公民的道德主体意识和道德责任意识，促进公民把权利和义务结合起来，形成社会主义的道德意识，而且为人的全面发展这一社

---

① 《马克思恩格斯全集》第1卷，人民出版社1956年版，第281页。

② 《公民道德建设实施纲要》，《人民日报》2001年10月25日。

会主义本质要求的实现奠定了最坚实的基础。

3. 民主和自由是道德治理与法律治理结合的政治基础

自由、民主、法治是现代文明的追求，而这些都是以实现人的自由全面发展为目的的，德治的提出就是以人的自由全面发展，尤其是精神方面的发展为目的，人的自由不仅仅表现在不受外部压迫，更表现为人的内在价值的自由全面的展现。社会主义社会的道德治理，一定意义上，就是在民主法制的政治保障之下，促进人的全面发展的逐步实现的活动。

在阶级社会里，统治阶级的道德是社会主流道德观念，而要成功占据社会道德观念的统治地位，就离不开公共权力。因此，道德与政治存在着对应关系，奴隶制国家占据统治地位的道德是奴隶主阶级道德，资本主义国家占据统治地位的道德是资产阶级道德。在实行社会主义民主政治的社会主义初级阶段，实施道德治理的基本前提就是建立与社会主义民主政治相适应的、符合人的全面发展这一终极价值理想的社会主义道德体系。法律治理和道德治理的结合既以民主自由为目的，又离不开民主自由的手段，“必须使民主制度化、法律化，使这种制度和法律不因领导人的改变而改变，不因领导人的看法和注意力的改变而改变”①。只有通过民主程序，法律治理和道德治理的结合才能真正实现善治。因此，法律治理和道德治理的结合应当在充分发扬民主自由的基础上最大限度地实现其有效性。

在社会主义民主政治条件下，道德治理与法律治理相辅相成、相互促进，共同发挥着调节人际关系、维护社会秩序的功能。如果缺乏道德支持，法律就会因失去社会认同感的基础。如果缺乏法律支持，道德就会失去国家权力的后盾。如果没有法律治理，社会秩序就无法得以确立。如果没有道德治理，社会秩序同样无法实现和谐。社会主义道德体系建设与社会主义民主政治建设之间是内在统一的。《公民道德建设实施纲要》就此明确指出：“必须在加强社会主义法制建设、依法治国的同时，切实加强社会主义道德建设。”只有把社会主义民主法制建设和社会主义道德建设结合起来，才能推进经济、政治、文化和社会的全面和谐发展。

（二）社会主义民主政治理念的政治价值

政治价值是政治哲学的基本问题。国家产生以后，政治生活成为人类社会生

① 《邓小平文选》第2卷，人民出版社1994年版，第146页。

活的基本组成部分，任何时代，面对现实的政治生活，人们都不免要发出“何为好的国家治理”“何以实现好的国家治理”一类以政治价值为核心的疑问。在社会主义国家，民主政治是社会主义的重要特征，平等与自由是社会主义民主政治的价值理念。

1. 政治价值成为人们政治认识和政治实践的起点

马克思主义认为，人类政治价值的根源在于社会生产方式，正是伴随着社会生产方式的变迁，作为政治价值主体的人类和作为政治价值客体的政治上层建筑才发生相应的变化。因此，尽管不同社会群体的政治价值取向有所不同，但不能否定具体社会发展阶段上存在着客观的政治价值，即与生产力发展水平、政治力量对比关系、社会文化传统、国际环境等具体条件相适应的好的政治生活的诉求，这种政治价值就是引导特定政治国家趋向文明政治生活的精神动力。

人们围绕政治制度、政治行为和其他政治理念的思想和实践活动总是体现着一定的政治价值。社会主义民主政治是社会主义初级阶段的国家形态，明确社会主义民主政治与马克思主义价值追求之间的关系，对于发展社会主义民主政治、建设中国特色社会主义具有重要的理论意义和现实意义。中央在《关于构建社会主义和谐社会若干重大问题的决定》中指出：“我国已进入改革发展的关键时期，经济体制深刻变革，社会结构深刻变动，利益格局深刻调整，思想观念深刻变化。这种空前的社会变革，给我国发展进步带来巨大活力，也必然带来这样那样的矛盾和问题。”面对挑战和机遇并存的改革开放的关键时期，中央十分重视从马克思主义价值理想的视角思考、规划中国特色社会主义建设的实践。党的十七大提出了以人为本、全面协调可持续的科学发展观和构建社会主义和谐社会的重大战略思想。温家宝总理在十届人大五次会议期间，也曾明确指出：“让正义成为社会主义国家制度的首要价值。”这就要求理论工作者对社会主义民主政治，对中国特色社会主义建设事业的价值基础和价值取向，对实现价值目标的方式方法问题做出系统而科学的回答。

2. 社会主义民主政治是社会主义的重要特征

社会主义民主政治作为社会主义的重要特征，是中国特色社会主义事业的政治保障。在深刻认识国际形势的新变化，正确把握国内社会发展新局面的基础上，中共中央明确地把建设社会主义民主政治、发展社会主义政治文明作为全面建设小康社会的重要目标。这反映了社会主义民主政治与经济、文化和社会之间的互动关系。因此,中国共产党作为中国特色社会主义事业的领导核心,在改革发展的关键时期,需要根据中国的国情,以马克思主义的平等、自由的政治价值理念为指导,明确在当前历史条件下,发展社会主义民主政治,实现平等、自由价值理念的目标和任务。

关于民主与社会主义紧密相连的关系,马克思恩格斯在《共产党宣言》中就有过权威而明确的论述:"工人革命的第一步就是使无产阶级上升为统治阶级,争得民主。"①列宁在创立和领导第一个社会主义国家的过程中,提出了没有民主就不可能有社会主义的著名论断,毛泽东坚决地表明只有民主才能救中国;邓小平更进一步地提出没有民主就没有社会主义,就没有社会主义的现代化。马克思主义经典作家的这些精辟阐述,说明民主是社会主义固有的属性。因此我们可以说,没有民主就没有社会主义和谐社会。

3. 平等与自由是社会主义民主政治的价值理念

马克思主义全部学说的宗旨是实现人类解放,实现人的全面而自由的发展。平等与自由是马克思主义基本政治价值,与以往的思想家不同,马克思主义不仅提出了每个人的全面而自由的发展的社会价值理想,而且这一价值理想是建立在历史唯物主义所揭示的社会发展规律的基础之上的,因而它是一个在社会实践当中逐步实现的必然性过程,马克思主义认为价值理想与社会实践之间存在着辩证统一的关系。历史唯物主义揭示出人类终将步入"自由人的联合体"这一社会形态,这一社会形态的组织形式是"社会共和国",即公共权力被全体社会成员所拥有和行使,以此实现包括物质生活领域在内的整个社会生活的解放,即摆脱物的依赖性,实现每个人的自由个性。

任何政治活动都受一定价值理念的指导,而平等和自由是发展社会主义民主政治的价值理念。"社会共和国"是自由人的联合体的政治形态,社会主义民主政治是社会主义初级阶段的政治形态。换言之,社会主义民主政治是"社会共和国"在社会主义初级阶段的表现形式,即其初级形态。如果说平等和自由是"社会共和国"的政治价值,那么平等和自由就是社会主义民主政治的价值本质,发展社会主义民主政治、建设社会主义政治文明就是一个与社会实践发展水平相统一的平等和自由逐步得以实现的过程。平等自由是社会主义国家一切公民政治行为的

① 《马克思恩格斯选集》第1卷,人民出版社1995年版,第293页。

价值起点和价值规范，平等、自由价值理念在社会主义民主政治当中实现程度的提高，对于缩小贫富差距、化解社会矛盾、构建各尽其职、各得其所而又和谐相处的社会主义和谐社会，对于贯彻以人为本、全面协调可持续的科学发展观具有政治保障作用。

（三）社会主义民主政治的价值追求与人的全面发展

政治活动蕴含着一定的价值追求，这种价值追求往往表现为人们从事政治活动所秉持的价值理想。在马克思主义看来，伴随着社会的发展，人的全面发展将逐渐得到实现。马克思主义政党则把实现人的全面发展作为自己的价值理想，把实现人的全面发展作为社会主义的本质内容。因此，作为对于社会发展具有能动作用的社会主义民主政治，在促进人的全面发展中，人的全面发展是实现道德治理的思维起点。

1. 人的全面发展是社会主义的价值追求和历史发展的必然趋势

人的发展是一个历来受到人们关注的问题，历史上的一些思想家也曾经提出过人的全面发展的必然性问题，例如黑格尔就说过："社会和国家的目的在于使一切人类的潜能以及一切个人的能力在一切方面和一切方向都可以得到发展和表现。"①与唯心主义思想家不同，马克思恩格斯不是从抽象的观念出发认识这个问题的，他们依据唯物史观，以人的本质是社会关系的总和为出发点，从社会生产、分工与私有制的角度入手，全面地考察了人从片面发展到全面发展的历史过程，科学地揭示了人的全面发展的必然性。

只有在社会主义和共产主义社会，人的全面发展才成为可能。人们不仅摆脱了人的依赖关系而获得了政治解放，而且摆脱了对物的依赖关系，获得了经济解放。社会主义社会条件下，人们之所以可能获得经济解放，是因为确立了公有制，消灭了阶级压迫和阶级剥削，极大地解放了生产力。这种经济形态是"在保证社会劳动生产力极高度发展的同时又保证人类最全面的发展的这样一种经济形态"②。而且在社会主义经济关系的基础上，确立了人民民主专政的国家政权，工人阶级和广大劳动人民成为国家的主人，拥有广泛而真实的民主权利，共产主义

---

① ［德］黑格尔：《美学》第1卷，商务印书馆1979年版，第59页。

② 《马克思恩格斯全集》第19卷，人民出版社1963年版，第130页。

思想成为社会主义国家居于统治地位的意识形态。总之,社会主义制度的全面确立,使社会主义国家在解放和发展生产力上,在发展和繁荣文化上,都拥有了比资本主义社会更大的优越性,从而为实现人的全面发展创造了前所未有的基础和保障。正因如此,马克思恩格斯在《共产党宣言》当中鲜明地昭示:“代替那存在着阶级和阶级对立的资产阶级旧社会的,将是这样一个联合体,在那里,每个人的自由发展是一切人的自由发展的条件。”①后来他们又指出,作为人类的理想社会,社会主义和共产主义是以“每个人的全面而自由的发展为基本原则的社会形式”②,从而将人的全面发展确立为共产主义的价值目标。

2. 社会主义民主是实现人的全面发展的政治保证

江泽民同志在庆祝中国共产党成立80周年大会的讲话中指出:“我们建设有中国特色社会主义的各项事业,我们进行的一切工作,既要着眼于人民现实的物质文化生活需要,同时又要着眼于人民素质的提高,也就是要努力促进人的全面发展。这是马克思主义关于建设社会主义新社会的本质要求。我们要在发展社会主义物质文明和精神文明的基础上,不断推进人的全面发展。”③这体现了中国共产党对这一历史使命具有充分的认识。

从根本上说,推动人的全面发展的实现,要以包括经济、政治、文化在内的社会基本领域的全面进步为基础。物质文明建设是人的全面发展的物质基础;社会主义精神文明建设是人的全面发展的文化环境;生态文明建设是人的全面发展的可持续保证。而以社会主义民主政治为核心内容的政治文明,是社会主义初级阶段实现人的全面发展的政治保证。而人的全面发展程度的提高,反过来又会促进社会主义各项事业的进步。

人的全面发展首先意味着人的劳动能力的全面发展。马克思说:“任何人的职责、使命和任务就是全面地发展自己的一切能力。”④劳动是人与动物的本质区别所在,劳动是人的本质力量的根本体现,正是通过劳动,人实现了自己与自然界之间物质、能力、信息的交换,从而获得了生存和发展的前提条件。所以,相对于与自然界的关系,劳动对人的全面发展起到决定性作用,劳动能力是人的各种能

① 《马克思恩格斯选集》第1卷,人民出版社1995年版,第294页。

② 《马克思恩格斯全集》第23卷,人民出版社1972年版,第649页。

③ 江泽民:《论“三个代表”》,中央文献出版社2001年版,第179页。

④ 《马克思恩格斯全集》第3卷,人民出版社1965年版,第330页。

力的核心。通过劳动,人们改变自然,同时,伴随着人对自然的改造,人也实现了自身的改变,这集中表现为人的体力、智力的发展。马克思就此指出:“我们把劳动力或劳动能力,理解为人的身体,即活动的人体中存在的,每当人生产某种使用价值就运用的体力和智力的总和。”①

由于人是社会性的存在,因而,人的全面发展离不开社会这一基本背景,人的本质只有在人的社会关系当中才能够得以充分表现。因此,社会关系实际上决定着一个人能发展到什么程度。② 社会关系的本质就是生产关系,它是由生产力的发展水平所决定的。第一大社会形态之所以以“人身依附关系”为特征,就是由前资本主义社会生产力水平低下的自然经济形态所促成的。在自然经济状态下,人们的社会关系或者以血缘为纽带,或者以统治和服从为基础,人们缺乏自由发展的社会条件。第二大社会形态表现为“以物的依赖性为基础的人的独立性”,是由资本主义商品交换关系决定的,资本主义社会打破了封建的人身依附关系,人获得了前所未有的独立性,但是这个独立性是以对物的依赖为前提条件的,人受到资本的统治,所以,也就没有全面而自由发展的可能。只有在共产主义社会里,伴随着生产力的高度发达,人不仅获得了对于自然的自由,也获得了对于财富的自由,才能实现人的本质。对此,马克思深刻地指出:“个人的全面性不是想象的或设想的全面性,而是他的现实关系和观念关系的全面性。”③可见,人的全面发展发生在社会交往当中,其发展的水平表现为人对社会关系的突破程度。

人的素质和潜能包括人的需要、活动和才能等方面的发展。马克思主义认为,需要是人从事各种活动的原动力,任何人如果不同时为了自己的某种需要和为了这种需要的器官而做事,他就什么也不能做。④ 人之所以趋向于全面发展,从需要的角度来看,原因就在于人的需要呈现出一个从低级到高级、从物质到精神、从片面到全面的发展过程。正是在需要不断地得到满足的过程中,人也实现着从低级向高级、从片面向全面的发展。活动是人满足需要的方式,而需要是由低级向高级发展的,所以,能够满足人们需要的活动只能是马克思所说的作为人

① 《马克思恩格斯全集》第23卷,人民出版社1972年版,第190页。

② 《马克思恩格斯全集》第3卷,人民出版社1965年版,第295页。

③ 《马克思恩格斯全集》第46卷下,人民出版社1980年版,第36页。

④ 《马克思恩格斯全集》第3卷,人民出版社1965年版,第286页。

的类特性的“自由的自觉的活动”①,即创造性的活动。受到生产力发展水平的制约,人的创造性活动只能呈现为历史的片面性,得到相对的实现。在既有的人类历史当中,人的创造性活动的基本领域还是以物质资料生产为轴心,只有在生产力高度发达的共产主义社会里,人们“不再有任何对个人生活资料的忧虑,并且第一次能够谈到真正的人的自由,谈到那种同已被认识的自然规律和谐一致的生活”②。这个时候,人的活动才可能是全面的、创造性的。人的才能的发展是人的素质和潜能的重要内容。马克思说:“每个人都无可争辩地有权全面发展自己的才能。”③人的情趣、爱好、特长都是人的才能的组成部分,它们往往表现为一个人的思想道德素质和科学文化素质的高低。只有每个人不断发展完善自身这些方面的素质,自觉地发挥运用这些个人才能,才能够创造性地改造世界,并在这个不断超越现实的过程里面实现人的全面发展的理想境界。

3. 实现人的全面发展必须发展社会主义民主政治

社会主义民主是实现人的全面发展的政治保证。人的全面发展是马克思主义的价值理想,其实现是一个历史过程。这意味着,一方面,作为必然趋势,人的全面发展始终引导着人类社会的发展方向;另一方面,作为量的积累过程,人的全面发展必然存在于现实的人类实践当中。社会主义初级阶段,同样是实现人的全面发展的一个必经环节。在社会主义初级阶段,人的发展尽管无法摆脱历史片面性,但是,社会主义制度的全面确立,为人的全面发展创造了前所未有的条件。

社会主义民主政治之所以成为人的全面发展的政治保证,是由它的本质决定的。民主是有阶级性的,它反映了阶级统治关系。在阶级社会中,它表现为以特定阶级的利益为基础,平等地实现统治阶级成员政治权利的国家形式。④ 所以,在剥削阶级占统治地位的社会,民主从来都为少数剥削者所享有,是统治阶级对劳动人民实施政治统治的工具。而社会主义民主是一种新型的民主,即它是无产阶级和广大劳动人民享有的民主,不是少数剥削者享有的民主。在社会主义民主政治条件下,无产阶级和广大劳动人民掌握国家权力,通过民主程序,无产阶级和广大劳动人民的利益和意志得到实现。无产阶级和广大劳动人民共同占有生产

① 《马克思恩格斯全集》第 42 卷,人民出版社 1979 年版,第 96 页。
② 《马克思恩格斯选集》第 2 卷,人民出版社 1995 年版,第 456 页。
③ 《马克思恩格斯全集》第 2 卷,人民出版社 1957 年版,第 61 页。
④ 王惠岩:《政治学原理》,高等教育出版社 1999 年版,第 91 页。

资料,从而实现了经济上的平等,全社会形成了广泛的共同利益,阶级矛盾不再是社会的主要矛盾,对被统治阶级的镇压也不是社会国家的主要职能,社会主义国家的中心任务转化为发展生产力,实现共同富裕。

社会主义民主通过解放、发展社会生产力,增加社会财富,满足社会成员的物质生活需求,为促进人的全面发展创造物质基础。社会主义民主通过社会主义精神文明建设,提高社会成员的科学文化素质和思想道德素质,为人的全面发展创造文化条件。此外,社会主义民主政治本身也可以促进人的全面发展,这表现在政治实践活动对社会成员素质的培养上。民主政治意味着社会成员对政治生活广泛而有效的参与,缺乏必要思想、政治和道德素质的人是不能行使其政治权利和义务的。而人参与政治生活的素质和能力根本上取决于政治生活的发展水平。所以,作为一种新型的民主,社会主义民主政治的发展必然广泛促进社会成员思想、政治和道德水平的提高。在对社会生活的民主管理活动中,人民群众的主观能动性和创造精神得以充分发挥,当家做主的权利意识和责任意识得到发展;在享有广泛的权利和自由,依法管理国家和社会事务的过程中,社会成员的政治分析能力得以提高,可见社会主义民主还是使人摆脱片面发展而趋向于实现全面发展的重要途径。

为了促进人的全面发展这一马克思主义的社会理想的实现,就必须发展社会主义民主政治。党的十六大报告指出:“发展社会主义民主政治,最根本的是把坚持党的领导、人民当家作主和依法治国有机统一起来。”在这三者之中,“党的领导是人民当家作主和依法治国的根本保证,人民当家作主是社会主义民主政治的本质要求,依法治国是党领导人民治理国家的基本方略”①。这一论述,阐明了在建设中国特色社会主义的过程中,发展社会主义民主政治的原则。党的十七大报告旗帜鲜明地提出了“人民民主是社会主义的生命”这一崭新的命题,这是对马克思主义的社会主义民主政治理论的要义作出的最新诠释。在构建社会主义和谐社会过程中,必须将民主作为首要内容。社会主义和谐社会的基本目标是“民主法治、公平正义、诚信友爱、充满活力、安定有序、人与自然和谐相处”。

促进人的全面发展的实现是社会主义国家道德治理活动的价值取向,那么,道德治理保障体系的建设同样要以促进人的全面发展作为价值目标。道德治理

① 《十六大报告辅导读本》,人民出版社2002年版,第28页。

活动与其保障体系建设在基本价值上的统一,不仅会促进道德治理活动的实现,而且会推动中国特色社会主义建设事业的进程。在中国特色社会主义建设过程当中,我们要在中国共产党的领导下,认真总结吸取社会主义发展历程中的经验教训,推进政治体制改革,不断发展完善人民代表大会制度、政治协商制度和基层民主建设。健全社会主义法制,推进司法体制改革,实施依法治国。改革和完善决策机制,深化行政管理体制改革,深化干部人事制度改革,加强对权力的制约和监督,维护社会稳定,保证人民充分行使民主选举、民主决策、民主管理、民主监督的权利,为保障人民的自由和权利、实现人民的愿望和利益提供良好的制度保证。总之,社会主义民主是推进人的全面发展的政治保障,在社会主义初级阶段,大力发展社会主义民主将对实现人的全面发展起到重要的促进作用。

二、道德治理的现实选择与体系建构

道德作为调整人与人、人与社会之间关系的行为规范的总和,是一定社会经济、政治和文化的客观反映。我国正处于社会主义的初级阶段,这就要求我们在不断完善与社会主义市场经济相适应的社会主义道德规范体系时,应充分反映和体现社会主义初级阶段的社会政治、经济关系的特点,充分反映和体现社会主义市场经济的基本需要和社会主义道德广泛性的要求。因此,道德治理的方法,根本上是处理好道德价值取向与政治体系的合法性的关系,道德治理与制度建设之间的关系,由此构建出与社会主义相适应的道德规范体系。

(一)道德价值取向与政治体系的合法性建设

道德是一种我们生活当中的价值选择,表达社会的一种理性应当的概念。在这个意义上,道德不仅仅是对人们一种品质的要求,而且社会生活中的方方面面,如法律、经济、政治等方面都渗透了价值取向。由于政治体系内在的公共性,政治权力主体在进行有限的资源调配过程中,就产生了从制度上对这一公共权力进行制约的问题。一种政策合理不合理,也要受道德的价值取向的选择和判断。

1. 政治体系合法性的道德属性

社会存在决定社会意识,社会意识中构成社会观念的上层建筑,包括艺术思想、道德观念、政治法律思想、宗教观点和哲学等,这些社会观念是以经济发展为基础的。在马克思看来,经济基础决定上层建筑,因为统治阶级控制着社会的生产方式,社会的上层建筑便取决于什么对统治阶级最为有利。因此,一个社会的意识形态彰显了巨大的重要性,个人或集体都将受到意识形态的影响,某些道德观念往往构成了意识形态的基础。

具有相对稳定性和系统性的社会意识是一个社会的政治意识形态,它隶属于一个社会的上层建筑,并以其独特的方式来反映特定的经济基础并为之服务,这种政治意识形态就是一种表达特定阶级(或社会集团)的状况和利益的有关信仰、思想和观点的体系。这种体系是一个系统化的整体,人们的经济利益和阶级利益在这一体系中被认识和评价。在阶级活动的各个不同领域中,政治意识形态具有社会政治取向和社会道德取向的功能,人们通过政治意识形态这二维关系,表达一定的政治行动纲领和目的,这种政治意识形态就构成一定社会的政治体系的合法性基础。

作为社会存在的反映的意识形态,毫无疑问地具有鲜明的阶级性,它是统治阶级对自身经济利益和社会关系的一种自觉的能动的反映,也就是说这种意识形态体现在阶级意识之中。为了更好地维护和体现各阶级、社会集团和经济利益,各阶级、社会集团都把巩固现存的社会制度或推翻现存的社会制度作为己任,其目标指向也就被鲜明地定位在维护现存的国家政权或建立一个全新的国家政权之上。马克思和恩格斯曾一针见血地指出:“统治阶级的思想在每一时代都是占统治地位的思想。这就是说,一个阶级是社会上占统治地位的物质力量,同时也是社会上占统治地位的精神力量。支配着物质生产资料的阶级,同时也支配着精神生产的资料,因此,那些没有精神生产资料的人的思想,一般地是受统治阶级支配的。”①

道德的基础是人类精神的自律。从微观上观察,作为一种自律活动,道德自律得以发生的内在机理是:个体以对某一行为后果进行利弊得失分析,作为其是否采取这种行为的根据,在社会生活当中,最主要的是对个体、群体经济利益得失的权衡。社会制度是一个社会实现利益分配的基本的、确定的模式,例如生产资料的所有制度、财产分配制度、经济运行制度等经济制度中的基本方面对人们经济利益分配起到突出的规范作用,所以,人们能否从事道德活动,离不开社会制度所确立的利益分配模式的伦理意蕴。从宏观上来说,既然我们承认社会经济关系

① 《马克思恩格斯选集》第2卷,人民出版社1995年版,第52页。

决定社会道德，那么也就是承认社会利益关系决定社会道德，进而又可以引申出社会制度决定社会道德的观点。① 因此，要促进一个社会道德水平的提升，推动一种价值理想的实现，就不能不重视政治体系的道德属性。

2. 社会制度的道德观念

社会制度与社会道德在根本上是一致的，那么，相应地，社会制度所确立的社会权利和义务的基本分配框架，就会折射出对社会成员道德方面的基本要求。然而社会制度对道德的决定作用，是通过对人们行为的直接规范而发生作用的。尽管这种作用是间接地影响到人们的道德观念、道德自觉，但是，其影响力是强大的。在现实生活中，人们的道德观念往往来自于为社会制度所规定的社会利益的分配模式，人们的道德活动往往取决于他们所处的社会制度对于人的解放的实现程度。总之，在相当大的程度上，社会制度的伦理水平，决定了一个社会道德水平的高低。在这个意义上，我们可以说，制度的道德建设是道德治理的根本性内容。

马克思主义对社会制度的伦理性给予高度关注，在谈到政治、法律制度与人的价值关系的时候，马克思曾经指出："民主制中，不是人为法律而存在，而是法律为人而存在；在这里人的存在就是法律，而在国家制度的其他形式中，人却是法律规定的存在。民主制的基本特点就是这样。"②因此，包括法律体系在内的社会主义制度，同样需要贯彻社会主义伦理价值，一方面要体现出社会主义国家权力属于工人阶级和广大劳动人民所有，工人阶级和广大劳动人民是社会主义国家的主人；另一方面，要体现出社会主义国家公民之间的关系的平等性。因此，在社会主义社会，社会制度道德性建设要以工人阶级和广大劳动人民利益的实现为出发点和落脚点。所以，要努力促成社会成员积极参与社会制度道德建设，从道德治理的角度来看，加强社会制度的道德建设是中国特色社会主义建设的重要内容。

3. 政治制度的道德建设

政治制度关注的是公共权力的价值基础及其约束，政治制度、结构本身的道德属性，民主政治制度是统治阶级为了稳定自己的统治地位、维系社会的稳定与平衡而设定的协调社会政治关系、约束规范社会政治行为的一系列政治规则和规范的总和。政治制度包括一个国家的阶级本质、国家政治的组织形式和管理形

---

① 梁禹祥:《制度伦理与道德建设》,《道德与文明》2000 年第 3 期。

② 《马克思恩格斯全集》第 1 卷，人民出版社 1956 年版，第 133 页。

式、国家结构形式及人民在国家生活中的地位等方面,是一个政治系统得以有效运行、有序发展的运作机制。当然,这一价值属性既非由规则、规范的严密性,也非由制定制度的技术性所决定,因为政治制度尽管是各种规则和规范的总和,但政治制度本身并非仅仅是单纯的规则与规范,单纯的规则与规范是没有灵魂存在的,它的生命力应取决于内在的伦理价值,即能否符合绝大多数社会成员的利益要求,创造凝聚社会成员的价值目标与政治范式;能否尊重人民群众的真实意愿,充分保障人民的权利不受侵犯,并在实践中不断实现人民的权利。否则,社会成员非但不会去按这一政治制度的安排去从事政治活动,而且还会通过各种方法和途径去推翻这一政治制度,建立新的政治制度。或者说,政治制度的道德属性就在于其民主性,即能否从制度上合理分配政治权力,确立人民在政治生活中的主人地位,保障人民在社会政治生活中具有独立的政治人格及自由平等权利,从而在根本上推动社会公共利益的实现。

政治制度的道德建设,就是对制度的道义基础的建设,要求在社会基本制度,如经济制度、政治制度、法律制度、行政管理制度中体现特定的道德精神和道德理念,制度的道德建设,所强调的是社会基本制度的道德合理性,这是实施道德治理的重要方法。

(二)社会公正和平等的伦理基础与民主政治发展

政治在本质上就是合理协调各种社会关系,使社会得以稳定和发展。在社会主义社会,人们在政治地位、社会权利方面是平等的,国家尊重和维护人的基本权利,消除了各种特权现象,创造出人人平等相待的环境与保障机制,这对于社会秩序的稳定,社会的良性运行及在全社会形成互助、互爱的良好风尚具有重要作用。

1. 民主政治伦理关系的特征是公民身份的确立

道德是物质性的社会关系在人们意识当中的一种表现。一个社会的道德体系必然是这个社会的经济、政治和文化在道德上的反映,为这个社会的经济、政治服务。我们所要建设的社会主义道德体系,必须反映社会主义初级阶段人们实际的社会关系。从民主政治的方面来看,社会主义初级阶段,伦理关系的根本性变革在于社会成员确立了公民身份。从政治方面来说,一个国家的公民,平等地享有政治权利承担政治义务。公民是实施民主政治国家公民的政治身份,公民的政治身份意味着公民之间彼此平等,意味着公民对公共权力平等地享有。从政治发展阶段来看,现代公民身份确立的前提是现代民主政治的建立,它反映了作为公民个体之间的平等关系,公民权利得到法律的平等保护。实质上,公民身份的确立,标志着民主政治的确立,代表着人们获得了政治上的解放,是实现人的全面发展的一个重要环节。

在社会主义国家里,由于实现了以公有制为主体多种经济成分并存的经济制度,占人口绝大多数的人民成为国家政权的主人。就我国而言,新中国的成立,标志着现代公民社会的确立,而我国公民社会真正的发展则开始于 30 多年前的改革开放和社会主义市场经济体制建设。社会主义公民身份得以确立的政治前提是社会主义民主政治的确立,而社会主义民主政治是属于法治这一治理类型的。那么,在社会主义社会里,公民道德必然是以法治为基础的道德。这首先意味着公民道德是以宪法和法律所规定的权利和义务为基本依据和标准的社会道德,公民道德的内容必须与社会主义法制相一致。其次,公民道德需要社会主义法治的保障,如果没有法治营造一个正义的社会环境,公民道德就丧失了生长的精神空间。再次,由于法治在把违法行为降低到最低程度的同时,又在最大限度上保护人们行动的自由,所以,公民道德应当是对公民独立、平等特性的发扬,这种道德实现主要依靠公民道德的自律,而不是依靠社会舆论的他律。

2. 公平是政治的伦理目标和核心问题

公平与平等的主题是进行权利与义务的合理分配,是分配基本权利和义务,决定由社会合作产生的利益之划分的方式。但是,如何进行权利与义务的分配,如何保证人们对平等权利的追求并承担相应的义务,如何保证社会财富与公共利益的合理分配,实现社会的全面进步,这也是社会公平的核心问题。公平与平等涉及人们社会地位的状况、权利和义务的关系、收入的分配、财富的占有、各种机会的获得与选择等问题。尽管人们对公平的解释是多种多样的,但在马克思主义经典作家那里,公平、平等、公正等范畴是在同一意义上使用的。在马克思看来,公平就是生产资料占有的公平和等量劳动获得等量收入的公平。如果目前出现的两极分化超过了应有的限度,就不仅会带来人们在社会经济方面的不平等,甚至会影响到人们政治权利的平等。

公平作为调解人们之间权利义务关系的准则,在根本上规定着人与人、个体与国家关系的最高道德要求,其直接目的就在于保持社会的秩序与稳定。无论是孔子的"不患寡而患不均,不患贫而患不安",资本主义倡导的"天赋人权"论,还是当代罗尔斯的“作为公平的正义”，都把公平视为“社会制度的首要价值”。公平是社会主义的应有之义，毛泽东曾指出，公平与社会主义具有本质的联系，社会主义就是要消灭剥削，消灭私有制，建立公有制，使极端贫苦农民摆脱贫困、丰衣足食的愿望成为现实。在社会主义新时期，邓小平同志说：“社会主义的本质，是解放生产力，发展生产力，消灭剥削，消除两极分化，最终达到共同富裕。”①社会主义与资本主义及一切剥削阶级占统治地位的社会制度的本质区别，就是在于社会主义从根本上消灭了人剥削人、人压迫人的不合理制度，实现了人民当家作主，为社会公平的实现提供了可能和现实条件。

3. 权利义务与社会公正平等的相互促进

一般而言，一种政治制度设置的是否合理、政治目标制定的能否实现，关键在于是否能够正确处理和解决好社会成员的权利与公平之间的关系。政府与人民的生活息息相通，政府存在的目的就在于从根本上管理好社会，实现社会的公共利益。政府的公共行政能力及其效果便直接关系到民众的政治信念、道德操守与社会凝聚力。正如卢梭所说：“在一个政绩良好的城邦里，人人都会奔向大会去的；而在一个坏政府之下，就没有一个人愿意朝着那里迈出一步了……只要有人谈到国家大事时说：这和我有什么相干？我们可以料定国家就算完了。”②政府产生于人民的授权，人民希望政府能够依法行使政治权力，提供强有力的公共服务，保障相对稳定的政治秩序和环境，引导人民顾全大局，实现自己的权利与自由。

当前，在社会主义市场经济条件下，在社会财富的创造和分配过程中出现了财富的两极分化现象，经济上的不平等极有可能造成政治上的不平等，民主以人民的平等权利为前提，正如列宁所说：“民主意味着形式上承认公民一律平等，承认大家都有决定国家制度和管理国家的平等权利。”③每个公民在社会政治生活中具有独立的人格和平等的权利，可以充分表达自己的观点。每个人都是目的性的存在，从而排除了把人们看作促进相互利益的手段的倾向。民主的实质和核心是承认人民是国家的主人，享有管理国家和社会事务的一切权力，享有掌握决定国家政治生活、决定自己命运的至上权力，使人民能够真正当家做主。

---

① 《邓小平文选》第3卷，人民出版社1993年版，第115页。

② ［法］卢梭：《社会契约论》，商务印书馆1996年版，第124～125页。

③ 《列宁选集》第3卷，人民出版社1995年版，第257页。

（三）经济社会发展与构建社会主义思想道德体系

实施道德治理的基本前提就要建立以为人民服务为核心，以集体主义为原则，以爱祖国、爱人民、爱劳动、爱科学、爱社会主义为基本要求，开展社会公德、职业道德、家庭美德教育，在全社会形成团结互助、平等互爱、共同前进的人际关系。同时要与社会主义市场经济相适应、与社会主义法律规范相协调、与中华民族传统美德相承接的社会主义思想道德体系和符合人的全面发展这一价值理想的社会主义思想道德体系。

1. 构建以为人民服务为核心，以集体主义为原则的社会主义道德体系

社会主义道德建设的一切活动，都要以最大多数人民的根本利益为最终目的。党的七大正式把全心全意为人民服务写进了党章，以后历次党代表大会都坚持把全心全意为人民服务的要求写入党章，使之成为我们党一直坚持的唯一宗旨，成为我们党始终高扬的一面旗帜。在改革开放的新时期，邓小平同志强调为人民服务的重要意义，强调要把人民满意不满意、人民高兴不高兴、人民赞成不赞成，作为检验我们一切工作的标准。党的十四届六中全会《决议》提出社会主义道德建设要以为人民服务为核心，指出为人民服务是社会主义道德的集中体现，强调在发展社会主义市场经济条件下，更要在全体人民中提倡为人民服务和集体主义精神。胡锦涛同志在论述社会主义荣辱观时强调“以服务人民为荣、以背离人民为耻”。社会主义道德建设，必须紧紧把握住为人民服务这一核心。为人民服务是我们党的宗旨，是共产党人和一切先进分子的人生观和价值观，也是我们社会主义社会应当大力提倡的高尚道德。为人民服务不仅是共产党员、领导干部要具备的最高道德境界，而且是全体公民应追求的最高道德理想。

为人民服务是社会主义道德区别于其他道德的本质的体现。把为人民服务确立为社会主义道德建设的核心，是对马克思主义道德理论在新时期的一个新发展。在新的形势下，必须继续大张旗鼓地倡导为人民服务的道德观，把为人民服务的思想融会贯通在各种具体道德规范中，引导人们正确处理个人与社会竞争与协作、先富与后富、经济效益与社会效益等关系，反对拜金主义、享乐主义和极端个人主义，形成展示社会主义制度优越性，促进市场经济健康发展的良好道德风尚。为人民服务是社会主义道德要求的集中体现，它决定了社会主义道德的基本性质，决定了社会主义道德活动的基本标准和方向。

作为社会主义思想道德体系基本原则的集体主义是社会主义经济、政治关系的必然要求。社会主义集体主义包括三方面的基本内容,首先,强调集体利益同个人利益在根本上是一致的。集体利益代表着社会成员个体的根本利益和长远利益,而社会成员个体合理利益的实现是集体利益的具体实现方式。其次,承认在某些具体的情况下,个人利益和集体利益之间往往存在着矛盾。在这种情况下,必须坚持集体利益高于个人利益的原则。再次,社会主义的集体主义,其重要功能就在于保证个人正当利益的实现,使个人的才能、价值得到最好的发挥。个人价值的发挥离不开集体,"只有在共同体中,个人才能获得全面发展其才能的手段,也就是说,只有在共同体中才可能有个人自由"①。

马克思恩格斯在《共产党宣言》中指出:"过去的一切运动都是少数人的或者为少数人谋利益的运动。无产阶级的运动是绝大多数人的、为绝大多数人谋利益的独立的运动。"②一切剥削阶级的道德尽管表现形式不同,但它们总是强调个人利益的至上性,总是把个人利益凌驾于他人利益和社会利益之上,总是把个人利益作为判断人的行为善恶与否的根本价值尺度。在社会主义社会里,人民成为国家的主人,国家利益、集体利益和个人利益三者之间获得了根本上的一致,这使集体主义成为调节个人与集体之间利益关系的根本原则。社会主义道德强调以他人和人民利益为重,以社会利益为先;强调在社会利益的基础上,实行个人利益与人民利益、集体利益的结合。因此,以为人民服务为核心,以集体主义为原则的社会主义道德体系必须以全心全意为人民服务作为社会主义道德建设的出发点和落脚点,集中体现了中国共产党的根本宗旨,也集中体现了社会主义道德的核心内容和要求。

2. 构建适应社会主义的法律规范,建立法律治理与道德治理相结合的社会主义思想道德体系

道德治理,既是建设社会主义本质规定和内在要求,也是社会主义的特色和优势之一。实行道德治理这一治国方略就是以马克思列宁主义,毛泽东思想、邓小平理论为指导,以为人民服务为核心,以集体主义为原则,以爱祖国、爱人民、爱劳动、爱科学、爱社会主义为基本要求,以社会公德、职业道德、家庭美德的建设为

① 《马克思恩格斯选集》第1卷,人民出版社1995年版,第119页。

② 同上,第283页。

落脚点，建立与社会主义市场经济相适应、与社会主义法律体系相适应的社会主义思想道德体系，并使之成为全体人民普遍认同并共同遵守的行为规范。

一个现代的社会的文明首先是所有的人都遵纪守法，文明必须要有法律的保障才可以存活。在文明举止与触犯法规之间，有一个明确的界限，而这条界限就是法的界限，任何人都要遵守。同时，法律也需要人们的监督，杜绝有法不依、执法不严等伤害法律尊严的事情。

道德是调整人们之间以及个人与社会之间的行为规范的总和。它是上层建筑意识形态的一部分，是对社会经济基础较为直接的反映。随着经济基础发生变化，人们的道德观念也会或迟或早地发生变化。道德总是具体的和历史的，具有鲜明的阶级性和历史继承性。中华民族有着几千年的道德传统，对于传统道德中落后的、愚昧的、反动的、腐朽的观念，我们必须坚决加以批判和抛弃，结合当今的时代精神，赋予它新的时代内容，这是建设中国特色社会主义道德规范体系所必需的。

但是，现在整个中国都处于一个开放的状态中，人们的价值观和思维方式逐渐地向多元化发展，对自身的认知度越来越高，对政治和体制的敏感度也越来越强。在这种情况下，对人们的思想观念和行为方式等一味地强行管制和放任自流都会对社会的发展构成一定的潜在的危机。

道德治理以其伦理道德来规范和教化社会每个成员的思想，不仅使其自觉地遵守各种法律制度，而且使其在各种环境下坚持道德信念而不动摇。道德治理强调自我道德修养、道德自律，重在治本。道德治理以其说服力和劝导力提高社会成员的思想认识和道德觉悟。但道德治理离不开法律治理，因为道德治理的实施必须以法律治理为前提和保证。法律治理属于政治范畴，属于政治文明。法律治理强调法律刑罚的威慑性、强制性，是以其权威性和强制手段规范社会成员的行为，重在治标。法律治理也离不开道德治理，因为法律的建立是以道德为内在价值取向的，法律不可能涉及所有社会行为领域，在许多法律治理达不到的地方，需要道德治理去调整。

道德依靠个人的自觉和社会舆论来维系，但是，在利益关系和价值观念多样化的条件下，仅仅依靠良心和舆论不足以防止违背道德的行为发生。在道德体系中，有一些道德是最低限度的义务，它们能否得到普遍遵守，意味着社会基本秩序能否正常维持。对这些道德义务，应当设法使之上升为必须履行的法律责任。从这种意义上说,法律是道德的底线。我国宪法在总纲中规定,公民必须"尊重社会公德";《民法通则》也规定"民事活动应当尊重社会公德",这就是把尊重社会公德确认为法律原则。

一般来说,现代社会的道德水准的提高有利于法治的推行,而良好的法治又会有助于提升公民的道德水平。法制建设与道德建设是国家治理的两个基本杠杆,在市场经济条件下更是缺一不可。这不仅是古今中外的一条重要治国经验,而且也是我国社会主义现代化建设必须重视的重大问题。从一定意义上讲,改革是对利益格局的重新调整,是一场深刻的社会变革。在社会转型过程中,如何正确处理各种社会矛盾,化解不安定因素,维护社会稳定。一方面,需要法治的力量进行约束和遏制;另一方面,也要运用道德这一特殊调整手段,解决市场经济带来的各种消极因素对人的思想造成的不良影响。同时,将各种利益矛盾调整到社会可控制的范围之内,并逐渐缓和乃至最终化解那些影响社会稳定的利益矛盾。只有在实践中坚持法律治理与道德治理的结合,才能真正建立起安定团结、生机勃勃的社会主义和谐社会。

3. 构建道德教育和法律实践相结合,道德社会化与法律社会化与相融合的社会主义思想道德体系

现代理论认为,人的道德社会化、政治社会化和法律社会化等社会化过程是人们学习、适应社会从而取得社会生活资格的过程。人的一生是一个社会化的过程,从刚刚出生的自然人经过社会环境的影响而成为一个社会人。如果经历了政治社会化、道德社会化、法律社会化等过程,就会成为较之一般人更强烈的具有政治意识、政治价值观、政治洞察力、政治判断力及政治行为能力的"政治人"。就会成为具有一定思想道德境界,遵守各种社会行为规范的有道德的人,就会成为具有法制意识、懂法守法、遇事按法律规定行事的人。任何人都不能逾越这个过程,否则,就无从获取社会生活资格,就不能成为一个完整意义上的人。

社会是一个复杂的系统。每个人都处于不同的社会环境之中。在现实社会中,为了维护人们的共同利益,协调彼此的关系,便产生调节人们行为的标准。人的行为能够根据社会道德标准来进行,通过一定的途径和方式,将特定社会所规定和践行的道德伦理和道德价值内化为自身自觉的道德信念与行为的过程。在这一过程中,必须通过有效的途径才能实现道德社会化的目的,道德社会化是道德治理的重要使命,也是促进全面建设和谐社会发展的现实需要。

一个国家或民族,它的社会伦理和信仰与它的政治经济制度是密切相连的,特别是在政治经济制度的改革过渡时期,这种社会伦理更是起着弥合制度缺陷和引导制度建设的巨大作用。由于主客观因素的原因,每个人的道德理想会处于不同的需求层次上,不同层次的道德要求构成了不同的道德水平,也体现出不同的道德境界。

从道德治理的方法来看,道德社会化与法律社会化体系的构建,就是规范公民道德发展的社会环境。"人创造环境,同样,环境也创造人。"①通过公共权力活动,有效地影响人的道德意识的发展环境是道德治理的基本内容。从一般意义上讲,有关公共权力的一切活动和制度安排都构成社会成员道德社会化的大环境,研究范围局限于那些直接影响人们道德素质生成发展的渠道,由此出发,道德社会化体系构建包括学校教育的政治立场、大众传媒的政治导向、社会团体的政治倾向等。

道德社会化是伴随人的一生的过程,在这个过程中,学校教育对人的道德情感、伦理意识的形成起到非常重要的作用。学校教育历来都是政治体系传播其思想,培养社会成员道德的重要机构。作为特殊的社会组织,学校的基本功能在于传播科学文化知识和培养技能,为人们生存发展提供知识和技能。而且,学校的集体生活为人们提供了重要的社会生活样式,这对于人们将来在社会上如何处理各种社会关系和各种社会矛盾都会产生极其深远的影响。因此,任何政治体系传播政治文化的活动都离不开系统的学校教育。大众传播媒介是现代道德社会化的有一个主要渠道。毫无疑问,大众传播媒介在当代的政治思想教育中扮演了重要角色。② 现代社会面临着从工业社会向信息社会的过渡,社会生活内容日益丰富,节奏日益加快。报纸、电视、广播和新兴的国际互联网这些大众传播媒介,成为现代人获取信息的基本途径,正是通过大众传播媒介所提供的信息,人们对于自己无法亲身介入,或者无暇深入了解的那部分社会生活产生了印象,形成了认识。来自大众传播媒介的信息成为现代人思维与行为模式得以形成的重要资源。而媒介对于信息的选择是有标准的,在阶级社会当中,思想统治是一直都存在着的,因此,通过公共权力的活动,影响大众传播媒介的政治倾向性,从来都是统治

---

① 《马克思恩格斯选集》第1卷,人民出版社1995年版,第92页。

② [美]安东尼·奥勒姆:《政治社会学导论》,浙江人民出版社1989年版,第370页。

阶级控制社会成员政治社会化环境的基本手段。社会团体是人们从事社会活动的具体组织和群体。它主要包括人们谋生的单位组织和基于各种兴趣爱好思想信仰方面的共同取向而成立的民间性社会团体。随着现代社会生活的发展,人们拥有了越来越多的闲暇时间,可以参加符合其兴趣爱好的群体活动,因此,社会团体的道德倾向性对人们政治情感、思想的形成将起到越来越重要的作用。

法律社会化是统治阶级通过法律机构运用各种机制、手段,以现行法律法规为依托,对广大社会成员进行法律意识的培养,法律知识的普及,法律思想的传授,使社会成员逐渐接受现行国家法律法规的制约,形成具有一定法律意识、法律观念、遵守各项法律要求的个人。我国所进行的几次普法教育,就属于法律社会化的过程。通过普法教育,以各种大众传媒的作用,人们的法制意识普遍提高,这对于预防违法,遏制犯罪起到积极的作用。这几个方面都是庞大系统的环境内容,在这里探讨法律与道德问题就侧重谈论法律社会化问题。"不是人为法律而存在,而是法律为人而存在;在这里人的存在就是法律,而在国家制度的其他形式中,人却是法律规定的存在。"①因此,包括法律体系在内的社会主义社会制度,同样需要贯彻社会主义伦理价值,体现社会主义国家权力属于工人阶级和广大劳动人民所有,工人阶级和广大劳动人民是社会主义国家的主人的特征。

改革开放以来,中国已进入了一个新的社会转型时期。从计划经济社会向社会主义市场经济社会转型,从农业社会向工业社会转型,从乡村社会向城镇社会转型,从封闭、半封闭社会向开放社会转型,从同质单一性社会向异质的多样性社会转型,从伦理社会向法理社会转型。② 社会转型意味着社会矛盾的增加。邓小平同志在改革开放之初就曾经指出:"生产关系和上层建筑的改革,不会是一帆风顺的,它涉及的面很广,涉及一大批人的切身利益,一定会出现各种各样的复杂情况和问题,一定会遇到重重障碍。"③对于当前我国所处的经济社会发展的机遇期和关键期的复杂性,党中央给予了足够重视,"综合起来看,在当前和今后相当长一段时间内,我国经济社会发展面临的矛盾和问题可能更复杂、更突出。"而解决经济社会发展关键阶段复杂矛盾的一个基本措施,就是加强思想道德教育。"一个社会是否和谐,一个国家能否实现长治久安,很大程度上取决于全体社会成员

① 《马克思恩格斯全集》第1卷,人民出版社1995年版,第133页。

② 袁方:《中国社会结构转型》,中国社会出版社1998版,第26页。

③ 《邓小平文选》第1卷,人民出版社1993年版,第142页。

的思想道德素质。没有共同的理想信念,没有良好的道德规范,是无法实现社会和谐的。要切实加强社会主义先进文化建设,不断增强人们的精神力量,不断丰富人们的精神世界。"①在我国经济社会的发展过程中,调整人们社会关系的道德规范受到了前所未有的挑战,道德标准的冲突通过人们的行为表现出来。因此,我们必须加强思想道德建设和教育,积极探索新时期道德社会化与法律社会化工作的新途径,切实加强思想道德教育,推动道德实践,推进社会主义和谐社会建设。

三、道德治理的实现方式与制度保障

现代国家是在法律治理下的国家,现代道德的生长离不开相应的现代法制化的保障。我们今天的道德是完全不同于封建社会等级制度下的道德,它已经成为保证社会正常运转秩序的一种必要的调控手段。道德规范不是动用强制惩罚的手段实现的,但是道德规范的实施和人们对它的遵循,确实需要有外在保证。事实上,法律在某种意义上,对道德规范的遵循就是在底线意义上的外在强制保证,通过社会管理来强化促进人们对道德规范的遵循,法律规范和社会管理都可以看作是对道德规范的一种保障措施。

(一)拓宽与民主政治相统一的道德治理路径与方法

道德水平是社会文明程度的重要标志,高尚道德是社会凝聚力的源泉,是提高人的精神境界、促进人的自我完善、推动人的全面发展的内在动力。发展市场经济,维护社会稳定,促进社会发展,离不开道德建设。为了保证道德规范得以落实,还必须不断拓展道德治理的新途径、研究道德治理的新方法、构筑道德治理的新体系。

1. 实现道德治理需要道德建设的规范化和制度化

现在经常有人说道德滑坡的话题,把原因推到市场经济体制的负面效应上,其实,道德滑坡的症结之所在,不是一个简单的社会问题,出现的原因很多,但归结其根源,还是制度文明问题。如果这一问题得不到妥善的解决,空洞的呼唤道

---

① 胡锦涛:《在省部级主要领导干部提高构建社会主义和谐社会能力专题研讨班上的讲话》,2005 年 2 月 19 日。

德文明重返人间是不太可能的事情。也就是说,以德治国的前提条件还是依法治国,严法治国。

道德治理需要道德建设的规范化和制度化是公共权力道德治理活动的基本内容之一,包括两个方面的内容,一方面,它是指通过公共权力的确认,公共权力所有者将一定的道德观念、道德规范转化为国家法律,即"立法者将一定的道德理念和道德规范或道德规则借助于立法程序以法律的、国家意志的形式表现出来并使之规范化、制度化"①。另一方面,它指的是公共权力的道德治理活动本身受到法制约束,表现为制度化、经常性的道德建设活动。

道德建设法制化意味着将符合社会发展需求的优秀道德上升为法律。历史唯物主义认为,法制和道德都属于社会结构当中的上层建筑部分,二者都是物质生活当中占统治地位的阶级利益和意志的反映,因此,法制和道德在本质上是统一的。所以,古今中外的法律条文当中都蕴含着丰富的道德性内容。而道德观念里面也不乏要求公民守法的训诫。伴随着社会生活的发展,法律当中的道德性条文也发生着损益。事实上,在阶级社会当中,统治阶级往往要自觉地把一些维护特定生产关系,实现统治秩序的道德规范上升为法律条款,以国家强制力量使得这些道德得以广泛推行。

法律的制定和适用都是有一定的时效性的,也许此时的法律法规对彼时的某些问题就不适用,它应该具有更高的灵敏性,使法律在公平、正义和道德的范围内维护最大多数人的利益。法律是社会主义国家实施国家治理的基本依据,其本质是工人阶级领导下的全国人民的共同意志。法律的制定,首先要考虑的是它的可行性和现实性,而不仅仅是条文。应当说,我国制定的法律是适合我国国情和社会制度的,是能够促进社会发展的科学的主流法律。但是,人们对它的运用更多的还是专门的司法和法律机构的专业人员,普通老百姓对它的了解和掌握还需要多次的普法和法律教育,才能使之成为尊重人的权利以及日趋多元化价值取向的法制观念。

在建设中国特色社会主义的伟大实践中,法律的根本任务,就是保障和促进社会主义现代化建设的顺利进行。因此,通过法制,把人民群众在社会实践当中形成的优秀道德观念、道德规范固定下来,使之得到全体社会成员的遵守,对于社

---

① 杨清荣:《制度的伦理与伦理的制度》,《马克思主义与现实》2002 年第 4 期。

会主义道德建设、提高人的素质、促进人的全面发展都是大有必要的。所以，党的十四届六中全会通过的《中共中央关于加强社会主义精神文明建设若干重要问题的决议》明确指出："社会主义道德风尚的形成、巩固和发展，要靠教育，也要靠法制。"综合运用教育、法律、行政、舆论等手段，规范和养成良好的行为习惯，约束和制止不文明行为。

法律只有掌握在正义者手中才能够对维护社会秩序、保证安定团结、保护社会成员的人身和财产安全发挥积极的作用。如果法律掌握在犯罪分子的手中，就会成为游戏法律的手段。在经过普法教育后，广大人民群众的法律意识普遍得到了提高，但依然存在着违法犯罪的现象，说明人们的法律意识还提高得不够，这是一个不争的事实。政府为了解决问题，也相应出台了法律援助、法律调解、庭外和解、民事诉讼调解、治安调解与人民调解等诸多手段化解矛盾和冲突，这种做法也适应了我国现阶段社会发展的需求，为稳定社会局面，加快社会主义现代化建设起到了良好的效果。

在人类历史上，适应社会发展的不同历史阶段和历史条件，相继出现过不同的道德类型，不同类型的道德源于不同的社会物质生活条件，具有不同的内容与特征。从发展的观点看，它们都是人类道德走向成熟的必要环节和阶段。

社会主义国家是人类最后一个存在着国家政权的国家形态，社会主义国家政权的根本职能在于解放、发展生产力，发展社会主义物质文明、政治文明和精神文明，从而大量积累社会物质财富、提高人们精神境界，为共产主义的实现准备条件。当前，推行道德建设法制化的一个重要内容是成立专门的道德治理机构，使得道德建设的依法进行获得组织基础和机构保障。道德治理专门机构的基本职责是从事道德立法，并监督道德立法的执行。例如可以在人大、政协和政府当中成立道德委员会，从不同层面规范公职人员道德行为，在全社会倡导积极向上的社会主义道德。当然道德建设法制化，并不是说要把全部道德规范上升为法律条文，那样做在理论上和实践上都是行不通的。可以上升为法律的道德规范，只需要具备这样的特点：性质上它们是有益于人类社会共同的生存与发展的道德；形式上它们只能是社会道德、客观道德，而不是个人道德、主观道德；它们只能是基本的社会道德，而不是理想的社会道德；它们只能是涉及人的行为层面的道德，而不是涉及人的思想层面的道德。①

法律与道德原来是两个不同的范畴，现在这二者已经有一定程度的渗透。《公民道德建设实施纲要》本身就是道德建设规范化、制度化的一个典范。如社会公德规范化。“公德”，首先，它是“社会人”所应当具有的。其基本要求不是出于仁爱之心，而是出于对他人的合法利益和人格的尊重，也就是对他人“权利”的尊重，并突出表现为对规范和调节社会不同利益主体和利益关系的“公共规则”的尊重。它所依据的是普遍主义的原则，要求每一个社会成员都必须遵循公共生活的规则，履行与自己的权利相对应的义务。它要求一视同仁地平等对待每一个社会成员，而不论其社会地位如何，与当事人的亲疏关系如何。这是现代社会公共生活发达的产物，是现代社会的内在要求，也是市场经济体制的内在要求。

2. 实现道德治理需要全社会的共同的有序的参与

人民群众发自内心地拥护社会主义道德建设，自觉自愿地投身到公民道德建设的实践中去使道德建设产生了巨大的力量源泉。这种蕴藏在人民群众心中的觉悟和行动会更加唤醒越来越多的公民自觉遵守和维护社会公德的意识。任何一个能够参与正常社会生活的公民，都可以通过不同的渠道，获得公民道德建设的相关信息。良好的道德风尚不是只靠一天的公民道德宣传日就可以养成，它需要全社会每一个人的持之以恒的努力。

政治参与是我国公民进行自我教育的方式，公民通过各种政治参与实践活动，能拓展政治知识，培养自己的民主意识，提高对社会主义政治体制的认同感、归属感和政治责任感，还能够培养自己的民主政治行为能力，积累政治经验，从而在政治上更加成熟，形成稳定的政治态度和政治观念。公民政治参与的形式和程度，是国家权力性质的重要标志。在社会主义国家里，人民享有管理国家事务、管理经济和文化事业等社会事务的一切权力，人民的政治参与是社会主义民主政治的应有之义。政治参与是人民群众享有民主权利的重要体现。我国实行的超越西方政治制度的人民代表大会制度，就是以公民广泛的政治参与为基础的。为此，在社会主义民主政治建设中，至关重要的是要将民主在实践中付诸操作。正如列宁指出的那样：“人民需要的不仅仅是民主形式的代表机关，而且要建设由群

① 程秀波：《道德法律化的根据与界限》，《河南师范大学学报》（哲学社会科学版）2005 年第 7 期。

众自下而上来管理国家的制度,让群众实际地参加各方面的生活,让群众在管理国家中起积极的作用。”政治参与是人民群众享有民主权利的重要体现。如果人民不能有效地参与政治,人民的政治权利和根本利益就无法得到保障,也就不可能真正实现对社会公共事务的管理。公民有序的政治参与是决策者正确决策,避免和纠正决策失误的重要条件。公民的政治参与还会促进政府决策的高效化。公共政策尤其是在关系到公共安全事业政策的执行时,往往需要公民的了解与支持,如若没有公民的政治参与,则难以达成与公民的共识,在实施中必将遇到阻力,造成行政效率低下的后果。

公民政治参与的迅速发展是一种历史的必然性,这种必然性本身对社会主义民主政治的影响是双重的,因此我们必须清醒地认识到,公民政治参与无疑是社会主义民主政治建设的积极推动力量,但在现阶段,民主体制还需要进一步完善,设法提供满足公民政治参与制度化的参与渠道,形成吸纳广泛参与的能力。就总体状况而言,我国目前的公民政治参与的不成熟性也会对民主政治建设产生某些消极的影响,如抵制性的参与、过激的参与、暴力的参与,以及高频度的参与、过分扩展的参与等,都会危及现行的政治秩序和社会秩序,影响政治稳定,给民主政治的运行造成破坏。因此,迅速发展的公民政治参与,尤其是一些非制度化的参与,也会对现行的民主秩序构成一定的冲击。所以,“有序”的公民政治参与才是政治民主化程度提高的重要标志,是公民对于国家命运和自身发展而产生的来自灵魂深处的终极关怀。从理论上讲,参政议政既是人民的一项权利,也是人民的一种道德责任。因而,人民在参与政治时就不可为所欲为、盲目无序。这说明,公民虽然具有参政的权利,但这种权利不得以有害于国家、有害于社会、有害于他人权利为前提。在加强政治道德建设的今天,应当引导公民有序的政治参与,促进社会公共生活的有序化、稳定化和民主化。

3. 实现道德治理需要积极营造和谐的社会环境

和谐社会建设为道德治理提供了现实土壤。稳定的社会秩序是一个社会是否和谐的必要条件和基本特征,秩序的存在是人类活动的必要前提,构成了人类理想的要素和社会活动的基本目标。为了调控社会利益矛盾和冲突,必须使社会成员形成良好的自律精神,而这种精神的养成是道德治理所需要完成的历史使命。

建设社会主义和谐社会理论的提出,表明了适应我国改革发展的关键时期的社会结构和社会生活的深刻变化。“有秩序的社会不一定就是和谐的社会,但和谐的社会一定就是秩序良好的社会。”①“从理论上说,和谐社会就是全体人民各尽其能、各得其所而又和谐相处的社会,用社会学的术语来表达就是良性运行和谐发展的社会。”②“‘和谐社会’需要公民美德与制度美德的双重支撑和维系。”③道德治理作为建设社会主义和谐社会的重要条件,其作用就是为和谐社会的构建提供坚实的思想道德基础。

中国共产党的领导下的社会主义制度,为建设和谐社会建立了牢固的政治基础。“中国共产党所追求和实践的社会主义就是一个和谐社会。”④党的十六大报告指出:“努力形成全体人民各尽其能、各得其所而又和谐相处的局面。”这使我们在建设社会主义和谐社会的道路上有了更加明确的前进方向。

和谐不是一团和气,而是一种建立在法律规则之上的井然有序。现在,人们对于社会不公正所造成的社会不和谐和不稳定现象已经有了一个基本共识,但对于社会不公正现象在道德领域造成的负面影响,尚未予以足够的重视。公民公共权利的不恰当扩张,地方保护主义的盛行,以及劳动者基本权利得不到应有的保护等种种社会不公正现象,造成了社会整体的不和谐。环境因素作为道德治理的外部条件始终发挥着重要作用。从一般意义上讲,凡是与人有关的并对人发生影响的物质和精神条件都可以纳入道德治理的范畴,它是某种环绕在人们生活周围的并对人们产生某种影响的客观存在,是人们赖以存在和发展的自然条件和社会条件的总和。

社会环境、组织环境和家庭环境等各环境因素的变化,都会给生活在其中的每个人产生直接的影响。如社会物质生活状况、社会风气的优劣、人际关系的融洽与否等。因此,环境制约着个体的道德水平,社会文化氛围、文化传统和政治制度等抑制着社会成员的道德水平。当社会成员所处的环境是充满友情、爱意和关心,洋溢着人与人的和谐、理解与真诚的社会氛围时,便会有利于社会成员正确人生观、价值观的树立。

---

① 张文显:《马克思主义法理学——理论、方法和前沿》,高等教育出版社 2003 年版,第 226 页。

② 郑杭生:《和谐社会与社会学》,《人民日报》,2004 年 11 月 30 日。

③ 万俊人:《论和谐社会的政治伦理条件》,《道德与文明》2005 年第 3 期。

④ 贾建芳:《马克思恩格斯的社会和谐思想》,《马克思主义研究》2005 年第 3 期。

道德治理与环境建设是对立统一的辩证关系。一方面,环境对道德治理具有制约作用,规定着道德治理过程的目标、内容、方法和效果,影响着人们道德价值观念的形成与发展过程;另一方面,道德治理对环境又有着强大的能动作用,通过对环境的建设和优化,通过对个体思想意识、政治觉悟等的确立而对环境产生能动的影响。人生活在环境之中,一刻也不能脱离客观环境的影响。列宁曾指出:"不能认为人们的思想和感情似乎是偶然出现的,而不是从一定社会环境(它是个人精神生活的材料、客体,它从正面或反面反映在个人的'思想和感情'上面,反映在代表这一或那一社会阶级利益上面)中必然产生的。"①这里,列宁充分肯定了环境因素对人的重要作用。每个人都以一定的方式生活在一定的社会环境之中,并受其制约和影响。环境对人的影响是通过对人施以一种无形的环绕力而发挥作用,这种环绕力的作用,可以对人形成一种随和环境的特性,并被环境所同化,使人们在不知不觉中接受环境的熏陶、感染,产生量变和质变。

环境对任何一个人,都既是一种激励,也是一种约束,在全社会营造道德文明的大氛围中,实际上已经形成了道德治理的客观环境,良好的环境促使人们向善,促使人们成为一个有道德文明素养的公民。事实证明,一定时期的道德体系和道德范式总是取决于经济的发展及变革。社会越是能为群众的生活改善创造条件,群众就越把社会的事业当成自己的事业。因此,进行道德治理的环境建设,就要改变不文明道德的社会条件,使精神文明和社会公德建设得到更好更广泛的发展。

道德治理所需要的良好思想道德环境,积极营造良好的社会氛围,就要充分利用行政、舆论、教育等手段,发挥大众传媒、文学艺术等对道德建设的特殊渗透力和影响力,宣传科学理论,传播先进文化,弘扬社会正气,塑造美好心灵,倡导科学精神,激励人们积极向上。积极营造良好社会氛围,就要加强和改进思想政治工作,广泛开展群众性精神文明创建活动。满腔热情地宣传在创建活动中涌现出来的、反映新时期道德要求的新事物、新典型,讴歌人民群众良好的道德风貌。积极营造良好社会氛围,必须围绕第一要务来提高人的思想素质,从中央的文件,到各地区、各部门、各行业的落实措施;从新闻媒体的宣传报道,到各个单位多种形式的宣讲活动使各地区、各部门、各行业对道德治理环境的建设齐抓共管,成为人

① 《列宁全集》第1卷,人民出版社1955年版,第383页。

们的普遍共识。

(二)公共权力的道德价值取向养成与制度建设

重大问题必须要有制度化的解决途径,对事情背后所隐含的问题更应该给予深刻的制度性的思考,以体现现代政治文明的要求,这可以说是对政治文明建设的一种促进。社会制度是对社会关系的确认,制度都内在地包含着道德价值。人是社会关系的载体。因此,在阶级社会当中,统治阶级通过公共权力对社会的道德治理活动,其基本方面就是社会制度的道德建设和对公民道德素质的培养。

1. 公共权力的道德价值取向与制度建设

在政治制度建设当中强调政治制度的正义价值,以特定政治伦理原则规约具体政治制度建设是现代道德治理参与国家治理活动的真正意义所在。道德治理的实施从社会意识形态的方面实现着公共权力维护社会秩序,实现统治阶级根本利益的职能,而从人类发展的宏观视阈来看,道德治理活动还通过对社会制度的道德化建设来实现预期的目标。道德治理社会的基本目标是形成道德的社会和使人道德的生活,基于此,道德治理社会的首要任务是使道德制度化,它的整体标志是制度的确立、运行和创新。

制度是对人们在社会生活中相互关系的确定和规范。制度既是对现实社会经济关系的反映,又是对社会经济关系发展趋势的规定,把制度作为道德治理的客体,要求公共权力所有者自觉地在构建制度的过程当中将其道德观念作为制度的价值指导性理念。制度伦理关怀的意义在于通过制度的合理安排使各种复杂的社会利益关系得到正当解决,这是社会道德建设的前提和基础。

从道德治理的角度来看,加强社会制度的道德建设是中国特色社会主义建设的重要内容。社会制度与社会结构密切联系在一起,社会结构就是在一定社会当中,各种社会群体用一种纽带联结在一起的结构。“社会制度就是社会结构的组织形式,具体说就是社会组织及其管理形式。”①在马克思主义看来,两种生产,即物质生产和人类自身的生产决定社会制度。当物质生产水平低下的时候,人类自身生产、血缘关系决定社会制度。物质生产水平提高了,物质生产、人与人之间的经济关系对社会结构、社会制度起决定作用,人类社会从原始社会氏族制度进入

① 王惠岩:《当代政治学基本理论》,天津人民出版社 1998 年版。

政治国家的历史就说明了这个规律。

由于制度安排和规定实际上就是对人们利益的分配和权利与义务的规定，所以，它是否符合社会公认的正义精神和社会上大多数人的利益要求，不仅直接关系着人们对制度的接受和遵守，而且还关系到人们形成什么样的价值意识和行为类型。如果在利益分配上，制度不合乎公正的原则，利益的享受者只是社会上的少数人，使少数人侵占多数人的劳动成果，这不仅会造成社会的两极分化，加剧经济的不平等，而且也会践踏诚实劳动、勤劳致富的道德理念，助长歪风邪气的盛行。

权利和义务的不合理规定，也会导致权利和义务的分离，使一部分人享有特权，而大多数人没有应有的权利。目前，一些领导干部只对上负责，不对群众负责的做法，就是干部任免制度中所暴露出来的弊端。由于很多干部是上面任命的，老百姓对他们的看法和评价不能影响他们的命运和官运。正是由于群众对领导干部的权力缺乏必要的约束和监督，没有形成民意压力，致使一些干部能够为所欲为。

制度建设属于上层建筑领域，只有符合经济基础需要的制度才是对经济、社会生活发展起推动作用的制度。在以社会经济关系为制度建设出发点的同时，任何制度建设都要注意社会历史文化传统的规定性，否则，制度仍然不能对经济、社会生活起到应有的规导作用。从一定意义上，我们可以说制度是对人们行为方式的规定。因而，以特定道德价值为指导所构建的政治制度，就是预设了人们在政治生活当中的行为模式。道德作为社会意识形态，根源在于人们的社会实践，所以，制度所蕴含的道德对于社会成员道德水准起到重要的影响作用。道德的制度是道德的社会成员得以生成的土壤，它可以提高普通公民和公共权力行使者的道德水平。

2. 公民的道德价值取培养与公共权力的社会管理

公共权力对公民实施道德治理方式就是对公民思想道德素质加以影响，以公共权力所有者的道德观念影响公民的道德判断能力，使其政治实践促进特定政治道德的生成，进行道德治理活动的公共权力需要通过制度设计规范公民的政治行为，还要自觉展开政治道德教育，直接启发公民政治道德认知的自觉，形成认知上的自觉。

对政治道德产生情感上的亲和力是社会成员政治道德养成不可或缺的一个

阶段。这一阶段性特点要求公共权力必须在公众当中塑造良好的形象，切实维护社会成员利益，这是公共权力获得社会成员积极情感的基础，公共权力行使者亲民的公众形象则直接密切社会成员对公共权力的感情，生动活泼的道德教育也会激发社会成员对政治道德产生自愿接受的情感。政治道德成为主体的信仰是持久而深沉的选择，信仰的确立意味着政治道德人格的最终生成，这是公共权力道德治理活动的目标。公共权力道德治理活动成功与否，可以通过对社会成员政治道德信仰水平的考察来衡量。

从公共权力道德治理意义上来看，道德培养是社会成员道德建设问题，社会成员是政治国家的基本元素，是公共权力最终指向的目标。道德治理的基本内容之一就是统治阶级利用公共权力，以其道德影响社会成员的政治道德观，培养有利于实现统治阶级利益的政治人格。社会成员由统治阶级成员和被统治阶级成员共同构成。统治阶级成员当中的一小部分作为整个阶级的代表直接行使公共权力，大部分并不直接参与公共权力的运行，这里重点讨论整个被统治阶级和统治阶级当中没有成为公共权力行使者的那部分成员，即所谓普通社会成员政治道德培养问题，这是公共权力道德治理的基本内容之一。

在社会主义国家，广大人民群众成为国家的主人，人民成为真正拥有政治、经济和社会权利的社会成员。在这样的历史条件下，道德已经是人民群众利益和意志的反映，它维护的是以公有制为主体的社会主义生产关系，是人民群众获得自由和解放的社会形式。马克思深刻地指出："财产的任何一种社会形式都有各自的'道德'与之相适应，而那种使财产成为劳动之属性的社会财产形式，绝不会制造个人的'道德限制'，而会将个人的道德从阶级束缚下解放出来。"①这说明，在社会主义国家，人民群众不再是道德治理的消极对象，社会主义国家公共权力的道德治理活动是作为政权主人的人民群众的自我道德治理。社会主义国家道德治理的基本内容之一就是培养社会成员的道德，从而提高社会成员管理国家事务，履行公共权力所有者权利的素质。

共产党执政的宗旨与关键就在于全心全意为人民服务，一刻也不脱离群众。在社会主义改革开放和现代化建设过程中，邓小平深刻指出："群众是我们力量的

① 《马克思恩格斯选集》第3卷，人民出版社1995年版，第114页。

源泉,群众路线和群众观点是我们的传家宝。"①只有紧紧依靠群众,密切联系群众,随时听取群众的呼声,了解群众的情绪,代表群众的利益,才能形成强大的力量,顺利完成各项任务。从提高党的执政能力和巩固党的执政地位的战略高度,把廉政文化作为建设社会主义先进文化的重要内容促进全社会形成良好风尚,努力建立结构合理、配置科学、程序严密、制约有效的权力运行机制,保证把人民赋予的权力用来为人民谋利益。

3. 公共权力的道德价值取向与执政者的道德培养

如果每个人都按自己的方式解决自己所遇到的问题,那社会秩序将会是什么样子? 有些本不应该发生的事情,因为法律的及时性问题而发生悲剧。那么,社会将呈现出无序状态。人们是否相信法律,要看执法者的行为能否给老百姓带来安全感。社会上存在的许多问题,许多悬而未破的案子,将影响人们对法律的评价。

公共权力的道德培养是政治道德建设问题,是道德治理的重心所在。"政治道德一般指在公共政治生活中,政治领导者对政治目标的设计、对权力的价值判断和对所承担社会政治责任的认识,以及对处理个人权力与公共权力之间关系的行为准则","一般来说,政治道德并不是一种固定不变、普遍使用的价值规则,在不同的时间与空间条件下,政治道德往往会有不同的内容与表现形态"。② 人治和法治是公共权力的两种基本治理类型,在二者之中,公共权力行使者在整个政治体系当中都处于枢纽地位,是统治阶级和整个社会的连接环节。历史上,不同的阶级,不同的统治者,都会提出、奉行某种特定的政治道德规则,将其作为实现政治目标的重要手段。古代人治政治条件下,思想家们往往对公共权力行使者的政治道德建设提出了高于普通社会成员的标准。

建设中国特色的社会主义必须坚持共产党的领导,中国革命的胜利以及中国改革开放 30 年的伟大实践已经雄辩地证明了,只有共产党才能领导中国人民在构建社会主义和谐社会、全面建设小康社会的道路上阔步前进。政权的获取方式是可以决定社会制度的。只要这个政权是通过革命的方式获得的,如果没有相当的力量是很难改变它的性质的。马克思在赞扬巴黎公社将旧政府权力的合理职

---

① 《邓小平文选》第 2 卷,人民出版社 1994 年版,第 368、124、333、321 页。

② 蒋云根:《略论我国政治道德建设》,《政治学研究》2003 年 2 期。

能“从妄图驾于社会之上的权力那里夺取过来,交给社会的负责的公仆”时曾指出:无产阶级的国家机关是社会的公仆,由普选产生的公职人员必须是对社会负责的公仆,其职责在于为“公社里的人民服务。”社会主义公仆观念是无产阶级运动的产物,它一方面反映了权力的人民属性——国家的一切权力属于人民;另一方面又指出从政人员的职责——依法参与管理国家、社会公共事务,向人民负责。中国是人民民主专政的社会主义国家,这一性质决定了人民是国家和社会的主人,各级领导干部不论职务多高,都只是人民的公仆,是人民的勤务员。

现代国家采用法律治理,同样也需要公共权力行使者具有较高的政治道德素质,对法律、政策的具体施行者提出了较高的道德要求,其表率示范作用对社会公德的养成和公共权力职能的实现都至关重要。这正如博登海默所说:“任何值得被称为法律制度的制度,必须关注某些超越特定社会结构和经济结构相对性的基本价值。”①“至于一个法律制度是否能够完全不使用含有道德含义的广义概念,如诚信、犯意(犯罪意图)和违背良心的行为等概念,也是颇令人怀疑的。”②这就要求公共权力行使者必须拥有行政人员的良知、义务感和责任意识,在其行政行为中从道德的原则出发,贯穿着道德精神,即时时刻刻坚持道德的价值取向,公正地处理自身与公共权力、同事及公众之间的关系,而不是以个人利益的得失作为行为的准则。要使公共权力行使者成为道德人,使自己的管理行为受道德规范的支配,就必须通过对道德必然性的觉悟而形成道德自律。只有使公共权力行使者成为有德之人,才能使其既懂得帮助他人又懂得关心社会,最重要的是忠于国家及其根本利益,从而成为普通社会成员的榜样。

在社会主义初级阶段,我国公共权力行使者政治道德建设的使命就是充分发挥社会主义制度的优越性,以实现人的全面发展为根本目标,以为人民服务为核心内容,培养国家公职人员的政治道德。政治道德在一定意义上就是公职人员尤其是领导干部的政治道德。领导干部的政治道德状况直接关系着社会道德风尚,当领导干部清廉时,人民安居乐业,民风淳朴;当领导干部腐败时,社会的道德风尚往往极坏,民众难免会滋生一些鸡鸣狗盗之事。国家公职人员要以“三个代表”

---

① [美]埃德加·博登海默:《法理学——法哲学及其方法》,邓正来译,中国政法大学出版社1999年版,“作者致中文版前言”。

② [美]埃德加·博登海默:《法理学——法哲学及其方法》,邓正来译,中国政法大学出版社1999年版,第378页。

重要思想为指导,依照宪法和法律行使权力,维护人民群众利益,并形成道德自觉。实践证明,再好的制度和法规,如果领导缺少遵纪守法的美德,没有为人民服务的道德理念,就不能正确运用权力、处理好领导和群众的关系。党的十六大报告指出,"领导干部特别是高级干部,必须以身作则,正确行使手中的权力,始终做到清正廉洁,自觉地与各种腐败现象作坚决斗争"。各级领导干部应当不断加强道德修养,慎独修身、严于律己,自觉践履职业道德规范,自重、自省、自警、自励。这是消除腐败、廉洁为公、执政为民的主观基础。在建设社会主义政治文明的目标中,如何提高领导干部的道德水平是提高整个社会道德文明的重要目标,也是实现社会主义政治道德的关键。

(三)实施道德治理科学保障体系的构建

建设中国特色社会主义是一个系统、全面的社会实践活动,包括社会主义物质文明、政治文明和精神文明三个方面。相对于道德治理,社会主义物质文明建设、精神文明建设以及政治文明建设的其他内容都是其存在的外部环境。在这一意义上,社会主义市场经济体制建设,社会主义法制建设和社会主义文化建设就构成道德治理得以实现的保障体系。

1. 社会主义市场经济体制建设:道德治理的物质保障

发展社会主义市场经济,是为了更好地促进物质文明建设,满足广大人民群众的物质生活需要,其实质是为人民谋利益,是中国特色社会主义物质文明和精神文明的有机结合。发展市场经济也是为了发挥人民群众进行社会主义现代化建设的积极性、主动性和创造性,进一步解放和发展生产力,以满足人民群众日益增长的物质文化需求,逐步实现全体人民共同富裕起来的远大目标。在国家的宏观调控和社会主义精神文明的引导、制约下,在一切经济活动中,正确处理个人与社会、竞争与协作、效率与公平、先富与共富、经济效益与社会效益的关系,形成健康有序的经济和社会生活规范。由此可见,发展社会主义市场经济是同社会主义的性质是完全一致的,是社会主义的本质要求在道德上的反映,体现了社会主义的政治属性。

在新的历史阶段,社会主义物质文明建设主要表现为社会主义市场经济体制建设。市场经济是通过市场机制配置社会资源、引导社会经济运行的经济形式。它着重发挥市场作为资源配置的基础性作用。市场经济体制要求在全社会的范围内发挥市场配置社会资源的作用,而不是将市场的调节活动局限于社会生活的某个部分。市场经济对人的发展可以起到巨大的推动作用。从以人的依赖关系为特征的社会形态,向以物的依赖关系为基础的人的独立性为特征的社会形态的跃进,标志着人类在迈向全面发展这一必然历史进程当中发生了质的飞跃,取得了前所未有的进步,而这一进步的取得,从物质生活的生产方面来看,得益于市场经济体制的逐步确立和发展。

正是由于市场经济的力量,人类在经济领域里才获得了以物的依赖性为基础的自由与平等;市场经济还进一步深化了社会分工,使劳动者提高自己适应于特定岗位的知识和技能;市场经济所带来的竞争,致使每个人尽力发展自己以避免被淘汰;市场经济对利益的追求成为物质财富增加的强大驱动力,使人类社会的物质财富空前增加。马克思恩格斯说:"人们用以生产自己的生活资料的方式,首先取决于他们已有的和需要再生产的生活资料本身的特性。这种生产方式不应当只从它是个人肉体存在的再生产这方面加以考察。它在更大程度上是这些个人的一定的活动方式,是他们表现自己生活的一定方式、他们的一定的生活方式。个人怎样表现自己的生活,他们自己就是怎样。因此,他们是什么样的,这同他们的生产是一致的——既和他们生产什么一致,又和他们怎样生产一致。因而,个人是什么样的,这取决于他们进行生产的物质条件。"①市场经济的历史意义就在于它以经济领域普遍而全面的物质变换活动,改造着社会关系,继而塑造着人,它促进了人们需要和能力的发展,从而为更高层次上的人的全面发展积累了条件。以社会主义国家的公共权力活动为表现形式的国家宏观调控行为,必须贯彻促进人的全面发展这一社会主义的本质要求,也只有以这一价值为精神底蕴的国家宏观调控活动才能缓解市场经济所带来的消极作用,实现经济社会生活的公平正义,从而促进人的全面发展。十六届三中全会做出的《中共中央关于完善社会主义市场经济体制若干问题的决定》明确指出:"坚持以人为本,树立全面、协调、可持续的发展观,促进经济社会和人的全面发展。"表明了党中央在发展社会主义市场经济建设过程中,对促进人的全面发展这一根本价值的追求。社会"是人们交互活动的产物",人的道德对经济活动存在着能动作用。社会主义市场经济建设为促进人的全面发展提供物质保障,人的道德素质的提高也必将对生产力的发展

① 《马克思恩格斯选集》第4卷,人民出版社1995年版,第532页。

起推动作用。"社会主义市场经济也是道德经济",①社会主义市场经济的发展必然对道德治理提出更高的要求。因而,在建设社会主义市场经济体制的过程中,"形成以道德为支撑、产权为基础、法律为保障的社会信用制度,是建设现代市场体系的必要条件,也是规范市场经济秩序的治本之策"②。这深刻地说明了道德治理与物质文明建设这一外在环境之间的互动性关系。健康发展的社会主义物质文明是道德治理的物质保障,道德治理又会推动物质文明的繁荣和进步。

2. 社会主义法治建设:道德治理的政治保障

法治是现代民主政治的必然要求。建设中国特色社会主义,就必须实施法治。实行依法治国的治国方略,已经上升为国家意志的高度,《中华人民共和国宪法》第五条第一款规定:"中华人民共和国实行依法治国,建设社会主义法治国家。"法制建设、依法治国是实施道德治理的基本政治前提。法律治理与道德治理之间,总体上,道德是基础、法律是保障。在社会主义民主政治建设当中,需要德法并举。法制建设、依法治国是道德治理的保障机制。

促进人的全面发展,是社会主义的本质要求。建设社会主义法治国家本身就是这一价值精神的体现,作为依法治国的一个部分,社会主义法律体系建设必须以人的全面发展为内在价值。这就要求社会主义法律体系与社会主义道德体系之间相互协调。法律和道德都是社会的基本行为规范,二者蕴含的内在价值都是促进人的全面发展的实现,价值的统一是法律建设与道德建设相协调的深层根据所在。在社会法律体系建设当中,首先,二者要互相配合,目标指向上要高度一致,共同构成社会生活的基本规范系统;其次在内容上,两者要相互渗透,以法律确保道德行为的底线,以道德促进法律的实施。在法律体系建设当中,兼顾道德治理的实现,既可以保证促进人的全面发展这一社会主义本质要求的实现,也为道德治理活动确立了坚实的规范化的内容和实施规则。

加强执法监督机制建设,提高国家公职人员的执法水平。依法治国意味着有法可依、有法必依、执法必严、违法必究。社会主义法律体制建设解决的是这几个方面能否得到实现,则取决于政治体制建设和国家公职人员的法治观念、执法能力。中国共产党是建设有中国特色社会主义事业的领导核心,党的重视程度对于

① 罗国杰:《以德治国与公民道德建设》,河南人民出版社2003年版,第102页。

② 《中共中央关于完善社会主义市场经济体制若干问题的决定》,2003年10月14日。

社会主义法治国家建设起到关键作用。十六届四中全会决定从提高执政能力的高度要求全党:“贯彻依法治国基本方略,提高依法执政水平。”这无疑为法治的实现奠定了基础。党的领导是依法治国的根本保证,只有通过立法程序,将党的主张上升为国家意志,才能确保人民的根本利益的实现。国务院《全面推进依法行政实施纲要》提出要在十年左右建成法治政府,这是建设社会主义法治国家方略的直接成果。行政机关是直接对社会事物进行管理的主要国家机构,依法行政是建设社会主义法治国家的基本内容。依法行政要求政府机构依照宪法和法律管理国家事务、经济文化事业和社会事务,政府机构依法执政是促进人的全面发展的必要前提条件。

总之,法律和道德是社会的两大规范体系。在社会主义初级阶段,公共权力实现维持社会秩序的职能,需要将道德治理和法律治理结合起来。从实现道德治理这一视角观察,健全社会主义法制、建设社会主义法治国家是道德治理的政治保障力量。

3. 社会主义文化建设:道德治理的精神保障

十五大报告指出:“中国特色社会主义的文化,就其内容来说,同改革开放以来我们一贯倡导的社会主义精神文明是一致的。文化相对于经济、政治而言。精神文明相对于物质文明而言。”文化有先进与落后的分别。十六大报告明确指出:“在当代中国,发展先进文化,就是发展面向现代化、面向世界、面向未来的,民族的科学的大众的社会主义文化。”①十六届四中全会决定指出:“文化发展的着力点放在满足人民群众精神文化需求和促进人的全面发展上。”可见,社会主义文化建设的价值核心就是促进人的全面发展。建设社会主义文化,就是发展先进文化。社会主义文化建设可以丰富人们的精神世界,提高人们的精神力量。为人的全面发展积累精神力量。“发展社会主义先进文化的能力”是加强党的政治能力建设的重要任务之一。发展先进文化,就要始终坚持马克思主义在思想文化领域的主导地位,只有这样,才能在意识形态领域斗争中坚定立场,稳住方向。弘扬以爱国主义为主题的民族精神,弘扬以改革创新为核心的时代精神,是建设先进文化的重要内容。任何一个民族生存和发展都离不开民族精神的支撑力量。以爱

---

① 江泽民:《全面建设小康社会,开创中国特色社会主义事业新局面——在中国共产党第十六次全国代表大会上的报告》,2002 年 11 月 8 日。

国主义为核心的团结统一、爱好和平、勤劳勇敢、自强不息是对中华民族伟大民族精神的集中概括。伴随着信息技术的迅速发展，世界范围内文化传播达到了新的阶段，各种思想意识激烈碰撞，坚持弘扬和培育民族精神，对于提高中国人民的民族认同感和文化自豪感都有着重大的现实意义。

建设社会主义文化是以先进文化抵制落后文化的过程。弘扬集体主义、社会主义思想，使全体人民始终保持昂扬向上的精神状态，逐步消除落后文化对人们的消极影响。建设先进文化还要着力于中华民族科学文化素质的提高。恩格斯曾经讲过："在马克思看来，科学是一种在历史上起推动作用的、革命的力量。"①只有掌握先进科学技术，才能适应社会生产力的发展要求，推动生产力的不断发展，而科学文化素质也对社会成员思想道德素质的提高起到积极作用。在建设中国特色社会主义的过程当中，我们要坚持在马克思主义文化理论的指导下，建设社会主义先进文化，发展社会主义精神文明，着眼于提高人们的思想道德素质和科学文化素质，不断提高人民群众认识世界和改造世界的能力，推动人的全面而自由的发展。

总之，道德治理是社会主义国家在建设物质文明、政治文明和精神文明的伟大历史实践中不可或缺治国方略，社会主义市场经济建设、社会主义法制建设和社会主义文化建设共同构成了道德治理的保障体系。为此，我们要加大法制在规范人们行为方面的作用，把一些最重要、最基本的道德要求，直接纳入法律的规范中，对不道德的行为进行约束和惩戒，形成一种外在的刚性约束。同时，在道德教育中，要把遵纪守法作为社会主义公民的最基本的道德要求，使法律治理与道德治理紧密结合在一起，实现道德的内在规范与法律的外在制约的统一，实现从他律到自律的升华，促进经济社会的全面发展和不断进步。

---

① 《马克思恩格斯选集》第3卷，人民出版社1995年版，第777页。

第七章

坚持依法治国,推进国家治理现代化建设进程

国家治理现代化建设需要相应的行为规范作为社会关系的调整手段,以德治国和依法治国都是人们获得社会规范的重要途径,都具有普遍的约束力。道德作为人们共同的行为准则和规范,是构成社会文明的重要因素和维系良好社会秩序的基本条件。法治强调用法律制度来治理国家,由国家权力机关制定并运用强制性手段来规范和约束人们的行为,维护社会秩序和保持社会稳定。有效的国家治理是道德规范的深入人心和法律法规成为人们心中的底线的有机统一,二者都与作为上层建筑的国家治理体系的经济基础相适应。因此,在国家治理现代化进程中,既要发挥依法治国的外在力量,也要注重以德治国的内在力量,使道德自觉与法治约束相互联系、相互补充,共同构成国家治理现代化的基础。

一、法治中国建设与社会主义国家治理能力的提升

依法治国是推进国家治理体系和治理能力现代化的必然选择,大力推进法治中国建设能够在依法治国的层面上进一步提高国家治理能力,实行依法治国、建设社会主义法治国家是中国改革发展的总体趋势,也是中国迈向富强、民主、文明、和谐的社会主义现代化强国的必由之路。法治中国的发展历程体现了国家治理能力的逐步提升,国家治理能力现代化必须紧紧围绕依法治国的方略进行。提升国家治理能力首先要把握依法治国这一根本目的,着重提高法治能力现代化建设。

从党的十五大提出依法治国、建设社会主义法治国家到党的十八届三中全会提出“推进国家治理体系和治理能力现代化”,再到党的十八届四中全会再次提出依法治国,反映了党领导人民治理国家的理念和方式的重大更新,是中国特色社会主义制度不断发展和完善的重要体现,也是时代发展的必然要求。

(一)依法治国战略思想是国家法治能力提升的实践保障

党的十八届三中全会通过的《中共中央关于全面深化改革若干重大问题的决定》明确提出:"全面深化改革的总目标是完善和发展中国特色社会主义制度,推进国家治理体系和治理能力现代化。"以"依法治国"为主题的党的十八届四中全会再次重申依法治国,将其作为我国基本国策与治国方略再次引起人们的热切关注。

1. 依法治国是全面深化改革总目标的重大举措

依法治国是推进经济发展和社会建设的重要保证,深化改革就需要有稳定的社会环境和保障措施,无论是改革还是稳定,都离不开法治这个前提,如果缺少了法治的保障,就无法实现改革的目的,甚至出现偏差。也许改革以后产生的问题比改革本身还要多,但又不能不改革,只有改革才能解决我们面临的现实问题。在全面深化改革之时提出"推进国家治理体系和治理能力现代化"和依法治国具有迫切的重要性和巨大的现实意义,它是完成中国社会转型的关键环节。改革开放30多年来,中国经济体制改革取得巨大成就,政治体制改革也在逐步完善。现在,改革已经到了攻坚克难的阶段,在这样一个关键时期,各种社会矛盾也会凸显出来。正如习近平总书记所说:"容易的、皆大欢喜的改革已经完成了,好吃的肉都吃掉了,剩下的都是难啃的硬骨头。"这些所谓难啃的"硬骨头",既有发展过程中遗留下来的老问题,也有进一步深化改革进程中遇到的新问题。要解决这些新老问题,就要不断完善中国特色社会主义政治制度,积极推进国家治理体系和治理能力现代化建设。这两个方面问题的解决都需要法治作为保障,始终坚持依法治国,这样才能做到步伐稳健,方向准确,避免犯颠覆性的错误。因为"新的社会经济基础需要与之相适应的政治制度的保障,没有这一保障,经济基础乃至整个社会的转型就不可能最终完成。选择以国家治理体系和治理能力的建设作为社会政治转型的突破口,是中共十八届三中全会的精彩之笔"①。依法治国,提升社会主义国家治理能力将使中国特色社会主义制度更加成熟、更加完善,为我国全面深化改革指明前进方向,为深化改革的重要指导思想与目标提供制度保障,为社会主义现代化建设提供强大动力。

---

① 蔡永飞:《推进国家治理能力现代化的重要意义》,《东方早报》2014年1月1日。

2. 依法治国必须坚持社会主义民主和法治并举

法治中国建设是以人民代表大会制度为发展载体的,推动了社会主义法治和社会主义民主的有机结合。法治国家以民主作为基础和目标,也可以说民主是法治的灵魂,是法治国家的基本精神。“公共治理和制度安排都必须保障主权在民或人民当家作主,所有公共政策要从根本上体现人民的意志和人民的主体地位。”①人民代表大会制度是实现社会主义民主的基本形式,旨在维护和实现人民的主体权利。人民代表大会制度下国家机构的分工机制、制约机制为法治中国建设理念的运行提供了有序的运行环境。

人民代表大会制度是我国独有的社会主义国家政治体制,这种完善的体制既是法治中国建设价值期待的承载体,也是法治中国建设的基础。党的十八大强调,要“更加注重发挥法治在国家治理和社会管理中的重要作用,维护国家法制统一、尊严、权威,保证人民依法享有广泛权力和自由”②。法律至上原则是法治现代化的标志和关键,这是党和国家对宪法和法律重要地位的准确定位和正确认识,将人民的意志融入法律,保证人民的权力和自由,就能够充分体现社会主义国家法治能力的人民性。

3. 国家治理能力的提升最根本的一条就是坚持党的领导

社会主义法治国家建设是中国共产党人坚定的政治主张,党的领导是在宪法和法律的框架下进行的,以人民主权为前提和基础,以严格遵循代表广大人民群众意志和利益为依据。选择依法治国这一战略是中国共产党在总结执政经验的基础上艰难探索的结果,这一选择克服了“以党治国”治理国家的弊端,是从“人治”到“法治”的革命性伟大转折。依法治国作为现代文明国家治理国家的理想模式,它强调的是国家的治理首先要遵守法律,党的组织和党员必须在宪法和法律范围内活动,然后才是对法律运用。提升国家治理能力,只有坚持中国共产党的领导,实现党的执政方式的转变,从严治党,依法治党,严厉惩治各类腐败现象,维护法制的尊严,中国特色社会主义建设事业才能不断进步和发展。

法治中国建设强调党的领导、人民当家作主和依法治国的有机统一。在党的十五大报告中就强调:“依法治国,是党领导人民治理国家的基本方略,是发展社

① 俞可平:《推进国家治理体系和治理能力现代化》,《前线》2014 年第 1 期,第 6 页。

② 胡锦涛:《坚定不移沿着中国特色社会主义道路前进　为全面建成小康社会而奋斗——在中国共产党第十八次全国代表大会上的报告》,人民出版社 2012 年版,第 25 页。

会主义市场经济的客观需要,是社会文明进步的重要标志,是国家长治久安的重要保障。”作为执政的中国共产党只有坚持依法治国,把人民的意志通过法律程序反映出来,才能使党领导人民管理国家的决策科学化、规范化,充分反映广大人民群众的意愿,并为广大人民群众所接受。党的领导必须坚持全心全意为人民服务的宗旨,实现好、维护好广大人民群众的根本利益,把人民的利益放在一切工作的出发点和落脚点上,提高党和政府在人民群众中心目中的威望,使人民群众相信党和政府治理国家的决心、责任和能力,从而保证执政地位的稳固。

(二)法治国家、法治政府、法治社会一体建设

社会主义国家法治能力的提升,表现为法律体系的日益完善,执法更加规范化,国家和人民对法律更加尊重。法治和治理并非简单的从属关系,一切有效的治理的前提是依法守法,因此,国家治理体系和治理能力现代化必须紧紧围绕法治中国这一核心。2013 年 11 月,党的十八届三中全会通过的《中共中央关于全面深化改革若干重大问题的决定》指出:“坚持依法治国、依法执政、依法行政共同推进,坚持法治国家、法治政府、法治社会一体建设。”①将“法治中国建设”列为新时期社会主义法治建设的新的伟大目标。坚持“三个共同推进”和“三个一体建设”,就把社会主义法治国家建设上升到党和国家全局的高度。

1. 法治中国建设的首要前提条件是科学立法

完善法律是法治的源头和重中之重,是社会主义国家法治能力提升的最重要的体现,也是治国之重器。同时,法律的完善很大程度都是为了实现“法治国家”的理念做出的努力。立法,是中国具有立法权力的机关制定法律、法规和规章的全过程。现代意义上的国家是用法治国,是结合本国经济社会发展的实际情况,建立起来的拥有完备的法律体系的法治国家。

从“科学立法”到“有法可依”表明的是实现国家治理具有了法律的依据。美国著名法学家克里斯认为:“法律制定者如果对那些促进非正式合作的社会条件缺乏眼力,他们就可能造就一个法律更多但秩序更少的世界。”②无论是在西方发

---

① 习近平:《在首都各界纪念现行宪法公布施行 30 周年大会上的讲话》,人民出版社 2012 年版,第 12 页。

② [美]罗伯特·C. 克里斯:《无需法律的秩序——邻人如何解决纠纷》,苏力译,中国政法大学出版社 2003 年版,第 354 页。

达国家还是在后发国家，完全的、完备系统的法律体系都是一个需要解决的问题。2010年底，社会主义法治建设取得了里程碑式的成果，中国特色社会主义法律体系已经正式形成。在此前提下，这标志着社会主义法治国家建设的阶段性任务的完成，同时，这个基础正是现代国家建设完备的法律体系的开始，逐步过渡到深层次法治建设的思考。中国特色的社会主义法律体系已经形成的这样一个基础，我们不仅要有法律体系，而且还要有科学的、可行的、高质量的相关法律。

2. 法律的执行必须做到公正司法

习近平总书记在中央政法工作会议上的讲话中指出："政法机关要完成党和人民赋予的光荣使命，必须严格执法、公正司法。"做到严格执法、公正司法，执法机关就要用职业道德约束自己，对损害人民利益的事情零容忍。严格执法和司法有利于防止权力的缺失和滥用，保障人民的合法权益。只有严格执法和司法，才能让人们感受到"法治中国的氛围，才能自觉地守法"。

"依法执政、依法行政、依法治国的水平是国家治理体系现代化的重要标志。"制定法律的目的是为了规范社会行为，制裁各种违法犯罪的行为，保护人们的合法权益。"推进依法行政，切实做到严格规范公正文明执法。"①因此，要严格执法，执法为民，因为一个完备的国家法律体系是一个国家生存发展的基础，执法的随意性必然导致国家发展秩序的混乱。司法公正意味着任何组织和个人，都不具有超越宪法和法律以上的特权。真正认识到法治的意义所在，加深对宪法和法律的理解，并加强法律实践。"一次不公正的（司法）判决比多次不公平的举动为祸尤烈。"②改革司法体制不仅是建设社会主义法治国家的必需，而且也是稳定社会的必需。

3. 法律作为国家意志必须被遵守、被信仰

全民守法是法治中国建设的基础。"一切国家机关和武装力量、各政党和各社会团体、各企业事业组织都必须遵守宪法和法律。一切违反宪法和法律的行为，必须予以追究。"③法律必须被遵守、被信仰，这是法治建设的一条铁律，否则法律就形同虚设，法律的权威也得不到维护。现代意义上的国家离不开法治，中

① 胡锦涛：《坚定不移沿着中国特色社会主义道路前进　为全面建成小康社会而奋斗——在中国共产党第十八次全国代表大会上的报告》，人民出版社2012年版，第27页。

② ［英］培根：《培根论说文集》，商务印书馆1983年版，第193页。

③ 《十一届三中全会以来重要文献选读》（下），人民出版社1987年版，第1204页。

国作为一个现代国家,更需要法律来治理。因为自国家产生以来,法律就相伴而生,无论古今中外,只要有国家的存在,就必然有法律与之相伴,在君主专制条件下,也是有法律的,但这种法律只是君主统治人民的工具,以严刑峻法维护社会秩序,这样的法律名不副实,这与社会的政治体制密切相关。

在法治国家中,一切人都必须服从法律,法律的意志是最高的意志,有法律而无法治的时代已经彻底结束。“如果要使法律作为社会的秩序的源泉和手段,人们必须对法律有足够的尊重,以使人们在守法并不合他们的直接利益时也遵守法律。”①法治的力量在于每一个人对于法律的共同遵守,只有每一个人都懂得法律至高无上的权威,都知道法律面前人人平等的真谛才能够运用法律维护自己的合法权益。然而,现代社会我们并没有看到人们有太多对法律上的了解,反而出现越来越多的“法盲”,人们不懂得必备的法律知识,遇到冲突甚至会选择激烈的对抗或暴力方式解决,最终导致的后果往往是两败俱伤。对于一个具有现代文明的公民而言,不仅仅要做到自己了解法律知识,更要有传播法律的意识和责任感。只有人民群众发自内心地拥护社会主义法治建设,自觉自愿地投身到推进国家治理体系法治化的实践中去,就能够使法治中国建设产生不竭的力量源泉,这种蕴藏在人民群众心中的觉悟和行动将会使越来越多的公民自觉遵守国家的法律制度,形成维护社会秩序的意识。因此,依法治国一个最重要的方面就是要树立起人们对法律的尊重、对法律的信仰,才会让社会更有秩序,才能够提升社会主义国家法治能力的建设,实现法治中国建设的宏伟目标。

(三)法治社会的逐步实现是国家法治能力提升的重要体现

一个国家真正的发展不仅仅在于经济上的富足,更在于各方面制度上的完善,尤其是法律制度方面的不断发展。“法治是治国理政的基本方式”。法治中国与社会主义国家治理能力现代化的建设,就要着眼于中国当下的经济社会发展实际,坚定不移地走中国特色社会主义法治道路。

1. 充分认识依法治国是国家治理体系建设领域中的深刻革命

依法治国是依照体现人民意志和社会发展规律的法律来治理国家,而不是依照个人意志、主张治理国家。一个完备的国家治理体系是一个国家生存发展的基

---

① 裴文睿:《依法治国:当代中国的法治和法律角色》,法律出版社 2004 年版,第 160 页。

础。国家治理体系杂乱无章,必然导致国家发展秩序的混乱。推进国家治理体系和治理能力现代化是一个长期的不断完善的过程。1997 年党的十五大报告正式提出“依法治国,建设社会主义法治国家”的基本方略。1999 年 3 月,九届全国人大二次会议上,“依法治国,建设社会主义法治国家”这一治国方略被正式写入宪法修正案。党的十八届四中全会制定的《中共中央关于全面推进依法治国若干重大问题的决定》再次重申了依法治国的重要性和紧迫性,“全面推进依法治国是一个系统工程,是国家治理领域一场广泛而深刻的革命”①。“法治”作为其中的核心精神,始终贯穿在推进国家治理体系和治理能力现代化建设的众多举措之中。实现国家治理体系现代化,提升国家治理能力的现代化的根本路径还是在于改革,努力做到敢字当头,敢于向一切不科学的治理理念、不合理的治理方式、不完善的治理体系的痼疾沉疴开刀,大胆冲破各种既得利益集团设置的阻力和障碍,敢于触碰各种既得利益集团编制的关系网,敢于踏破各种大量复杂的影响法治建设的雷区,不以特定群体的利益机会得失作为判断改革成败的标准。否则,中国的改革之路和法治建设就很难走下去。

2. 依法治国是国家治理能力现代化建设的前提条件

习近平总书记指出:“国家治理体系和治理能力是一个国家制度和制度执行能力的集中体现。”②衡量一个国家的治理体系是否实现了现代化有诸多标准,其中最为重要的就是法治化建设水平,即“宪法和法律成为公共治理的最高权威,在法律面前人人平等,不允许任何组织和个人有超越法律的权力”。③

依法治国是国家治理能力现代化的体现,治理能力现代化建设不能离开依法治国这个根本目标,提升国家治理能力现代化的建设水平关键是要认真学习和贯彻落实党的十八届四中全会精神,科学分析和正确认识当前影响社会稳定的突出问题,把思想统一到党的十八届四中全会精神上来,把力量凝聚到实现党的十八届四中全会确定的各项任务上来,进一步提高国家治理工作的质量和水平,为经济建设与社会发展中所出现的不稳定因素的排除和创造良好的社会环境提供可行性的政策依据和解决方案。

① 《中共中央关于全面推进依法治国若干重大问题的决定》,新华社,2014 年 10 月 30 日。

② 习近平:《切实把思想统一到党的十八届三中全会精神上来》,《人民日报》2014 年 1 月 1 日。

③ 俞可平:《推进国家治理体系和治理能力现代化》,《前线》2014 年第 1 期,第 6 页。

依法治国是现代化国家治理体系的组成部分,也是现代化的国家治理能力的体现。“推动法治中国建设是推进国家治理体系和治理能力现代化的重要内容和重要保障。只有建立法治中国,才能实现国家治理体系和治理能力的制度化、规范化和程序化;建立法治中国,国家治理体系和治理能力现代化也会有制度性保障。”①如果社会动荡不安,秩序混乱,经济建设不可能进行下去,人民群众也不可能过上幸福安康的生活。这个问题不彻底解决,依法治国就落不到实处。

3. 法治国家建设目标的真正实现需要广泛而深厚的社会基础

社会主义国家的依法治国,在价值目标上强调保证人民的幸福生活,控制权力、保障人权是法治中国建设的精神内核与价值追求,这个目标能够使广大人民群众在各领域的权力和自由得到保障和实现,符合社会主义国家的本质,符合人民的期待。法律和我们的生活息息相关,我们需要了解法律,遵守法律,学会使用法律武器维护自己的合法权益。只有维护人民权利,坚持群众路线的法治才具有事实上的权威,才能得到人民的拥护。依靠广大人民群众的力量,以代表人民根本利益的党和国家的政治权威作为国家治理的主导,调动社会各方面积极参与国家治理活动的积极性、主动性、创造性。四中全会前夕历时一年多的“党的群众路线教育实践活动”为依法治国和反腐制度化做足了充分的准备,这是一场发动群众、相信群众、依靠群众的思想教育活动,在这场教育实践活动中,明辨是非,统一思想,认清形势,教育全体党员不忘宗旨,提高责任意识,真正把党的宗旨和党的群众路线落到实处,形成一种常态。对于每一位社会成员来说,都需要有社会责任感和时代意识,培育高度自觉的法治观念,营造良好的法治氛围,提高法治中国建设水平。不仅要学习法律知识,增强法律意识,还要树立法治理念,培养法治思维,维护法律权威。

实现现代化与民族复兴是中华儿女的共同梦想,而推进国家治理体系与治理能力现代化是把梦想变成现实的举措,将使人们离梦想更近一步。毫无疑问,国家治理体系与治理能力的现代化有利于中国梦的实现,只有实现国家治理体系和治理能力的现代化,落实依法治国的方略,才能促进社会的公平正义,增进人民的福祉。

---

① 赖早兴:《国家治理体系和治理能力现代化的法治内涵》,《光明日报》2014 年 5 月 14 日。

二、国家治理现代化中法治思维与公民法治能力培育

党的十八大提出"法治是治国理政的基本方式",因而法治也是推进国家治理体系和治理能力现代化的必然选择,提高公民国家治理能力,必须首先把握"法治"这一根本特征,着重提高法治能力。十八届三中全会公报在全面深化改革总目标中首次提及"推进国家治理体系和治理能力现代化",并首次提出了"国家治理体系"这一概念。从"管理"到"治理"概念的演变,反映了党的领导观念和领导方式的更新,是中国特色社会主义制度不断发展和完善的重要体现,也是时代发展的必然要求。国家治理的概念,不再仅指国家机关对社会的管理,它是一个多主体的概念,每个公民、不同的社会组织和非政府机构都是国家治理的主体之一。因而,推进国家治理体系和治理能力的现代化也并非仅仅自上而下,应该通过合理的权力配置,借助多元的渠道,提高各主体参与国家治理的积极性和国家治理的能力水平。公民作为国家治理主体的一部分,提高公民法治能力,在国家治理体系的建设中同样发挥着重要的作用。

(一)公民在国家治理体系建设中的角色定位

治理对管理的取代,诠释出公民在国家各领域的建设中所拥有的权利。公民不再是国家事务被动的参与者,而是国家治理的主体;公民的权利不再是静止的被赋予的状态,而是鼓励公民权利的动态行使,公民和其他社会组织同政府和其他国家机关一样在国家治理中扮演着主人翁的角色。

在国家治理体系中,公民积极参与国家建设,与政府建立相互信任、相互依赖和相互合作的关系,是公民作为国家治理主体的社会基础;国家治理公开、透明、对公民参与回馈、负责,是尊重公民国家治理主体地位的重要原则;妥善处理各种社会关系,提高国家治理能力,是公民作为国家治理主体的主要任务。法治能力主要由法治思维和法治方式两大要素构成。公民法治思维,主要是指将法治内化为人的思维模式,用法律逻辑和精神来认识、分析和解决问题。具体而言,就是具有法律意识和"法律至上"的观念。公民法治方式,主要是指运用法律途径维护自身权利,不侵犯他人权利,并对公共权力实施监督的方式。

尽管我国不断推进法治化进程,中国特色社会主义法律体系已经形成,为国家治理体系现代化创造了法治环境,但在法律体系建成之后,我们仍需进一步建

立起我国的法治体系，从党的依法执政，到科学立法、严格执法、公正司法，再到全民守法，法治化的进程要把握法治建设的每一环节。因而，提高公民的法治能力是促进法治体系建立、推进国家治理体系现代化的重要实施路径。然而，在传统的法治建设中，我们往往忽视公民的法治能力培养，从而使公民在国家治理主体的位置上容易出现以下几个问题。首先，公民对政治权力和个人权利意识的增强，为公民参与国家治理提供了前提，但由于对个人利益的追逐超越对权利的注重，使公民对国家公共治理仍旧存在漠然的态度。其次，受中国传统关系社会的影响，中国社会讲关系、讲人情的观念根深蒂固，与法治观念发生强烈冲突，很难形成普遍的法治思维模式，增加了国家法治治理难度。再次，受传统等级观念的影响，人们已经习惯了处在权力客体的地位，缺乏主动参与的精神，以及对公共权力的监督，正确的公民法治方式有待全面形成和进一步跟进。

（二）公民法治能力在推进国家治理现代化中的作用

国家治理体系的核心内涵是实现党的领导、人民当家作主和依法治国的有机统一。我们以往所理解的法治是自上而下的法律治理，但在国家治理体系中，公民同样是国家治理的主体，人民当家作主，不仅意味着人民是国家身份上的主人，也是国家治理的主人，在党的领导下，实现人民当家作主和依法治国在国家治理体系中的统一，除了提高国家机关、领导干部的法治能力，也要提高公民的法治能力。公民法治能力的提升，在推进国家治理体系建设中同样具有不可替代的作用。

1. 公民法治能力的提升能够为国家治理体系建设创造良好的法治环境

公民法治能力的提升，既包括法治观念成为公民参与国家和社会事务、协调社会矛盾时的主导观念，也包括公民能够运用法治方式，依据法律维护和尊重权利主体的权利，在国家治理中自觉监督公共权力的实施。在国家治理体系建设中坚持依法治国，无论是依法执政、依法行政还是公正司法，都离不开公民对法治的理解和信服。否则，在缺乏普遍的法治心理基础的社会里，任何法治建设都只能是一具空壳，只有提高公民法治能力，公民从心理、思想、态度和行为上都能实现法治化，才能为依法治国提供群众基础和法治条件，为国家治理体系建设创造良好的法治环境。

环境对任何一个人都既是一种激励，也是一种约束，在全社会营造文明的大氛围中，实际上已经形成了国家治理的客观环境，良好的环境促使人们向善，促使人们成为一个有道德文明素养的公民。事实证明，一定时期的法律体系和道德范式总是取决于经济的发展及变革。社会越是能为公民的生活改善创造条件，公民就越把社会的事业当成自己的事业。因此，进行国家治理的环境建设，就要改变不文明的社会条件，使国家治理的客观环境建设得到更好更广泛的发展。国家治理所依赖的良好社会环境，需要充分利用行政、舆论、教育等手段，发挥大众传媒、文学艺术等对法治建设的特殊渗透力和影响力，宣传科学理论，传播先进文化，弘扬社会正气，塑造美好心灵，倡导科学精神，激励人们积极向上。

社会环境、组织环境和家庭环境等各环境因素的变化，都会给生活在其中的每个人产生直接的影响。如社会物质生活状况、社会风气的优劣、人际关系的融洽与否等。因此，环境制约着公民的法治水平，社会文化氛围、文化传统和政治制度等抑制着社会成员的法治水平。当社会成员所处的环境是充满友情、爱意和关心，洋溢着人与人的和谐、理解与真诚的社会氛围时，便会有利于社会成员正确人生观、价值观、法治观的树立。

2. 公民法治能力的提升能够为国家治理提供良好的法治秩序

国家治理不仅是对社会各领域的管理，也是一个全面有效协调社会关系的概念，它包括正确处理国家机关之间的关系，国家与公民之间的关系，以及公民与公民之间的关系。提高公民法治能力，使公民在国家治理的过程中以法律的观念和方式处理与国家、社会及与其他公民之间的关系，可有效保障公民权利，提高公民对权利的行使水平，防止国家机关对公共权力的滥用等。将法治渗透到公民的生活方式，以法治协调社会关系，不仅能够为国家治理提供良好的社会秩序，更能促进更高级的法治秩序的形成。

公民政治参与的形式和程度，是国家权力性质的重要标志。在社会主义国家里，人民享有管理国家事务、管理经济和文化事业等社会事务的一切权力，政治参与是人民群众享有民主权利的重要体现。我国实行的人民代表大会制度，就是以公民广泛的政治参与为基础的。为此，在社会主义民主政治建设中，至关重要的是要将民主在实践中付诸操作。正如列宁指出的那样："人民需要的不仅仅是民主形式的代表机关，而且要建设由群众自下而上来管理国家的制度，让群众实际地参加各方面的生活，让群众在管理国家中起积极的作用。"政治参与是人民群众享有民主权利的重要体现。如果人民不能有效地参与政治，人民的政治权利和根本利益就无法得到保障，也就不可能真正实现对社会公共事务的管理。公民有序的政治参与是决策者正确决策，避免和纠正决策失误的重要条件。公民的政治参与还会促进政府决策的高效化。公共政策尤其是在关系到公共安全事业政策的执行时，往往需要公民的了解与支持，如若没有公民的政治参与，则难以达成与公民的共识，在实施中必将遇到阻力，造成行政效率低下的后果。

3. 公民法治能力的提升能够推进国家治理体系的法治化进程

法治的力量在于人民，人民群众发自内心地拥护社会主义制度建设，自觉自愿地投身到推进国家治理体系法治化的实践中去，就能够使法治中国建设产生不竭的力量源泉。这种蕴藏在人民群众心中的觉悟和行动会更加唤醒越来越多的公民自觉遵守国家的法律制度，形成维护社会秩序的意识。任何一个能够参与正常社会生活的公民，都可以通过不同的渠道，获得国家治理体系法治化的相关信息，良好的社会风尚不是只靠法制宣传日就可以养成，它需要全社会每一个人的持之以恒的努力。列宁曾经指出："一个国家的力量在于群众的觉悟。只有当群众知道一切，能判断一切，并自觉地从事一切的时候，国家才有力量。"①国家治理正是如此，自上而下的法治建设不是真正的法治化推进，国家科学立法、依法行政和公正司法，只能是推进国家治理法治化的一部分，全民法治能力的提升才是在一定程度上推进国家治理的法治化进程的决定因素。只有全民树立法治观念，自觉运用法律思维看待和分析社会问题，自觉认同国家法治建设，并能有意识的对权力进行监督时，才能真正实现国家治理的法治化。

（三）在推进制度建设的过程中培育公民法治能力

在国家治理体系中，提高公民法治能力，依然要坚持党的领导。中国共产党是中国特色社会主义事业的领导核心，党的领导是国家顺利开展各项工作的根本保证。国家治理体系的核心内涵是要将坚持党的领导、人民当家作主和依法治国的有机统一。公民参与国家治理，要依据党制定的路线、方针和政策，通过提高法治能力来提高其参与水平，而只有坚持党的领导，才能组织和支持人民管理国家和社会事务，也只有坚持党的统一领导，才能使各国家治理主体在国家治理中协调发挥作用。

---

① 《列宁选集》第 3 卷，人民出版社 1995 年版，第 347 页。

1. 增强公民对社会主义国家政治合法性的认识

宪法和法律是执政党执政地位合法性的依据。就我国的情况而言,中国共产党的执政党地位是由宪法和其他一些相关的法律明文规定的,而它之所以能够获得并保持这种执政地位,就是因为它坚持全心全意为人民服务的根本宗旨,这是它的根本宗旨的集中体现,这一宗旨是中国共产党取得并巩固执政地位的合法性前提。正是由于这一点,使党赢得了人民群众的广泛拥护,从而使它获得并保证了执政的政治合法性。

社会主义国家政治合法性问题的解决离不开法治治理,对于社会主义国家来说,工人阶级和广大劳动人民群众通过公共权力的活动获得了最广泛的正义基础,社会主义民主为广大人民享有最广泛的平等的政治权利提供了可靠的前提,人的全面发展成为最高政治理想。即使是这样,但也同样需要对全体社会成员进行政治规范和道德约束,因为人的思想意识不是自发地产生的,“这种意识只能从外面灌输进去”①。发展社会主义民主政治,以实现人的全面而自由发展为政治价值理想来完善具体的政治制度和规范,体现了社会主义民主政治的价值理念,是社会主义国家解决政治合法性问题,赢得社会成员广泛认同的根本途径。从历史唯物主义立场出发,只有社会主义民主才有可能使政治合法性问题得到完全的解决,因为在社会主义国家里建立的是人类历史上绝大多数人对极少数人的政治统治的政权,建立的是实现绝大多数人利益的政治统治和社会管理的组织。但这并不意味着社会主义国家可以忽视社会成员对公共权力的认同,相反,社会主义国家仍然需要高度重视政治合法性问题。总而言之,从政治合法性的角度来分析,我们就会得出这样一个结论,治理对于政治生活是必要的,公共权力实施治理活动来完善国家治理体系的建设是具有合理性的。

处于一个开放状态中的中国,人们的价值观和思维方式逐渐地向多元化发展,对自身的认知度越来越高,对政治和体制的敏感度也越来越强。在这种情况下,对人们的思想观念和行为方式等一味地强行管制和放任自流都会对社会的发展构成一定的潜在的危机。“必须坚持马克思列宁主义、毛泽东思想和邓小平理论在意识形态领域的指导地位,用‘三个代表’重要思想统领社会主义文化建

---

① 《列宁选集》第1卷,人民出版社1995年版,第247页。

设。”①理想、信念与世界观、人生观、价值观、意识形态、政治思想等必须融入马克思列宁主义、毛泽东思想和中国特色社会主义理论体系，使得国家治理体系的建设形成坚实的思想基础和理论基础并发挥出巨大的威力。党的十六届六中全会通过的《中共中央关于构建社会主义和谐社会若干重大问题的决定》，提出了到2020年构建社会主义和谐社会的目标和主要任务，其中，关于依法治国的目标和主要任务为：“社会主义民主法制更加完善，依法治国基本方略得到全面落实，人民的权益得到切实尊重和保障。”②这对于保障国家长治久安，构建社会主义和谐社会具有极其重要的现实意义。党的十八大再次重申，“扩大社会主义民主，加快建设社会主义法治国家，发展社会主义政治文明。要更加注重改进党的领导方式和执政方式，保证党领导人民有效治理国家”。实现国家治理体系的法治化，既是建设社会主义本质规定和内在要求，也是社会主义的特色和优势之一。实行这一治国方略就是以马克思主义为指导，以为人民服务为核心，以集体主义为原则，社会主义的集体主义，其重要功能就在于保证个人正当利益的实现，使个人的才能、价值得到最好的发挥。个人价值的发挥离不开集体，“只有在共同体中，个人才能获得全面发展其才能的手段，也就是说，只有在共同体中才可能有个人自由”③。以爱祖国、爱人民、爱劳动、爱科学、爱社会主义为基本要求，以社会公德、职业道德、家庭美德的建设为落脚点，建立与社会主义市场经济相适应，与社会主义法律体系相适应的社会主义思想道德体系，并使之成为全体人民普遍认同并共同遵守的行为规范。

2. 提高公民法治能力与依法执政、科学立法、依法行政结合度

在法治化进程中，依法执政、科学立法、依法行政、司法公正和公民自身知法守法，每一环节都不可缺少，并且紧密相关。在国家治理体系的法治化建设中，只有保证每个主体都依法办事，依法管理和参与国家和社会事务，才能推进国家治理体系和国家治理能力的现代化进程。要通过多种平台，加大公民法治培训。公民法治能力的培养可以通过多种途径，利用多种平台；加强法治教育，开展法治宣传，使公民加强对法律的学习。利用网络、报刊等信息媒介进行法治报道，增强公

① 《江泽民文选》，人民出版社2006年版，第559页。

② 《中共中央关于构建社会主义和谐社会若干重大问题的决定》（辅导本），人民出版社2006年版。

③ 《马克思恩格斯选集》第1卷，人民出版社1995年版，第119页。

民对法治的关注度;通过讲座、活动和各种法律组织,为公民提供更多法治学习和法治践行的机会。拓宽平台,加大公民法治培训,是提高公民法治能力的直接路径。

2013 年 2 月,中央政治局第四次集体学习时,习近平总书记提出“新十六字方针”和“三个共同推进”:“要全面推进依法治国,必须坚持科学立法、严格执法、公正司法、全民守法,必须坚持依法治国、依法执政、依法行政共同推进,坚持法治国家、法治政府、法治社会一体建设。”实现国家经济建设、政治建设、文化建设、社会建设、生态文明建设等领域的法律体系的建立和完善,改变传统的公共权力、治理国家的观念。推进国家治理体系的法治建设,最根本的是树立法律权威,营造良好的法治环境,使法治深入人心。由此可见,增强公民法治能力,首先就要使其具备法治观念,学会如何通过法律思维进行思考,公民在形成法治思维的过程中,要不断学法、自觉守法,摒弃传统观念的影响,在国家和社会的治理中要以合法为判断标准,以求真为处事原则。同时,公民要在法治思维的指导下,从学法守法,到知法用法,进行公共权力监督,全面提高公民参与法治建设的能力。

3. 在推进制度建设的过程中培育公民法治能力

自十一届三中全会决定在我国实行改革开放以来,党和国家的工作重点从“阶级斗争为纲”转移到经济建设为中心,改革开放 30 多年来,我国在经济建设方面取得了举世瞩目的可喜成绩,由于工作重心转移的原因,用法律治理国家方面未能得到应有的重视,改变传统的自上而下的管理理念转变为国家和社会共同法律治理理念,是重大的思想解放和理论创新,也是解放和发展生产力、解放和增强社会活力的利器,使制度和体制机制更加完善,决策更加科学,实现党和国家各项事务制度化、规范化、程序化,“把各方面制度优势转化为管理经济社会事务的效能”。

推进国家治理体系的法治化是时代发展的要求,推进国家治理体系的法治化是符合广大人民的意愿。公民参与国家治理,增强自身法治能力,并非仅仅依靠公民的自觉意识,它需要社会的全面推进,特别是相关制度的配合。在十八届三中全会报中,全面深化改革的总目标除了第一次提出了推进国家治理体系和治理能力现代化,还依然包括完善和发展中国特色社会主义制度。二者是相互包含,又相互促进的,在国家治理体系中鼓励公民和社会组织参与国家治理,就要建立相应的社会制度加以保障,使公民的权利落到实处。同样,只有在制度匹配和相对健全的环境下,公民法治才能真正践行,比如通过建立信访制度、舆情监督制度等,才能保证公民进行权力监督,切实培育公民的法治能力。

公民作为国家治理的主体,其如何参与、以何种姿态参与国家治理是需要我们进行深入探究的。公民法治能力的培育,是公民参与国家治理,发挥主体性作用的重要途径,必然为我国的法治化进程奠定坚实的社会基础,并为推进国家治理体系和治理能力现代化提供动力。

三、国家治理现代化进程中依法治国目标的实现

党的十八届四中全会开创性地以依法治国为主题,提出了全面推进依法治国,建设中国特色社会主义法治体系。依法治国与党的十八届三中全会提出的完善和发展中国特色社会主义制度,推进国家治理体系和治理能力现代化共同构成了中国共产党治国理政的“姊妹篇”。在探讨依法治国与国家治理现代化的关系时,必须把依法治国放在推动和发展中国特色的国家治理现代化的大背景下,促进“中国特色社会主义各方面的制度优势转化为国家治理的效能”①。全面推进依法治国所需要的制度体制要通过全面深化改革和优化国家治理体系来培育、形成和确立。

(一)国家治理现代化与依法治国

依法治国和国家治理现代化是中国共产党在新时期治国理政的重大实践和重大创新,国家治理现代化和依法治国相辅相成,构成了一个有机的整体。科学的国家治理体系是国家治理能力的基础,完善的法律制度是国家治理能力的保障,国家治理能力的效能和法治化程度体现了国家治理体系的水平。国家的治理实现制度化、科学化、规范化和程序化,以及善于运用法律制度和法治思维治理国家,就能够使国家治理体系和治理能力的有机结合统一体现为国家治理现代化。

1. 国家治理方式从传统到现代的转变

国家治理现代化转型的提出是多重力量合成作用的结果,或者说是历史发展的必然。正如马克思在《〈政治经济学批判〉序言》中所说:“一个社会形态,在它所能容纳的全部生产力发挥出来以前,是决不会灭亡的;而新的更高的生产关系,

---

① 江必新:《推进国家治理体系和治理能力现代化》,《光明日报》2013年11月15日。

在它的物质存在条件在旧社会的胎胞里成熟以前,是决不会出现的。"①当传统的国家治理体系能够化解各种矛盾和冲突时,这一体系是不会自动解体而退出历史舞台的,国家治理现代化的提出正是社会发展过程中出现了新的矛盾和问题。因此,由传统的国家治理方式向现代化的国家治理方式转型是经济社会发展到了需要它转变的新阶段。

国家治理是作为"国家"的这个政治共同体所特有的概念,国家治理活动从国家产生以来就一直存在。国家治理的"现代化"也是相对于时代发展所需要的新的国家治理理念而对治国方式的一种时代性的、现代性的阐释。从统治、管理到治理,都曾经是国家治理的不同方式,而每一次的变革、更替和更新都会经历一次从思想到行动的变化,其中所反映的不仅仅是国家治理形式上的进步和发展,更是一次次深刻的治国理念的革命。不能否定,现代国家治理由传统的国家管理演化而来,两者既有关联也有区别,而主要的区别表现在:(1)主体不同。管理的主体只是政府,而治理的主体还包括社会组织乃至个人。党的十八大以来,"多元共治"理念的提出意味着政府和社会都成了共同治理的主体,同时也是治理的客体。(2)权力来源不同。管理的权力来自并集中在国家手中,或者说是掌握在统治阶级手中,社会对治理权利和权力的获取意味着国家治理体系的重新组合,而治理则是以公众认可和社会契约为主要权力来源,由人民直接行使,这便是所谓的自治和共治。(3)运作方式不同。管理的运作模式是一种由上对下的层级控制,是单向的、强制的和刚性的,政府在其中起着决定性的主导作用。治理的运作模式是合作的和互动的,以对话、协商和长期合作为主要机制手段。(4)目的不同。管理是为了实现统治阶级的利益。治理指的是公共权威为实现公共利益而进行的管理活动和管理过程。②

从上述两者的区别来看,完成传统管理到现代治理的转变,意味着我们要改变以管理为主的统治为以治理为主的法治,实现各个领域的法治化,以法治的可预期性、可操作性等优势来凝聚社会力量,实现公共利益的价值目标。另外,需要特别指出的是,国家治理现代化的转型是永无止境的,国家治理的优化和完善也永远在路上。只要国家这种形式还存在,不同时期就会有不同的议题。因此,国

---

① 《马克思恩格斯选集》第2卷,人民出版社1995年版,第33页。

② 俞可平:《中国治理变迁30年》,《吉林大学社会科学学报》2008年第3期。

家治理现代化将是每个国家所面临的持久运行方式。只要国家还存在，就不可能像西方国家所宣扬的“历史终结论”，其国家治理方式的“最优治理模式”既不存在也不可能。

2. 依法治国是党对执政规律的科学认识和深刻总结

党的十八届四中全会开创性地以依法治国为主题，提出了“全面推进依法治国，总目标是建设中国特色社会主义法治体系，建设社会主义法治国家”。① 全会科学地规划了具体实施依法治国的路线图和制度保障，并进一步明确了全面推进依法治国的六大任务，这是中国共产党在执政以来的长期实践中对执政规律的深刻认识，对执政探索结果的科学总结，依法治国理论体系的提出和治国制度的逐步成熟和完善，标志着中国共产党执政能力的提升和执政水平的提高。

我们分析法治和现代国家治理的发展历程，最终都必然指向中国的实际与实践。应当说，建设“法治中国”条件已经成熟。早在制定《五四宪法》的过程中，就明确阐明了国家合法性的来源是人民主权，而且就针对这一点进行了完整的诠释。2010 年底，社会主义民主与法治取得了里程碑式的成果，中国特色社会主义法律体系已经正式形成，这标志着社会主义法治国家建设的阶段性任务的完成。回顾历史，我们发现，这条路径正是我们在现代国家与法治中提到过的那样，从建设完备的法律体系开始，逐步过渡到深层次法治建设的思考。依法治国否定了人治，确立了法大于天，法高于权的原则，从一定程度上体现了社会公平，避免了以人的意志、情感对事物的判断和思考，促进了社会公平与稳定，保证了国家的长治久安。

3. 准确理解依法治国的中国化内涵

现代社会，国家的治理已经从一个由政府的全能管理转变为政府领导下的多元主体积极参与的治理体系。在此基础上提出国家治理现代化是依法治国发展的题中应有之义，是对依法治国的丰富和完善。国家治理现代化不仅需要经济的强大作为支撑，还需要一个完整的法律体系来规范各个领域的行为。国家治理现代化的实质就是用法治思维和法治方式治国理政，把法治理念、精神、原则和方法贯穿于国家和社会事务管理的各个方面，形成制度并加以规范，建立起将制度优

---

① 《中共中央关于全面推进依法治国若干重大问题的决定》，《人民日报》2014 年 10 月 29 日。

势转化为治理国家效能的机制，促进国家治理的制度规范有序运转。

国不仅仅指地域概念上的国家，而是指政治共同体意义上的国家机构和社会的统一体，是指国家机构代表人民群众管理国家和社会事务。首先，依靠法律治国，不是依靠个人意志、党的政策、领导人的权威治国理政，而是要依照法律行使权力，包括依法执政、依法行政等。其次，体现正义公平的良法是体现全体人民共同利益的法，是有利于保障经济、社会发展和人民权益的法。再次，治理是指权力机构或者社会组织、公民管理国家和社会公共事务的诸多方式的总和。

综上所述，法治是国家治理的重要方式之一，是不同的利益得以调和的过程。依法治国就是指全体社会成员特别是国家权力主体遵循具有公平正义价值的良法体系以管理国家和社会各项事务的治国方略。换言之，依法治国是以法律作为前提条件，以公正执法为基本要求，以权力制约为内在机制，它包括法治理念、法治制度、法治原则和法治价值等。

（二）国家治理现代化与依法治国转换的内在逻辑结构

依法治国与国家治理现代化是相辅相成的内在同一体，依法治国包含的法治思维和法治方式与国家治理现代化具有内在统一性。国家治理现代化是全面深化体制改革的重大内容和目标，国家治理现代化意味着治国理政的方式法治化，需要善于运用制度和法律治理国家。国家治理程度高低的一个基本点是对国家制度和法律的执行能力，因此，推进中国特色社会主义国家治理现代化，依法治国是一个本质特征与核心要素，必须坚持坚持党的领导，依法治国，实现国家治理现代化。

1. 实现国家治理现代化必须坚持依法治国

依法治国是实现国家治理现代化的逻辑起点。对于如何实现国家治理现代化，不同学者有不同的见解，而法治是每一位学者默认的一个逻辑起点和重要因素。国家治理现代化的要素中包含了法律、道德、风俗习惯、政策制度等多种因素，但法律是其中最重要和最关键的因素。治理需要的是实现一种治理秩序，只有法律可以按照公平正义原则在政府和社会之间建立一种具有权利义务的互动体系。

依法治国是运行国家治理现代化的基本方式。只有把法治作为治国理政的基本方式，才能为人民群众参与国家治理提供必要的途径和基础保障，才能使法治精神不仅停留在价值层面上,而且落实于实践过程中。

依法治国是衡量国家治理现代化的重要指标。对于国家治理现代化,包括诸如民主化、科学化、公平化和法治化等多种评价标准,但法治化水平是衡量国家治理现代化的最重要标准,是现代化的重要标志。只有实现国家治理的法治化,才能最大限度地凝聚共识,增强国家治理的合力,形成上下协同、多元共治的国家治理模式。

2. 国家治理现代化体现了依法治国的必然要求

依法治国是在国家治理现代化的探索中提出来的,是对国家治理方略发展到更高水平提出的新要求,是对依法治国,建设社会主义法治国家经验的深刻总结。随着社会主义法制建设的不断完善和民主法制建设的发展,人们越来越意识到依法参与国家治理、社会管理是人民群众的重要权利。

党的十一届三中全会提出了"依靠法制治理国家"和"有法可依、有法必依、执法必严、违法必究"的思想,这实质上已经开启了国家治理现代化探索的序幕。党的十三大提出的"法制建设必须贯穿到政治体制改革的全过程中",表明党已深刻认识到法制的重要性,初步形成了国家治理现代化理念的雏形。到党的十五大提出的"依法治国,建设社会主义法治国家",后来又进一步提出了"依法治国"与"以德治国"相结合的思想,都是中国共产党在治理国家的思路上和方式上的重大突破。党的十八大提出了"科学立法、严格执法、公正司法、全民守法"的"新十六字方针",十八届三中全会提出了"国家治理体系和治理能力现代化的战略目标",十八届四中全会以"依法治国"为主题,明确提出了建设社会主义法治国家。可以说,自党的十八大以来,以习近平为总书记的党中央对依法治国方略进行了全面升华,更加重视法治在国家治理的作用,这标志着国家治理模式正式步入现代化新阶段。

3. 实现国家治理现代化需要法治作为保障

依法治国是实现人民当家作主的根本保障,是国家治理现代化目标实现的强有力后盾。国家治理现代化是当今中国发展的必然趋势,是为了适应当今世界政治经济格局的变化和中国未来的发展方向,在法治的前提下做出的一定的调整。在国家治理现代化进程中,每一个目标的实现都离不开法律的保障,国家的治理需要一个杠杆——法律,以保证国家治理现代化的正常推进。实现国家治理现代化是在依法治国这个大前提下首先需要实现的目标,维护社会的安全稳定需要法律，保障人民民主需要法律，如果缺少健全的法律，社会就会出现无序化，缺少了法律的制约，人们就会无所适从。因此，没有依法治国，我们就不可能实现国家治理现代化。高效的国家管理能力通过充分运用法律最大限度地解决各种问题，法律只有适应时代的需要，才能真正推进治理的现代化。

对依法治国内在逻辑的探索也就是国家治理现代化探索的演进过程。现代化的国家治理必定是以法治为基础的，没有法治的国家，很难保持稳定而成为一个秩序混乱的国家，治理自然也无从谈起。只有依法治国，才能实现真正意义上的国家治理现代化。因此，回顾依法治国的发展历程，也是梳理国家治理现代化提出的过程的必然性。

（三）国家治理现代化和依法治国目标的实现

全面深化改革，实现国家治理现代化，就要全面推进依法治国。法治国家不仅指单一层次上的法治国家，还扩展到了多层次、全方位的法治国家、法治政府与法治社会的共同构建。这一全方位、全覆盖的法治概念，正是如何实现依法治国宏伟目标，推进国家治理现代化的目标和方向。

1. 坚持党领导依法治理国家是实现国家治理现代化的政治根本

按照中国政治发展的历史逻辑来看，毫无疑问，中国共产党领导人民建立了新中国，建设了新中国，发展了新中国，国家治理现代化的推动也必然要在党的领导下才能实现。“政党是治理国家不可缺少的工具。”①党和依法治国的关系是国家治理现代化中的关键问题，国家治理现代化在中国的生成本来就是遵循“党建国家”的路径来实现的。实践表明，只有坚持中国共产党的领导，才能够凝聚起全国人民的力量，这是我们的政治根本，否则，国家治理现代化就无从谈起。

在党的领导下全面推进依法治国，必须加强党自身的法治化建设，就是让党成为像习近平总书记所要求的“有规矩”的政党。一是要加强党内法规制度建设，完善党内法规制定的体制机制，形成科学严密的党内法规体系，在现有法律体系允许的空间之内，通过整体规划和统筹协调，进行充分调研和论证，对不切实际与现实脱离的法规进行清理，形成科学完备、与时俱进的党内法规体系。《中国共产

① ［美］罗杰·希尔斯曼：《美国是如何治理的》，曹大鹏译，商务印书馆 1986 年版，第 327 页。

党章程》规定:党必须在宪法和法律的范围内活动。在依法治国的大背景之下,政党在执政过程中必须受到法律限制和约束。我国宪法不仅肯定了中国共产党在治国中的领导地位,也明确规定了任何组织或者个人都不得有超越宪法和法律的特权。正如柏拉图所说:"在法律服从于其他某种权威,而它自己一无所有的地方,我看这个国家的崩溃已为时不远了。但如果法律是政府的主人并且政府是它的仆人,那么,形势就充满了希望。"①坚持党按照法治原则对国家和社会事务进行管理和领导,使党的主张通过法定程序成为国家意志,善于通过国家政权机关实施党对国家和社会的领导,支持国家权力机关部门依照宪法和法律独立负责、协调一致地开展工作。同时,要"提高党员及其各级干部的法治思维和依法办事能力,党员干部是全面推进依法治国的重要组织者、推动者和实践者",要通过持续的法治教育提高其运用法治思维和法治方式来增强依法执政能力和水平,把法治建设成效作为衡量各级领导干部工作的重要标准。

2. 保证人民参与依法治国是实现国家治理现代化的社会基础

社会力量能否在依法治国和国家治理现代化中发挥关键作用,这不仅是确保一个国家保持动态稳定发展的重要因素,也是衡量一个国家治理现代化程度的重要指标。国家治理的根本是以公共事务有效处理为核心而进行的一系列活动。因此,国家治理现代化也必然是从如何处理公共事务的有效性的角度出发来考虑治理参与主体的安排。"一个中央政府,不管它如何精明强干,也不能明察秋毫,不能依靠自己去了解一个大国生活的一切细节,它办不到这一点,因为这样的工作超过了人力之所及。"②因此,社会自身具有的优势便使其成为国家治理的主体之一。

公民参与国家治理是发挥"人民是依法治国中主体作用和力量源泉"的最重要、最根本的体现。2012 年 12 月,习近平总书记在首都各界纪念现行宪法公布施行 30 周年大会上的讲话中指出:"我们要最广泛地动员和组织人民依照宪法和法律规定,通过各级人民代表大会行使国家权力,通过各种途径和形式管理国家和社会事务、管理经济和文化事业,共同建设,共同享有,共同发展,成为国家、社会

---

① [古希腊]柏拉图:《法律篇》,张智仁译,上海人民出版社 2001 年版,第 123 页。

② [美]托克维尔:《论美国的民主》(下卷),董果良译,商务印书馆 1996 年版,第 19 页。

和自己命运的主人。”①党的十八届四中全会《决定》强调:“法律的权威源自人民的内心拥护和真诚信仰。人民权益要靠法律保障,法律权威要靠人民维护。”②不只是有“治国”权力的人在“依法”,而是多数人都在守法,规则意识更强的时候,也是整个社会进步的时候。必须使人民认识到法律不仅是必须遵守的行为规范,更是保障自身权利的有力武器,这就要培养公民意识和法治理念,增强人民学法、尊法、守法、用法意识,“使法律为人民所掌握、所遵守、所运用”。法国思想家卢梭说过:“一切法律中最重要的法律,既不是刻在大理石上,也不是刻在铜表上,而是铭刻在公民的内心里。”③作为全面推进依法治国主体的人民都能按照权利和义务相统一的原则办事,就能真正成为社会主义法治的自觉遵守者、坚定捍卫者。中国传统所奉行的权力至上的人治至今仍然影响国家治理现代化的进程。因此,推进依法治国建设,就要实现人治向法律至上的法治政治文化的转型,牢固树立和坚持法治是治国理政的基本方式观念,这就需要全社会共同参与,深入开展法治宣传教育,弘扬法治精神,从意识、文化层面为实现法治社会创造条件,努力把法治理念与精神融入全社会。促使社会法治化,使法律治理深入人心,符合现代中国的发展方向。因此,依法治国的实现有赖于人们对法律的遵守和敬仰。

3. 制定法律保障依法治国是实现国家治理现代化的法律前提

法的存在是法治的前提,中国法治建设的首要前提条件是科学立法。立法,是中国具有立法权力的机关制定法律、法规和规章的全过程。从“有法可依”到“科学立法”表明的是,中国特色社会主义法律体系已经形成的这样一个基础,在此前提下,我们不仅要有法律体系,而且还要有科学的、可行的、高质量的相关法律。马克思指出:“如果认为在立法者偏私的情况下,可以有公正的法官,那简直是愚蠢而不切实际的幻想!”④良法是依法治国的基础和前提。尽管中国特色社会主义法律体系已经形成,但如何更加完善将是一个长期的任务。“立善法于天下,则天下治;立善法于一国,则一国治。”完善的立法程序是实现立法的法治化、

① 习近平:《在首都各界纪念现行宪法公布施行 30 周年大会上的讲话》,《人民日报》,2012 年 12 月 24 日。

② 《中共中央关于全面推进依法治国若干重大问题的决定》,《人民日报》2014 年 10 月 29 日。

③ [法]卢梭:《社会契约论》,何兆武译,商务印书馆 1980 年版,第 20 页。

④ 《马克思恩格斯全集》第 1 卷,人民出版社 1956 年版,第 178 页。

民主化、科学化和现代化相统一的必要前提。因此，要按照科学立法、民主立法的原则，不断改进立法技术，提高立法质量，使立法能够真正反映立法的公正性，立法程序真正贯彻程序正义，保证法律的合理性、合法性和可行性，为法治国家的建设提供制度保证，确保国家发展、重大改革有法可依。

法制主要强调法律制度的制定和严格按照法律办事，而“法治除了强调严格按照法律办事以外，更强调国家的宪法和法律是公共治理的最高权威，任何个人和任何组织不得有超越宪法和法律的权威，包括执政党也必须在法律框架内活动”。国家需要一个绝对公正、绝对严格的评判标准，并依照这个标准对各项事务做出评判。历史上曾经出现的“文景之治”、“贞观之治”等繁华盛世，最多只可以称之为是“法制”，而非“法治”，因为在法律之上还有一个至高无上的皇权。以人治国能带来的安定和繁荣只能是暂时的，只有制定完善的法律制度并坚持遵守，才能带来长久的稳定。

一个没有法律的国家必定是一个没有安宁平和生活的蛮夷之邦。但有了法律，要是人们不能全部遵循，仍然不能实行法治。用法律来管理国家，就必须要有完善的法律作为基础，“法治应包含两层含义：已成立的法律获得普遍的服从；而大家所服从的法律本身是制定得良好的法律”①。法律的生命在于实施，法的实施是法律功能和作用得以实现的前提，是法的价值得以彰显的必然途径。一个完备的国家法律体系是一个国家生存发展的基础，执法的随意性必然导致国家发展秩序的混乱。正如博登海默所指出的那样：“如果包含在法律规定部分中的‘应当是这样’的内容仍停留在纸上，而不影响人的行为，那么法律只是一种神话，而非现实。”②法律是治理国家的一个标准，是规范社会各级行为的底线。法律对于国家政治、经济、文化的发展的保障凸显了法治在社会生活中的作用。

依法治国是在中国共产党领导下对中国政党、国家和社会关系的顶层设计和社会主义制度建设与制度创新的重大发展。依法治国是实现国家治理现代化的重要内容和必要途径，国家治理现代化是推行依法治国的必然要求。依法治国与国家治理现代化的内在逻辑结构就是在党的领导下，依靠社会主义法治，走中国特色社会主义法治道路，建设社会主义法治国家，实现国家治理现代化。也只有

---

① ［古希腊］亚里士多德：《政治学》，吴寿彭译，商务印书馆 1965 年版，第 199 页。

② ［美］埃德加·博登海默：《法理学——法哲学及其方法》，邓正来等译，华夏出版社 1987 年版，第 232 页。

坚持党的领导这个中国特色社会主义法治建设的本质特征和根本要求，准确把握依法治国这一核心要素和根本路径，才能够真正实现国家治理现代化和全面深化改革的总目标。

结束语

中华民族有着悠久的道德传统，曾创造了辉煌的道德文化，素以“礼仪之邦”著称于世。新世纪新阶段的道德建设并不是高楼万丈平地起，而是要在扬弃、改造与创新的基础上对传统道德进行继承和吸纳。以儒家思想为主导的传统道德规范体系，就整体而言是有时代烙印和历史局限性的，但其中不乏仍有现实意义的内容，如诚信、谦敬、礼让、持节、明智、知耻、节制、廉洁、勤俭等，这些传统美德，具有与时俱进的品质，历经千年而不衰，至今人遵循它们来调整现代社会人际关系及行为规范。

道德治理普遍存在于东西方政治思想和政治实践。中国古代道德治理思想的特点是突出仁政与道德教化思想的地位，西方道德治理思想的特点是强调制度的正义精神。专制政治和民主政治都需要道德治理。公共权力实现维护社会秩序根本职能的需要、公共权力获取政治合法性的需求、人性趋向全面发展的趋势和可教化的属性、社会生活和谐有序的需要，这几个方面共同构成了道德治理存在的合理性。

马克思主义认为，任何一种道德，必须与经济社会发展水平，与人们的思想认识水平一致起来，才能被更多的人所接受。我国还处于社会主义初级阶段，现实国情决定了新时期道德建设必须具有层次性，既要高扬道德理想主义的旗帜，又要照顾多数人的基本道德要求，把先进性的要求同广泛性的要求结合起来。

发展市场经济是社会主义发展的内在要求，这必将最大限度地促进我国社会生产力的发展。新时期道德建设必须适应这一深刻的体制变革，使人们的道德观念尽快符合市场经济的要求。同时，要以开放的心态吸收人类社会一切优秀道德成果，吸收世界优秀道德成果要坚持以我为主的原则，反对历史虚无主义和崇洋媚外思想，要用批判的精神进行辨别和审视，对西方颓废的人生观、价值观，我们要坚决摒弃。

和谐社会是人类历史的恒久追求，也是马克思主义关于社会发展的政治理想。和谐社会就是全体人民各尽其能、各得其所而又和谐相处的社会。道德的基础是人类精神的自律。在阶级社会，统治阶级出于治理社会的需要，就要发挥道德的规范作用。道德治理是统治阶级利用国家权力发挥道德作用维护社会秩序的一种治理社会的活动。道德治理的根本功能是维护统治阶级的共同利益。道德治理是建设社会主义和谐社会的必要条件。有秩序的社会才是和谐的社会，和谐社会的秩序是建立于公平正义基础之上的秩序。

道德治理的另一个基本方面就是提升社会成员的道德水平。而社会成员的道德水平恰恰是建设社会主义和谐社会的必要条件。我们说公平正义的社会制度是建设社会主义和谐社会的基础，但是单纯的制度条件还不能保证和谐社会的实现。这是由于制度的有限性造成的。制度的有限性首先表现在，从根本意义上，其规范和制约社会生活的功能只能是宏观的，而无法介入社会生活的微观层面。因此，社会基本制度的调整对象是社会生活中的一些重大的、全局性的矛盾和冲突，从宏观上协调不同社会群体之间的利益分配。制度的有限性还表现为其功能发挥的相对滞后性。人们在对既有社会生活作出判断的基础上订立制度，以规范社会活动，而社会生活是不断运动变化的，因而是丰富多彩的。从总体上来看，制度滞后于现实生活，这就造成了制度很难对社会生活随时发生的新矛盾做出有效应对。

因此，一个和谐社会在具有公平正义的社会制度的同时，不能不同时具有与这个社会制度在价值上一致的道德体系。只有社会成员广泛地认可这个道德体系，并在相当的程度上将这种道德转化为精神的自觉和行为的自律，和谐社会才成为可能。我们认为，正是在这个意义上，胡锦涛同志指出："一个社会是否和谐，一个国家能否实现长治久安，很大程度上取决于全体社会成员的思想道德素质。"建设社会主义和谐社会为道德治理提供了更加广阔而深厚的土壤。通过道德治理，实施公民道德建设工程，以诚信作为道德建设的重点，广泛开展社会公德、职业道德、家庭美德教育，在全社会形成团结互助、平等友爱、共同前进的社会氛围和人际关系。提高人的素质，促进人的全面发展，达至全社会互帮互助、诚实守信，全体人民平等友爱、融洽相处的局面，为和谐社会提供坚实的思想道德支撑。

民主法治是和谐社会最重要的基础。大到国家政治事务、社会公共事务、国家与社会关系的治理,小到公民个人的人身、财产、民主等权利的保护都离不开民主法治。法治的意义不仅在于可以减少矛盾,还在于可以有效地解决矛盾,使已经产生的纷争能够得到及时解决,使不和谐的状态归于和谐。可以说民主法治是社会有序运转的重要保证,是社会和谐发展的基石。而法律是民主法治社会中最重要的规则,它作为社会关系的调整器,是所有社会规范中最具有明确性、确定性和国家强制性的规范,法律以其规范性、强制性为特点,通过制定和实施等活动,调整社会关系,平衡社会利益,整合社会资源,维护社会秩序,达到构建和谐社会的目标。

一个国家的发展和繁荣都与法律有关,民主政治建设和国家治理离不开法律。人类社会终将成为"每个人的自由发展是一切人的自由发展的条件"①的联合体。这是一个在生产力与生产关系,经济基础与上层建筑相互作用之中逐步实现的历史过程。作为上层建筑核心的政治,作为上层建筑组成部分的道德,"总的说是有过进步的"②,因而,在这个从必然性的此岸世界向自由个性的彼岸世界过渡的人类永恒超越的过程当中,总的来说,政治和道德都起到推动作用。但不是所有事情都是法律能解决的,道德问题无法通过立法手段来解决。道德治理也不能沿袭传统的道德治理,运用这一手段的职能范围必须有法可依,不得与法律法规相违背。

推动国家治理现代化,最重要的是实现国家治理的法治化。当前,改革已经进入攻坚期和深水区,唯有提高国家治理能力现代化的水平,坚持依法治国和以德治国这一核心要素和根本路径,在社会各个领域做到有法可依、有章可循,才能应对来自各方面的挑战。在依法治国的前提下,坚定党的领导,统筹社会力量,建立国家机关、社会组织和公民个人之间的信任和互助关系,调动国家治理体系中所有要素的主动性和积极性,协调社会利益关系,全面推进依法治国和国家治理现代化建设进程,为实现中华民族伟大复兴的中国梦打下坚实的基础。

党的十八大提出"加快推进社会主义民主政治制度化、规范化、程序化,从各层次各领域扩大公民有序政治参与,实现国家各项工作法治化"。推进国家治理

---

① 《马克思恩格斯选集》第1卷,人民出版社1995年版,第294页。

② 《马克思恩格斯选集》第3卷,人民出版社1995年版,第435页。

体系和国家治理能力现代化是我国进一步深化改革的新目标和新思路。加快建设社会主义法治国家的进程,是一项复杂的社会系统工程。要认真研究和分析我国法制建设中需要解决的突出问题及矛盾,既立足于现实,又着眼于长远,扎扎实实地加以推进。

参考文献

一、著作类

[1]《马克思恩格斯选集》第1～4卷，人民出版社1995年版。

[2]《列宁选集》第1～4卷，人民出版社1995年版。

[3]《毛泽东选集》第1～4卷，人民出版社1991年版。

[4]《邓小平文选》第2～3卷，人民出版社1993、1994年版。

[5]《江泽民文选》第1～3卷，人民出版社2006年版。

[6]习近平：《在省部级主要领导干部学习贯彻十八届三中全会精神全面深化改革专题研讨班开班式上的讲话》，《人民日报》，2014年2月17日。

[7]《习近平谈治国理政》，外文出版社2014年版。

[8]《中共中央关于全面推进依法治国若干重大问题的决定》，新华社，2014年10月30日。

[9][古希腊]亚里士多德：《政治学》，吴寿彭等译，商务印书馆1965年版。

[10][德]黑格尔：《法哲学原理》，商务印书馆1982年版。

[11][法]卢梭：《社会契约论》，何兆武译，商务印书馆1980年版。

[12][古希腊]柏拉图：《理想国》，郭斌和、张竹明译，商务印书馆1986年版。

[13][英]洛克：《政府论》，叶启芳、瞿菊农译，商务印书馆1964年版。

[14][英]戴维·米勒：《布莱克维尔政治学百科全书》（修订版），邓正来等译，中国政法大学出版社2002年版。

[15][德]尤尔根·哈贝马斯：《合法化危机》，刘北成、曹卫东译，上海人民出版社2000年版。

[16][荷]斯宾诺沙：《政治论》，冯炳昆译，商务印书馆1999年版。

[17][英]休谟：《人性论》，关文运译，商务印书馆1965年版。

[18][美]罗伯特·达尔：《民主理论的前言》，顾昕、朱丹译，三联书店1999年版。

[19][美]戴威·伊斯顿:《政治生活的系统分析》,王浦劬等译,华夏出版社 1999 年版。

[20][美]加布里埃尔·A. 阿尔蒙德、小 G. 宾厄姆、鲍威尔:《比较政治学:体系、过程和政策》,曹沛霖等译,上海译文出版 1987 年版。

[21][美]塞缪尔·亨廷顿:《变化社会中的政治秩序》,李盛平、杨玉生译,华夏出版社 1988 年版。

[22][美]塞缪尔·亨廷顿:《第三波——20 世纪后期的民主化浪潮》,刘军宁译,上海三联书店 1998 年版。

[23][美]西摩·M. 李普塞特:《政治人——政治的社会基础》,张绍宗译,上海人民出版社 1997 年版。

[24][美]阿历克西·德·托克维尔:《论美国的民主》,董国良译,商务印书馆 1988 年版。

[25][美]约翰·罗尔斯:《正义论》,何怀宏等译,中国社会科学出版社 1988 年版。

[26][法]查理·路易·孟德斯鸠:《论法的精神》(上下),张雁深译,商务印书馆 1982 年版。

[27][美]萨拜因:《政治学说史》(上下),盛葵阳、崔妙因译,商务印书馆 1986 年版。

[28][美]科恩:《论民主》,聂崇信、朱秀贤译,商务印书馆 1988 年版。

[29][美]弗兰克·帕金:《马克斯·韦伯》,刘东、谢维和译,四川人民出版社 1987 版。

[30][英]J. F. C. 富勒:《法律的道德性》,郑戈译,法律出版社,1999 年版。

[31][英]阿拉斯代尔·麦金太尔:《谁之正义? 何种合理性?》,万俊人等译,当代中国出版社 1996 年版。

[32][美]安东尼·奥洛姆:《政治社会学》,张华青、孙嘉明等译,上海人民出版社 1989 年版。

[33][法]让-马克·夸克:《合法性与政治》,佟心平等译,中央编译出版社 2002 年版。

[34][美]埃德加·博登海默:《法理学——法律哲学与法律方法》,邓正来译,中国政法大学出版社 2004 年版。

[35][德]马克斯·韦伯:《经济与社会》(上下),林荣远译,商务印书馆 1997 年版。

[36][美]密尔顿·弗里德曼:《资本主义与自由》,张瑞玉译,商务印书馆 1988 年版。

[37][美]C. H. 麦基文:《宪政古今》,翟小波译,贵州人民出版社 2004 年版。

[38][美]理查德·A. 波斯纳:《超越法律》,苏力译,中国政法大学出版社 2000 年版。

[39][美]菲利普·塞尔兹尼克:《转变中的法律与社会:迈向回应型法》,张志铭译,中国政法大学出版社,2004 年版。

[40][德]列奥·斯特劳斯,约瑟夫·克罗波西:《政治哲学史》(下),邓安庆译,河北人民出版社 1993 年版。

[41][美]伊安·夏皮罗:《政治的道德基础》,姚建华等译,上海三联书店2006年版。
[42]《太平御览》,中华书局1960年版。
[43]《宋本名公书判清明集》,中华书局1983年版。
[44]《汉书》,中华书局1983年版。
[45]王惠岩:《当代政治学基本原理》,天津人民出版社1998年版。
[46]王沪宁:《政治的逻辑——马克思主义政治学原理》,上海人民出版社1994年版。
[47]房宁:《当代中国的新政治哲学》,文汇出版社2002年版。
[48]张文显:《二十世纪西方现代法理学》,法律出版社2000年版。
[49]许征帆:《马克思主义词典》,吉林大学出版社1987年版。
[50]王浦劬:《政治学基础》,北京大学出版社1995年版。
[51]陈兴良:《刑法哲学》,中国政法大学出版社1999年版。
[52]季卫东:《宪政新论——全球化时代的法与社会变迁》,北京大学出版社2005年版。
[53]马长山:《国家、市民社会与法治》,商务印书馆2002年版。
[54]钱弘道:《治道的选择》,清华大学出版社2006年版。
[55]肖群忠:《道德与人性》,河南人民出版社2003年版。
[56]金生鈜:《德性与教化》,湖南大学出版社2003年版。
[57]高兆明:《道德生活论》,河海大学出版社1993年版。
[58]焦国成:《德治中国》,中共中央党校出版社2002年版。
[59]沈远新:《中国转型期的政治治理》,中央编译出版社2006年版。
[60]张昕:《转型中国的治理与发展》,中国人民大学出版社2007年版。
[61]朱力宁:《依法治国论》,中国人民大学出版社2004年版。
[62]郁建兴:《马克思国家理论与现时代》,东方出版中心2007年版。
[63]罗元、罗明星:《科学发展观视野中的道德教育》,华南理工大学出版社2006年版。
[64]王振亚:《政治文明与当代中国政治发展》,人民出版社2004年版。
[65]彭定光:《政治伦理的现代建构》,山东人民出版社2007年版。
[66]董和平、韩大元:《宪法学》法律出版社2000年版。
[67]廖加林:《现代公民的道德基础》,湖南大学出版社2006年版。
[69]刘靖华、姜宪利:《中国法治政府》,中国社会科学出版社2006年版。
[70]黄稻:《社会主义法治意识》,人民出版社1995年版。
[71]孔德元:《政治社会学》,人民出版社2001年版。
[72]张贤明:《论政治责任》,吉林大学出版社2000年版。
[73]张桂琳:《西方政治哲学》,中国政法大学出版社1999年版。
[74]郑慧:《社会主义政治文明若干问题研究》,人民出版社2004年版。

[75]林尚立:《当代中国政治形态研究》,天津人民出版社2000年版。

[76]徐勇:《乡村治理与中国政治》,中国社会科学出版社2003年版。

[77]俞可平:《中国地方政府创新案例研究报告(2003－2004)》,北京大学出版社2006年版。

[78]孙晓莉:《中国现代化进中的国家与社会》,中国社会科学出版社2001年版。

[79]谢岳、程竹汝:《法治与德治》,江西人民出版社2003年版。

[80]公丕祥主编:《东方法律文化的历史逻辑》,法律出版社2002年版。

[81]吕世伦,文正邦主编:《法哲学论》,中国人民大学出版社1999年版。

[82]陈焱:《多维视野中的儒家文化》,中国人民大学出版社1998年版。

[83]葛洪义:《法律与理性——法的现代性问题解读》,法律出版社2001年版。

二、论文类

[1]周光辉:《论公共权力的合法性》,《天津社会科学》1991年第1期。

[2]白钢、林广华:《论政治的合法性原理》,《天津社会科学》2002年第4期。

[3]王彩云:《中西政治旨趣迥异的人性论基础》,《郑州大学学报》(哲学社会科学版)2004年第7期。

[4]李荣华:《论人性观与政治体制设计》,《武汉大学学报》(哲学社会科学版)2004年第3期。

[5]万俊人:《人为什么要有道德》(下),《现代哲学》2003年第2期。

[6]孙笑侠、应永宏:《程序与法律形式化——兼论现代法律程序的特征与要素》,《浙江大学学报》2001年第2期。

[7]贾建芳:《马克思恩格斯的社会和谐思想》,《马克思主义研究》2005年第3期。

[8]万俊人:《论和谐社会的政治伦理条件》,《道德与文明》2005年第3期。

[9]湖北省社会科学院"和谐湖北"研究中心:《论公平正义与构建社会主义和谐社会》,《江汉论坛》2005年第8期。

[10]夏勇:《法治是什么——渊源、规诫与价值》,《中国社会科学》1997年第7期。

[11]黄金荣:《法的形式理性论——以法之确定性问题为中心》,《中国社会科学》1999年第2期。

[12]桑玉成:《建构国家治理体系的四个重要基石》,《中国社会科学报》2013年11月22日。

[13]林振义:《如何认识推进国家治理体系和治理能力现代化?》,《光明日报》2013年11月28日。

[14]温宪元:《实现国家治理体系和治理能力现代化》,《南方日报》2013年11月18日。

[15]江必新:《推进国家治理体系和治理能力现代化》,《光明日报》2013 年 11 月 15 日。

[16]李维安:《推进全面深化改革的关键:树立现代治理理念》,《光明日报》2013 年 11 月 29 日。

[17]杨亚佳:《如何认识推进国家治理体系和治理能力现代化的重要意义》,《河北日报》2013 年 11 月 20 日。

[18]陶希东:《国际治理体系应该包括五大基本内容》,人民网,2013 年 12 月 30 日。